主编

涂上飙

珞珈风云

寻找十八栋别墅里的名人名师

武汉大学出版社

WUHAN UNIVERSITY PRESS

图书在版编目(CIP)数据

珞珈风云:寻找十八栋别墅里的名人名师/涂上飙主编.—武汉:武汉大学出版社,2020.8(2022.4 重印)

ISBN 978-7-307-21426-2

Ⅰ.珞…　Ⅱ.涂…　Ⅲ.①武汉大学—校史—史料　②名人—列传—中国　③教育家—列传—中国　Ⅳ.①G649.286.31　②K82

中国版本图书馆 CIP 数据核字(2020)第 024409 号

责任编辑:李　琼　　　责任校对:李孟潇　　　版式设计:韩闻锦

出版发行:**武汉大学出版社**　　(430072　武昌　珞珈山)

　　　　　(电子邮箱:cbs22@whu.edu.cn　网址:www.wdp.com.cn)

印刷:武汉邮科印务有限公司

开本:720×1000　1/16　　印张:21.25　　字数:304 千字　　插页:8

版次:2020 年 8 月第 1 版　　2022 年 4 月第 2 次印刷

ISBN 978-7-307-21426-2　　　定价:55.00 元

编委会

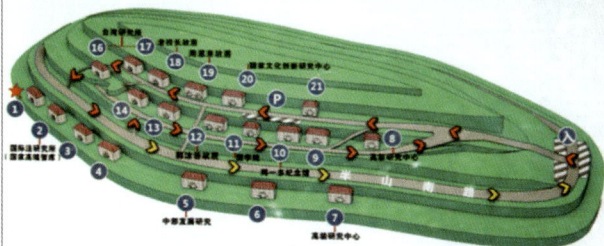

武汉大学 历史文化教育基地
导 览 图

你所在的方位：★

游览路线1：步行上山
游览路线2：步行上山，车行下山

武汉大学历史文化教育基地依托珞珈山"十八栋"英式小洋楼建筑群而建。珞珈山"十八栋"始建于1930年，曾被称为"物外桃源""蜂窝水涡"（郭沫若语）、"仙山楼阁"（吴宓语）、"世外桃源"（苏雪林语），一批"教授中的教授"在不同时期入住珞珈山"十八栋"。2001年6月，包括珞珈山"十八栋"周恩来故居、郭沫若故居在内的武汉大学15处26栋早期建筑，被国务院列为第五批全国重点文物保护单位。2013年，为更好地赓续文脉，发挥优秀历史建筑的育人功能，珞珈山"十八栋"整体被辟为"武汉大学历史文化教育基地"，建设有周恩来故居、郭沫若故居、闻一多纪念馆等重要纪念场馆，布置有《周恩来在武大》《珞珈山十八栋》等专题展，生动再现、部分复原了当年珞珈山上的风云岁月。同时，一批人文社科重点研究机构相继入驻珞珈山"十八栋"。

经济学家杨端六、文学家袁昌英夫妇住过的别墅第1栋

经济学家朱祖晦、政治学家刘廼诚、古典文学研究专家刘永济、文学家陈源和作家凌叔华夫妇住过的别墅第2栋

物理学家查谦、桂质廷住过的别墅第3栋

哲学家范寿康、经济学家陶因、政治学家刘廼诚、植物学家钟心煊住过的别墅第4栋

机械工程专家郭霖、法学家蒋思道住过的别墅第5栋

土木工程学家缪恩钊、哲学家高翰住过的别墅第6栋

化学家陶延桥、英语语言文学专家李儒勉住过的别墅第7栋

化学家王星拱、经济学家皮宗石、数学家刘正经住过的别墅第8栋

物理学家查谦、土木工程学家余炽昌、数学家吴维清、古典文学研究
专家席鲁思住过的别墅第9栋

植物生理学家汤佩松、英语语言文学专家方重、化学家陈鼎铭、历史
学家吴于廑、经济学家刘秉麟住过的别墅第10栋

法学家周鲠生、经济学家刘秉麟住过的别墅第11栋

革命家郭沫若、民主人士黄琪翔、古典文学研究专家徐天闵、社会学家张有桐、历史学家方壮猷住过的别墅第12栋

林学家叶雅各住过的别墅第13栋

矿冶学家邵逸周住过的别墅第14栋

经济学家皮宗石、法学家葛扬焕住过的别墅第16栋

杨端六袁昌英夫妇、微生物学家陈华癸金属物理学家周如松夫妇住过的别墅第17栋

校长王世杰、王星拱、周鲠生住过的别墅第18栋

总理周恩来、法学家陶天南、哲学家胡稼胎住过的别墅第19栋

化学家黄叔寅住过的别墅第20栋

物理学家许宗岳、数学家汤璪真住过的别墅第21栋

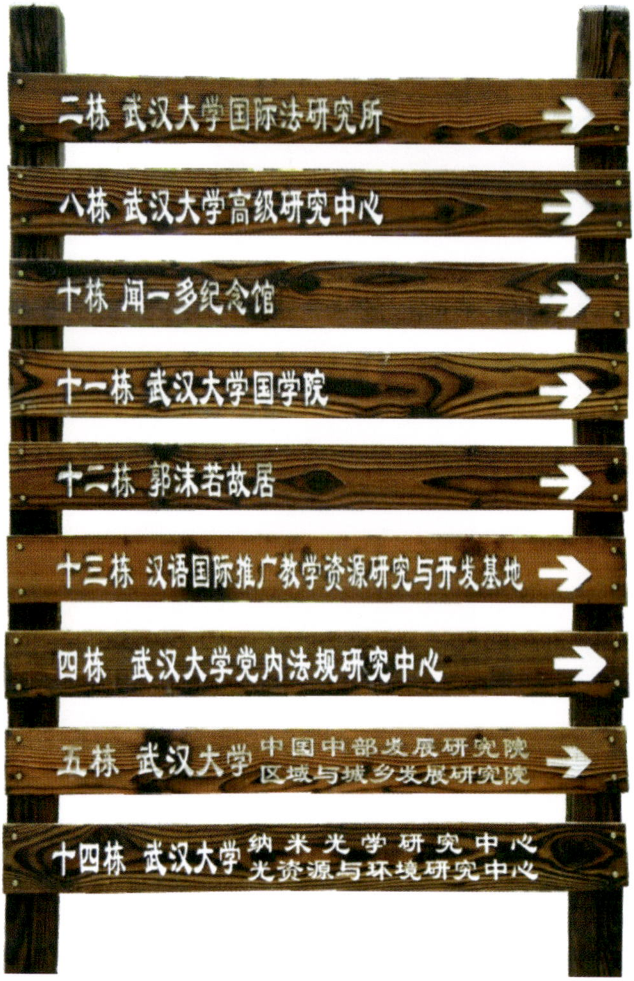

二栋 武汉大学国际法研究所 →

八栋 武汉大学高级研究中心 →

十栋 闻一多纪念馆 →

十一栋 武汉大学国学院 →

十二栋 郭沫若故居 →

十三栋 汉语国际推广教学资源研究与开发基地 →

四栋 武汉大学党内法规研究中心 →

五栋 武汉大学 中国中部发展研究院 区域与城乡发展研究院 →

十四栋 武汉大学 纳米光学研究中心 光资源与环境研究中心

十六栋 武汉大学台湾研究所 →

十六栋 武汉大学两岸中华传统文化教育研究中心 →

十八栋 武汉大学老校长故居 →

十九栋 周恩来故居 →

二十栋 武汉大学国家文化创新研究中心 →

十四栋 武汉大学 纳米光学研究中心
光资源与环境研究中心

（彩插实景拍摄：邹末）

目　　录

珞珈山十八栋的前世今生

涂上飙

珞珈山上的"十八栋",现在越来越受到人们的关注,将其发展历史给人们说说,也就显得十分必要。

一、"十八栋"的产生

讲"十八栋"前,先说说珞珈山。现在的人都知道,武昌有个珞珈山,珞珈山上有武汉大学(武汉大学按现在的区域划分应该属于洪山区,之所以仍属于武昌区是因为从民国开始海外的人们就知道武昌有个珞珈山,山上有武汉大学)。可以说珞珈山与武汉大学齐名,甚至珞珈山就成了武大的代名词了。若要追溯此名之由来,首先要提到武汉大学首任文学院长闻一多。

珞珈山在闻一多改名之前,大体有如下几种说法:

第一说是"落驾山"。传说在春秋战国时期,楚庄王为了平定东部的叛乱,从郢都一路东征,结果很快平定了叛乱。因死伤的人员不多,楚王决定继续出征,并将军营移到东湖西南岸一座风景秀丽的小山上。在此,楚王为鼓舞士气,对参加平定叛乱有功的人进行了嘉奖,还赦免了参与叛乱的人。这样,全军上下斗志昂扬,楚军在战斗中又接连获胜。后来,人们就把楚庄王设营的这座山叫做落驾山。也有一种传说,吴王孙权在巡视江夏时,因天降大雨,停车驾于此暂避。两国国君都在此"落驾",于是此山就具有十分高贵的身份了。因当时没有开发,此山就成为人们归葬的理想之地了。民国总统黎元洪在天津去世后,一心想落叶归根。他的理想之地就是埋葬在珞珈山。虽因王世杰校长反对迁

1

葬不成，但其子黎绍基、黎绍业用他们父亲筹集修建江汉大学的资金，在珞珈山修建了以黎元洪名字命名的"宋卿体育馆"（黎元洪字宋卿），以表达黎元洪对珞珈山的念想。

第二说是"落袈山"。在远古的时候，传说观音菩萨有一次路过此山，落下袈裟一件。于是人们就把这座山取名为落袈山。

第三说是"罗家山"。新校区建设前，山上的山头、坡地、水田及荒地分属于几百户人家。其中较大的一座山原是由一家姓罗的所有，所以此山又叫罗家山。

第四说它是来自梵文中的"洛迦山"的谐音。传说中的"洛迦山"是观世音菩萨说法的地方，是有名的佛教圣地。"洛迦山"翻译为汉语就是"光明山、小花树山"等意思。它在印度的南海岸，为观音的住所。

上述四说中的三说，"落驾山""罗家山""洛迦山"都可以找到相关文献。

闻一多到来之后，无论叫落驾山还是罗家山，总觉得差点什么，于是就改成了具有一定含义的珞珈山。珞，是石头坚硬的意思；珈，是古代妇女戴的头饰。"落驾"与"珞珈"二字谐音，寓意当年在落驾山筚路蓝缕、劈山建校的艰难，但未来的前途是一片光明。

1. 修建"十八栋"的缘由

在珞珈山上修建"十八栋"（又称"教职员住宅第一区"，简称"一区"），是缘于大学发展的需要。20世纪20年代，经过一段时间的发展，一批有现代意义的大学逐步产生。1927年南京国民政府成立，急需建立一批新的大学。国民政府定都南京后，中国的学术重心开始逐步南移，于是江浙及长江流域的浙江大学、中央大学、武汉大学等迅速得到发展。

大学的发展离不开人才的支撑，国立武汉大学作为中部的一所重点大学，要想得到顺利发展，需要一批有影响力的学者。当时有大批人才南移（如王世杰、王星拱、周鲠生、李四光、皮宗石、刘永济、吴其昌、刘异、万卓恒、刘正经、章蕴胎、丁燮和、涂允成、笪远伦、李先闻等），其原因除了国民政府大力支持长江流域大学的发展外，还有一个客观原因是学者在东北华北因遭到日本的侵略已无法潜心学术了。武汉大学如何才能获得这些人才，当时学校的一个重要举措就是"筑巢引凤"。据说当时中央大学都不给老师提供住宿的地方。为了吸引人才，学校决定在珞珈山的东南面修建"十八栋"别墅，以引进一批有影响力的专家学者。

2. "十八栋"的修建

"十八栋"别墅主要在学校的第一期建设工程中完成。1930 年 11 月开工，1931 年 9 月竣工，建筑面积 7067 平方米，砖木结构，层数 2 层或 3 层，层高 2.7~3.0 米，造价 28.27 万元，单价每平方米 40 元。包括 8 个单栋和 10 个双栋，可住 28 户人家，1932 年年初正式投入使用。

1931 年年底在珞珈山东南坡落成的第一教职员住宅区（一区"十八栋"）

1933 年学校开始第二期建设工程，又续建了 1 个双栋和 2 个单栋，扩充为 21 栋 32 户，但在习惯上仍一直号称为一区"十八栋"。后续几栋于 1933 年开工，建筑面积 972 平方米，砖木结构，层数 2 层，层高 2.7~3.0 米，造价 3.89 万元。

3. "十八栋"的编号

关于"十八栋"的编号，目前有三种说法。

一是最初的编号，21 栋的编号是从 301 号到 332 号，从最东边一栋开始排号，总体由东往西排，具体再由南向北编号。1935 年的编号是：

301 皮宗石（现在的 8 栋）

302 吴维清（现在的 9 栋左边、面朝马路，下同）

303 余炽昌（现在的 9 栋右边）

304 李儒勉（现在的 7 栋左边）

305 陶延桥（现在的 7 栋右边）

306 汤璪真（现在的 21 栋）

307 刘秉麟（现在的 10 栋左边）

308 汤佩松（现在的 10 栋右边）

309 刘永济（现在的 20 栋左边）

310 黄叔寅（现在的 20 栋右边）

311 周鲠生（现在的 11 栋）

312 高翰（现在的 6 栋左边）

313 缪恩钊（现在的 6 栋右边）

314 陶天南（现在的 19 栋左边、后来周恩来在此居住）

（没有 315 号居住情况的记载）

316 徐天闵（现在的 12 栋左边、黄琪翔曾经在此居住）

317 张有桐（现在的 12 栋右边、郭沫若曾经在此居住）

318 蒋思道（现在的 5 栋左边）

319 郭霖（现在的 5 栋右边）

320 叶雅各（现在的 13 栋）

321 丁燮和（现在的 18 栋，王世杰、王星拱、周鲠生三位校长在此居住过）

322 刘正经（现在的 18 栋右边）

323 钟心煊（现在的 4 栋左边）

324 陶因（现在的 4 栋右边）

325 邵逸周（现在的 14 栋）

326 王星拱（现在的 17 栋）

（没有 327 号居住情况的记载，现在的 16 栋）

328 葛扬焕（现在命名的 15 栋、实体已经不存在）

329 查谦（现在的 2 栋左边）

330 陈源（现在的 2 栋右边）

331 朱祖晦（现在的 3 栋）

332 杨端六（现在的 1 栋）

上述以 3 为头的住宅编号与现在命名的栋数的连接，主要是依据下面的图进行推测，不一定完全准确，因为 21 栋里面有 20 栋是能够对上的，只有 18 栋是有出路的。

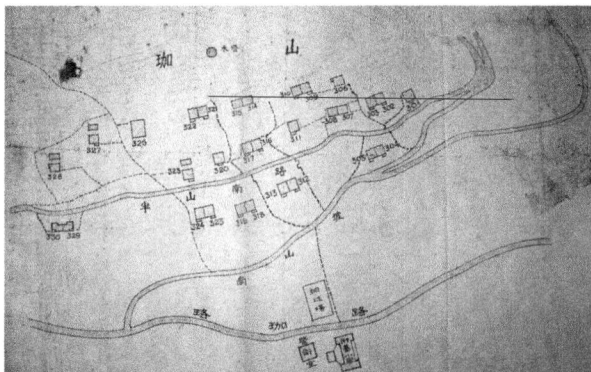

1933 年以 3 为头编号的第一教职员住宅区

为什么编号以"3"为头，目前没有查到依据，估计是在珞珈山上的意思。当时学校有三千多亩地，规划分为十区。二区、三区及四区都有教师住房，相对来说都在山下，只有一区的房子在山上。当然还可以有许多解释，如果负责编号的人是来自南方，加上"3"表示金山银山的意思；如果负责编号的人对周易有较多的研究，选择"3"则表示吉利，因为"3"在数理上是一个吉数，含有根深蒂固、蒸蒸日上、如意祥瑞、百事顺遂的意思。从编排方位来看，应该涵盖这层意识，它是从东南向西排列。

二是在现在的编号之前，还出现过一种编号，从目前发现的材料来看，它是按一区从1号编到32号。郭沫若曾经住过的那一栋门牌号编为20号（称为一区20号）、周恩来曾经住过的那一栋门牌号编为27号（称为一区27号）。

三是现在的编号。它叫栋，即1~21栋。实际上只有20栋，第15栋目前没有实体。其分布在半山南路下面从西南向东北编号有1~7栋；在半山南路上从东北向西南分布的是8~14栋；再由西南向东北向山顶分布的是15~21栋。依山分布的20栋，呈一个"之"字形走向。

4. 20世纪三四十年代住过"十八栋"的人

20世纪三四十年代，在"十八栋"里面住过的人，目前能够明确的有：

1935年的文献记载有皮宗石、吴维清、余炽昌、李儒勉、陶延桥、汤璪真、刘秉麟、汤佩松、刘永济、黄叔寅、周鲠生、高翰、缪恩钊、陶天南、徐天闵、张有桐、蒋思道、郭霖、叶雅各、丁燮和、刘正经、钟心煊、陶因、邵逸周、王星拱、葛扬焕、查谦、陈源、朱祖晦、杨端六。

2001年档案馆在申报国家级文物保护单位时，曾经请在"十八栋"里面住过的皮公亮、查全性两位先生回忆过一个名单。他们回忆的名单中除了上面的一些人以外，还有范寿康、刘迺诚、席鲁思、方重、陈鼎铭、吴于廑、刘秉麟、方壮猷、袁昌英、陈华癸、周如松、王世杰、许宗岳、凌叔华、桂质廷、高尚荫、胡稼胎。这些名单中包含1935年以前和20世纪40年代在此住过的人。

按现在的楼栋来划分，上面的人住过的楼栋有：

第1栋（单栋）住过杨端六（经济学家）、袁昌英（文学家）夫妇。

第2栋（双栋）住过朱祖晦（经济学家）、刘廼诚（政治学家）、刘永济（古典文学专家）和陈源（文学家）、凌叔华（作家、画家）夫妇。

第3栋（单栋）住过查谦（物理学家）和桂质廷（物理学家）。

第4栋（双栋）住过范寿康（哲学家），陶因（经济学家），刘廼诚，钟心煊（植物学家）。

第5栋（双栋）住过郭霖（机械工程专家），蒋思道（法学家）。

第6栋（双栋）住过缪恩钊（土木工程学家），高翰（哲学家）。

第7栋（双栋）住过陶延桥（化学家），李儒勉（英语语言文学专家）。

第8栋（单栋）住过王星拱（化学家），皮宗石（经济学家），刘正经（数学家）。

第9栋（双栋）住过查谦（物理学家），余炽昌（土木工程学家），吴维清（数学家），席鲁思（古典文学研究专家）。

第10栋（双栋）住过汤佩松（植物生理学家），方重（英语语言文学专家），陈鼎铭（化学家），吴于廑（历史学家），刘秉麟（经济学家）。

第11栋（单栋）住过周鲠生（法学家），刘秉麟。

第12栋（双栋）住过徐天闵（古典文学研究专家），张有桐（政治学家），方壮猷（历史学家）。

第13栋（单栋）住过叶雅各（林学家）。

第14栋（单栋）住过邵逸周（矿冶学家）。

第15栋（单栋）住过高尚荫（病毒学家）。

第16栋（单栋）住过皮宗石、葛扬焕（法学家）。

第17栋（单栋）住过杨端六、袁昌英夫妇，陈华癸（微生物学家）、周如松（金属物理学家）夫妇。

第18栋（单栋）住过王世杰（法学家）、王星拱、周鲠生。

第19栋（双栋）第20栋（双栋）住过周恩来、汤璪真（数学家）、黄叔寅（化学家）、刘永济、胡稼胎（哲学家）。

第 21 栋则住过许宗岳（物理学家）。

5. "十八栋"的优越生活

十八栋的生活非常舒适优越。尤其在 20 世纪三四十年代多灾多难的中国，有这样的居住条件，就全国来看都是不多见的。

十八栋的每一户是假四层楼。一楼是厨房和佣人室，二楼是饭厅、客厅和书房，三楼是卧室、洗手间（配有抽水马桶），四楼是储藏室。电话、冰柜等一应俱全。厨房的炉灶烧白煤，炉膛有盘状水管，可以为三楼洗浴间提供热水。

十八栋的教授薪水都比较高，薪俸分为九级，分别为 500、475、450、425、400、375、350、325、300 元（1935 年以前是大洋，以后为法币），级差 25 元。校长薪俸最高 600 元，后涨到 680 元。每家一般会请佣人，相对阔绰的家庭会请一个男工一个女工。女工是保姆，负责清洁卫生；男工是厨师，负责做饭、买东西及重体力活。若设家宴，会请粮道街的魁星楼酒店的厨师送菜肴配料过来。如果准备西式茶点，会请汉口合昌西点铺的人送货过来。

当时为了通行的方便，在第一排（1~7 栋）和第二排（8~14 栋）之间，有一条可行驶车辆的山路叫半山南路。"十八栋"距离学校教学区步行至少需要 30 分钟，学校为了方便教授们上下班，专门开通了从半山南路至教学区定时往返的交通车。需要购物得到二区的消费合作社（位于新图书馆和梅园食堂中间）。教授们需要烧的白煤块，由消费合作社派卡车送到半山南路，再由各家的男工搬回家里。学校还建有自备电厂和自备水厂供电供水。下山就是学校附小，为教授们潜心教学科研解除了后顾之忧。

平时，"十八栋"的教授们，完成了一天的教学科研任务后，会在半山南路散步。该道路曲径通幽、周围森林环绕、处处鸟语花香。有时双休日还会出去进行捕猎活动。查全性先生回忆说，有的教授爱到磨山打猎，那里有麂子和野鸡，叶雅各教授就有杆双管猎枪。难怪郭沫若说这里是"物外桃源"。他在《洪波曲》一书中回忆："当时的生活尽管是异常忙碌，差不多每天清早一早出去，要到晚上，甚至有时是深夜才能够回家，但在夜间月下的散步，星期日无须下山，或者有友来访的时候，可留下了不少的甜蜜的回忆。我们在东湖里游过水、划过船，在那岸上的菜馆里吃过鲜鱼。浓厚的友谊，闲适的休憩，是永远也值得回味的"。"太平时分在这里读书，尤其教书的人，是有福了。"

周鲠生教授与长女周如松在家门前留影

为了净化因建设带来的空气污染，当时学校开展了大规模的植树造林运动。据沈中清先生讲，当时校区里只有狮子山北面石星川山地上有松林约二十亩、珞珈山北面刘公庄园有松林约十五亩，其余大片地区是茅草荒地。由于叶雅各是森林方面的专家，也是学校建设方面的实际负责人，在他领导下，学校的植树造林活动如火如荼。新培育和引进的树苗有：①柏树，有塔柏、翠柏、刺柏、龙柏；②松树，有水松、黑松、罗汉松、马尾松、落叶松；③杉树，有水杉、常绿杉；④垂柳；⑤凤阳；⑥桑树；⑦橡树；⑧樟树；⑨法桐、梧桐；⑩乌柏；⑪三角枫；⑫

棕树；⑬枇杷；⑭银杏；⑮桂花树；⑯桃树；⑰梅花树；⑱玉兰；⑲石楠；⑳黄阳；㉑白果；㉒拐枣树；㉓李子树；㉔苹果树；㉕美人蕉；㉖夹竹桃；㉗迎春；㉘紫荆；㉙葡萄；㉚海棠；㉛海桐；㉜冬青；㉝女贞；㉞洋槐等。植树造林面积达两千余亩。

左起皮宗石、李剑农、杨端六、顾如、韦润珊、周如松、王星拱在珞珈山植树造林

十八栋有茂密的森林环绕，不仅有鸟儿在山上唱歌，而且常常有动物出没。曾经有野猪在山上活动，怕伤到居民被公安部门击毙了。现在珞珈山上还出现了狐狸，可爱的小狐狸不但不怕人，还和山上的行人友好相处。

二、武汉沦陷后的"十八栋"

1931年九一八事变后，中国一步步走向对日抗战，各地都打上了战争的烙印。"十八栋"这片仙山楼阁也见证了这一段抗战的历史。

1. 沦陷前的"十八栋"成为抗战的基地

全面抗战爆发后，为了共同对日抗战，国共实现了第二次合作。1937年12月南京沦陷后，武汉逐步成为战时首都。珞珈山也成为国共

前几年在珞珈山上发现的野猪

生活在珞珈山上的狐狸

共同抗日的重要场所。

　　1938年春夏，蒋介石将在江西举办的军官训练团（高级将领的短期训练班）移到珞珈山开办，学校校舍成了军官训练团的团部。"十八栋"的一些教授住宅也成为国共两党要员办公和休息的场所。

　　1938年4月底，国民政府军事委员会政治部第三厅厅长郭沫若和

11

夫人于立群从汉口的太和街搬到武汉大学，在原国立武汉大学文学院哲学教育系教授、系主任，时任国民政府军事委员会政治部第三厅副厅长范寿康的斡旋下，住进一区20号（即现在的第12栋二单元）。它原是张有桐教授的房子，后称"郭沫若故居"。郭沫若在珞珈山十八栋寄居了四个月后，搬回到汉口的杨森花园。

不久，国民党要员、国民政府军事委员会政治部副部长黄琪翔搬进一区19号（即现在的第12栋一单元），与郭沫若成为同一栋楼的邻居。

1938年5月底，国民政府军事委员会政治部副部长周恩来和夫人邓颖超也从汉口搬到武汉大学，住进一区27号（即现在的第19栋一单元，后称"周恩来故居"），与住在珞珈山北麓听涛庐的蒋介石夫妇隔山而居。周恩来当年随行工作人员童小鹏回忆说："那时周恩来同志和蒋介石都住在武汉大学珞珈山上，经常会在散步中遇到。"周恩来夫妇在十八栋寓所一共住了三个多月（1938年5月至8月）后，搬回到了汉口。10月25日，武汉沦陷前夕，周恩来撤离武汉。

居住在十八栋时，周恩来、郭沫若做了大量的抗战工作。周恩来经常同爱国民主人士、爱国抗日将领谈心，共商抗日救亡大计，还开展过抗日宣传、接待外国友人、七七献金及抗日演讲等活动。郭沫若负责的抗日宣传工作不仅规模空前，而且有声有色、轰轰烈烈。

2. 沦陷后的"十八栋"成为日军军官的住所

1938年10月25日，投入110多万兵力历时四个半月的武汉保卫战结束，武汉沦陷。南京国民政府迁到重庆，湖北省政府迁到恩施。不久学校被日寇占领，珞珈山校舍就成了日军的司令部、后方医院。十八栋成为日寇高级军官的住所。

在此之前，学校已经迁往四川乐山。为了守护学校，校长王星拱和迁校委员会主任杨端六安排了曾留学日本，且妻子是日本人（铃木光子）的汤商皓，另加4人一起护校。当时汤商皓冒着风险，经过重重关卡，从汉口前往珞珈山巡视校园。看到的是学校邮局、水工实验室成了马厩，宋卿体育馆成了日军俱乐部，工学院大楼成为日军野战医院，东湖中学变成了辎重场，理学院大楼变成了日军司令部，十八栋成了日军高级军官的官邸。日军军官进入十八栋以后，将房子的内部装饰进行了改造，许多楼板被改成了日式的榻榻米。2006年学校对十八栋的房屋进行维修时，在墙体里还发现了日军的衣物，仍然保存完好。

通过寻找，有人在珞珈山顶发现了地堡。地堡内部呈长方形，南北长15米、东西宽5米，面积达七八十平方米，净高4米，被一人高的墙体隔成一大一小两个空间。地堡墙体厚约1米，为红砖水泥结构，南北墙各有一个瞭望窗口，窗口是向上开的，便于观察和防御空中目标。地堡为半掩式，掩体与山体融为一体，隐蔽性强。外表像一个小山包，地形平坦，可行走人。据推测，地堡应属于防空瞭望、指挥所之类的军事设施，或用于存放弹药和武器。顶部厚实的掩体，能经受空中轰炸，且不易被敌方飞机发现。相关专家从地理位置、使用材质等判定，此地堡应为抗日战争时期，为蒋介石、陈诚等国民党要人修筑的防空避难工事，这就更加凸显出它的历史价值。

三、"十八栋"尊崇地位之恢复

1945年9月，日本宣布投降以后，学校成立复校委员会，由赵师梅、萧洁等先期回珞珈山接收校产。当时校舍外观基本完好，但门窗、水电等被损坏殆尽。当时护校的几位同志，汤商皓去了中国台湾。四名校工中的余景华、李济生、查润三名校工于1941年4月被日军杀害。经过近一年的艰辛跋涉，广大师生员工逐步返校。1946年10月31日，学校在珞珈山举行了开学典礼。

随着学校的复校，"十八栋"也恢复了它往日的光彩。

据1949年的文献，基本可以肯定在十八栋居住的有余炽昌、刘秉麟、刘永济、缪恩钊、徐天闵、刘正经、钟心煊、葛扬焕、查谦、杨端六、刘廼诚、席鲁思、吴于廑、方壮猷、袁昌英、周鲠生、陈华癸、周如松、许宗岳、桂质廷、高尚荫。

此时能在十八栋居住已经成为一种身份的象征。著名文学评论家、教育部部聘教授吴宓（当时他住在二区），1946 年任学校文学院外文系教授兼系主任，因为不能入住十八栋而耿耿于怀。他在日记中写道："夫宓在武大，不能与一区仙山楼阁（指十八栋）同处共乐。"这话说明了十八栋在当时教授们心中的分量。

四、"十八栋"尊崇地位的丧失

中华人民共和国成立后，教授们大多搬出了十八栋，改由讲师、助教合住。"文革"开始后，老教授们又被安排回来，但只能挤着合住。"文革"结束后，老教授们大多主动搬出。总之，此时的十八栋失去了往日的尊崇。

1969 年的一份档案记载了当时十八栋的住宿情况。十八栋：

1 号住着邱冠英、张学荣、李世雅、朱传启、杨祖陶。

2 号住着郑方适、李峰林、王宗华、黄静珍、刘绶松。

3 号住着陈震华、余陶生、李培森、王淑融。

4 号住着吴桂明、姚玉明、袁昌英（14.24 平方米）、彭运梅、许海兰（22 平方米）。

5 号住着梁东瑞、赵佩琼、黄振书、徐树华。

6 号住着刘季华、刘道玉、喻茵英、皮高品。

7 号住着郑正炯、邱榆若、张瑜青。

8 号住着曹罗瀛、王书云、齐志新。

9 号住着张懋森、熊一奇、张廷昌、曾云鄂、冯少岩。

10 号住着廖孟阳、杨麟麒、谭崇台。

11 号住着张国敏、李俊元、梁百先、刘博平。

12 号住着罗焕光、吴昆泉、公立华、罗昆。

13 号住着陈登恪、卢振中、曹连欣、余明祥。

14 号住着渝南、刘绪贻、胡寿鹤。

15 号住着胡国瑞、周孝安、徐知三、余志宏。

（没有 16 号）

17 号住着王熙纯、陈端刚、陈恩泉。

18 号住着崇汉玺、张伯熙、肖骥。

19 号住着魏铭鑑、保宗悌、李鸿代、亢康。

20 号住着陈蓉蓄、王文生、柳佑、赵曙辉、何启智（郭沫若曾经住过的地方）。

21 号住着严庆容、李清义、韩其勇、孔祥征。

22 号住着贾知先、毛治中、张继平、康宏奎。

23 号住着康智遥、齐丕智、毕达。

24 号住着罗汉庭、吕厂、葛扬焕（17.74 平方米）。

25 号住着周如松（17.70 平方米）、熊吟涛、李德永、王兆星、李国材。

26 号住着曹明魁、郑伯华、鲁述、余先觉、朱光辉、黄惠贤、徐惠萍。

27 号住着唐炳亮、王延平、陈蜀光、朴富宁、温端云（周恩来曾经住过的地方）。

28 号住着张月超、刘华玉、杨毅、叶明训。

29 号住着屈定昌、钟心厚、刘光杰。

30 号住着郭焕庭、刘振华、邱毅。

31 号住着叶崤、蒋仲平、陆永良。

曾经在十八栋住一栋或住一个单元的袁昌英、许海兰、葛扬焕、周如松 4 名教授，此时只能住 20 平方米左右的房子了。

五、"十八栋"成为历史文化教育基地

改革开放以后，十八栋在悄悄地发生变化。根据资历和工作年限，十八栋的房子仍分配给老师们住。后来随着住宿条件的改善，老师们都搬下山来住了（山上的水、电及安全都需要完善），山上的房子许多闲

置下来了。

2001 年，"十八栋"的周恩来故居、郭沫若故居和学校的其他一批早期建筑，计 15 处 26 栋，被国务院列为第五批全国重点文物保护单位。2004 年，学校开始对这些别墅进行翻修。

随着办学规模的扩大，办公用房十分紧张，于是学校开始把十八栋的房子有选择性地进行了装修，用于办公。大多是文科的一些研究基地在这里办公，如武汉大学国学院、台湾研究所、国家文化创新研究中心、中部发展研究院等。

2013 年，校长李晓红本着"树人树木"的办学理念，决定将"十八栋"作为"历史文化教育基地"和"爱国主义教育基地"，充分挖掘"十八栋"的人文价值和教育价值，并逐步对公众开放。

2013 年 11 月，修缮一新的周恩来故居对外开放。11 月 21 日，"周恩来故居暨历史文化教育基地"在十八栋周恩来原居住地挂牌。学校党委书记韩进在揭幕仪式上讲话，向与会嘉宾讲述了周恩来与武汉大学的不解之缘。为充分发挥教育基地的作用，学校在周恩来故居内进行了布展，通过大量图片及实物，再现了周恩来为抗战所作出的突出贡献。

学校党委书记韩进在揭幕仪式上讲话（张然 摄）

2016年窦贤康担任校长，特别强调大学要以"学生为本"，希望学校能够为学生的成人成才创造条件。在此思想的推动下，学校加强了对历史文化教育基地从内容到形式的打造。马路、房子都进行了重新装修，还在每一栋房子旁以文字加以标示说明。

2018年3月5日，学校举行纪念周恩来诞辰120周年暨湖北省爱国主义教育基地揭牌仪式，湖北省委宣传部副部长俞立平和学校党委副书记沈壮海共同为基地揭牌。目前，学校正在对周恩来故居重新布展。布展完毕后，周恩来故居将会以更加光彩夺目的形象展示在人们面前。

湖北省委宣传部副部长俞立平和校党委副书记沈壮海出席揭牌仪式（金鑫 摄）

除此之外，学校在十八栋还建有闻一多纪念馆（10栋）。2015年1月25日，武汉大学闻一多纪念馆在珞珈山十八栋举行。湖北省副省长、民盟湖北省委主委郭生练，校党委书记韩进、副书记黄泰岩，湖北省委统战部党派处处长伍启华、知识分子工作处处长阳胜芳，民盟湖北省委员会部分代表出席了揭牌仪式。闻一多纪念馆同时被定为中国民主同盟湖北省爱国主义教育基地和全国爱国主义教育基地。闻一多纪念馆展览由"前言""学者闻一多""民主志士""在武汉"四个部分组成，通过大量历史图片、手稿全页、著作原件，记录了闻一多上下求索、奋进不息、融合中西、联结古今、忠诚坦荡、虽死犹生的伟大一生。

湖北省副省长、民盟湖北省委主委郭生练，
校党委书记韩进为闻一多纪念馆揭牌（张然 摄）

住过第 1 栋的经济学家杨端六

柳 兰

杨端六（1885—1966），原名杨勉，后易名杨超，湖南长沙人，中国著名的财政金融专家和经济学家。曾任商务印书馆《东方杂志》编辑、会计科长，中国公学经济学、会计学教授，中央研究院经济研究所所长、社会科学研究所研究员、经济组主任，国立武汉大学法学院院长、教务长、经济系主任、文科研究所经济学部主任、教授，国民政府参政会参政员，军事委员会审计厅上将厅长，三青团中央监委、国民党中央执委，中南军政委员会财政委员会委员等职。

杨端六生于湖南长沙，七岁入私塾，后入善化学堂求学，1902年至1904年在湖南中路师范学堂读书，从小就受到新学和旧学两方面的影响。1906年赴日本留学，先后于东京弘文学院、东京第一高等学校、冈山第六高等学校就读，其间加入中国同盟会。1911年武昌起义爆发后回国，1912年任《长沙日报》编撰和记者、汉口《民国日报》总经理和总编辑。1913年赴英国留学，于英国伦敦大学政治经济学院攻读货币银行专业，五四运动时期赴巴黎与王世杰、周鲠生等人会合，共同向中国代表团请愿，促使中国代表拒绝在巴黎和会上签字。1920年回国，任商务印书馆《东方杂志》编辑部编辑，1922年到湖南商业专门学校任教货币学与银行学，1930年9月受聘为武汉大学经济系教授。

一、著述等身，殚精竭虑

国立武汉大学主要是由一批毕业于国内外名校、立志在"高等师范学校之外"创建一所"中国人自己办的现代大学"的年轻人筹建的，这些风华正茂的年轻人在武昌郊外荒山野岭处造就了今天雄伟壮观的珞珈校园，杨端六就是这批年轻人中的一个，他算得上是武汉大学的"第一代"校友。国立武汉大学组建后，与杨端六交好的王世杰出任第一任校长，他求贤若渴，广泛延揽海内外学者专家到校任教，致函聘请杨端六、袁昌英夫妇到武汉大学任教，1930 年，杨端六受聘来到武大，担任经济系教授，1932 年接替皮宗石担任法学院院长，1945 年接替朱光潜担任教务长。杨端六在武汉大学执教 36 年，科研工作成果丰富，教学工作贡献显著。

杨端六是著名的财政金融专家和经济学家，是中国金融和会计学的开山鼻祖，中国经济思想史权威学者胡寄窗称他为"声名仅次于马寅初的货币学家"。在科研工作方面，杨端六笔耕不辍，治学严谨，著述等身，在报刊上发表关于金融、币制、税制改革等各类文章 160 多篇，编有《货币与银行》《工商组织与管理》《现代会计学》《清代货币金融史稿》《中国近百年金融史》《货币浅说》《中国改造问题》《公司概论》《社会政策》《银行要义》《信托公司概论》《记账单位论》《商业簿记》《六十五年来中国国际贸易统计》等多部著作。其中《货币与银行》一书，对于了解资本主义货币金融有一定的参考价值，后来成为国内大多数高校经济系的使用教材，《清代货币金融史稿》一书详细论述了清代货币的发展和金融事业的兴起，揭露了中国封建社会的腐朽性以及外国金融势力侵入后对中国货币制度和金融事业的影响，得到学界好评，《六十五年来中国国际贸易统计》一书，填补了当时中国在对外贸易研究领域的空白。他的文章，资料翔实，论述精辟，脉络清晰，见解独到，在经济学科研领域作出了巨大贡献。

杨端六是武汉大学经济系最早的主任，他辛勤耕耘，为武汉大学培养了一大批优秀学生，为国家培养出一大批财经界杰出人才。他在武汉大学任教期间，主要讲授货币与银行、会计学、货币学、经济学、簿记学、企业组织与管理、工商组织等课程，当时经济系多以手抄讲稿授课，而他在"货币与银行"课上则用他自己正式出版的专著《货币与银行》作为教材，他常说："有许多事情，看来是非常繁琐，尤其是在高位握大权的人看来，以为我们只要拿定大政方针，其余细枝末节都不必过问。自然，大政方针是不可错误的，但忽视细枝末节，又如何行得通呢？读这本书，我希望我们能够得到一个教训，就是一个问题，如果没有深切的考虑，是不容易得到良好的解决方法的。"他在课堂上给学生讲自己的主张，还时常引用英文原文，开列大量英文原著目录作为参考资料，他的著述和授课方式很适合引导学生学习，因此他的这本著作成为各大学广泛选用的著名教材，他的专著也成为我国货币学、金融学的奠基专著之一。杨端六作为我国著名的经济学家，培养了一大批优秀人才，著名经济学家张培刚、刘涤源、谭崇台、万典武、曾启贤等都是他的学生。

杨端六不仅在科研和教学工作上为武汉大学作出了极大的贡献，而且在抗日战争爆发后武汉大学西迁乐山时默默付出许多心血。西迁乐山的选址、搬迁等一系列繁重的工作都由杨端六主持，西迁后，乐山可供住宿的地方不够，学生们只能挤在一起艰难度日，只有六宿舍是武汉大学自己兴建的，其余是靠当地百姓帮忙提供，然而还是供不应求，为此杨端六四处奔走求助，将房子修葺了一番。在乐山的几年，虽然环境极其清苦，师生们生活艰难，但是精神上是富足的，乐山武汉大学图书馆藏书丰富，使得在当时艰苦的条件下，教师们的课程能够有比较丰富的内容，而这就有时任图书馆馆长的杨端六的功劳，抗战胜利后，武汉大学迁回珞珈山的主事人又是杨端六。

二、厚德博知，仁爱躬耕

杨端六在武汉大学经济系执教时，很受学生们的尊敬，在同学中有

"菩萨"之称，在他年逾花甲后，学生们还在背后亲切地称呼他为"杨老夫子"。他总是以饱满的精神状态出现在课堂上，衣着整洁，毫不含糊，给学生们传授知识时倾囊相授，讲课条理清晰，板书工整规范，授课内容除教材上的基础知识外，他还会补充新的材料，介绍不同流派的学说，扩充学生们的知识量，启迪学生独立思考。给学生们解答问题时耐心细致，如果有学生遇到一些不懂或不甚明了的问题，专程去他家请教，他都会仔细翻阅英文原著的有关段落，有时还看一看书名、作者、目录等，然后慢条斯理地给学生讲述和解答，作出有针对性的指点，他告诫学生要"多读勤思，勿攀捷径"，他还常常步行到学生宿舍做个别辅导。正是因为他的学识渊博、无私奉献和平易近人，他得到了学生们的尊敬和爱戴。

1937年卢沟桥事变后，华北地区沦陷，华东地区告急，武汉形势日趋恶化，战争一触即发，武汉大学遂于1938年决议西迁四川乐山，成立迁校委员会操办迁校事宜，杨端六担任迁校委员会的主任委员，邵逸周、方壮猷、刘迺诚、曾昭安、郭霖、叶雅各等人同为委员，此后，迁校委员会的成员为迁校一事多方奔走，殚精竭虑，杨端六首当其冲，他日夜操劳，亲自前往宜昌和重庆联系，历经千辛万苦，具体落实图书及精密仪器的长途转运事宜。迁校委员到达乐山后，又开始筹划学校落址、学生住宿等一系列繁琐的工作，尽管困难重重，工作量巨大，而且经费告急，但是杨端六凭借坚强的意志力和强大的理财能力，出色地完成了工作，使得搬迁费用尽量减到最少、学校仪器设备的损失减到最小。抗日战争结束后，武汉大学按照教育部的指示成立了复校委员会，杨端六再次担任主任委员，和刘迺诚、葛扬焕、徐贤恭、曾昭安、赵师梅、方壮猷、张宝龄、缪恩钊、熊国藻、董永森等人组成复校委员会，有组织地将学校的精密仪器、实验设备、图书资源等物资安全迁回珞珈山，他们精心策划，克服艰难险阻，终于将大部分物资完好带回，武汉大学图书设备的保有率在当时居全国高校前列，1949年后武汉大学图书馆的图书资料可与北京大学图书馆相媲美，这与杨端六的努力分不开。

在生活艰难的乐山，杨端六的中心工作始终是教学和科研，丝毫不向恶劣的环境低头，他研究的重点是《货币与银行》，这本书后来一直是国内各大高校经济系的通用教材。1939 年，日军轰炸乐山，杨端六、周鲠生、刘秉麟三家合住院子被夷为平地，到处都是废墟，在仓皇出逃的危急时刻，杨端六坚持抢救的便是倾注了他许多心血的《货币与银行》原稿，随后他进行重写修订，出版发行后被列为"大学丛书"，并被选为经济系教材。

杨端六的一生，是传奇的一生，他身兼数职，扮演各种角色，并且能够把每一项工作完成得非常出色，他是为中国培养了大批优秀人才的著名经济学家，是为武汉大学作出巨大贡献的经济系教授，他是值得我们永远铭记的武大人。

住过第1栋的文学家袁昌英

张　柳

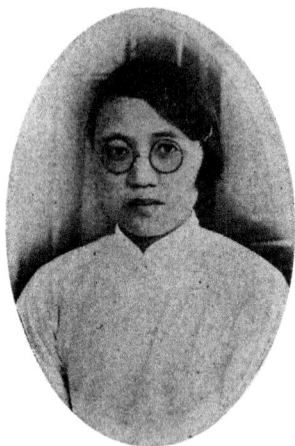

文学院教授袁昌英

在珞珈山东南，错落有致地分布着十八栋老别墅，尽管这片东西合璧的别墅群经历了近一个世纪的风雨摧残，但是昔日的堂皇壮观依旧有迹可循，这里就是武汉大学著名的珞珈山山前"十八栋"。在20世纪初的武汉大学，这十八栋别墅不仅仅是教工宿舍，而且是武汉大学大家学者的集结点，是珞珈山上智慧的渊薮。住在这里的任何一位，都能在中国近代史的学术领域各领风骚。而提到"山前十八栋"，总也绕不过去的，还有这样一位女子，她叫袁昌英。

20世纪30年代的武汉大学，有三位女士总让人移不开眼睛，她们端庄秀丽，学识渊博，被誉为"珞珈三女杰"。三人中袁昌英最年长，学历最高，在武大任教时间最长，是当之无愧的大姐。袁昌英1929年作为首批被聘请的留英教授之一来到武汉大学，并在这里度过了近40年的教学生涯。可以说袁昌英的一生，她的欢乐和痛苦，都与这片珞珈山下的学术乐园有着不可分割的关系。

一、严师：严于求教，严于育人

袁昌英1916年赴英留学，1918年进入英国著名高等学府爱丁堡大学学习西方戏剧，成为达尔文、休谟等人的校友，并在该校获得文学硕士学位，成为留学欧洲的中国女性中获此学位的第一人。为此，路透社还在《泰晤士报上》刊登了这一消息，当时国内的各媒体也互相转载报道。1926 年，已经经历了结婚生子并在北京女子高等师范教书的袁昌英感到学养不足，再次动身前往法国巴黎大学学习，主修法国文学与现代戏剧。袁昌英的学习经历极大地丰富了她的学识和语言基础，并为她自己的学术创作打下坚实的基础。从一个湖南乡下的农村姑娘到中国第一个留英女硕士，袁昌英付出的不只是努力和汗水，还有对知识的不满足，对自身学识的严格要求。正是这样严谨的求教态度才使得袁昌英为中国近现代的西方戏剧研究等学术领域留下了浓墨重彩的一笔。

1929 年袁昌英受时任武汉大学校长王世杰的邀请，前往武汉大学任教，担任武汉大学文学院外语系的系主任。自此拉开了她在武汉大学生活的序幕，在武汉大学的舞台上，袁昌英一"演"就是 40 年。在这近四十年的教书生涯里，袁昌英以严格出名，教出了一批批优秀的学生。袁昌英的学生回忆，上袁昌英的每堂课都要事先做好充分的预习准备，否则就会跟不上进度，若能够在她的课堂上认真记好笔记，课下整理之后便能成为一篇条理清晰逻辑严谨的文章。不仅如此，袁昌英在课堂之外也对学生严格要求。她要求学生在课堂之外要针对每个作家写出详实的读书报告，并针对报告情况认真记录。同时她还提倡学生们独立思考，用批判性的眼光品味作品中的主旨内涵。除了要求学生们严谨地对待文学作品，袁昌英还注重文学作品对于学生们思想性格的塑造和影响。乐山时期武大的峨眉剧社计划公演王尔德的作品《莎乐美》，邀请袁昌英为该作品写推荐文章，旨在希望袁昌英为其美言几句以起到宣传作用，没想到袁昌英却对这部作品进行了批评。她认为这部作品写作于王尔德穷困潦倒时期，是一部处于以"想捞几个钱"的目的的作品。"《莎乐美》是以唯美主义为形式，颓废病态的题材为内容。当然唯美的形势不一定要有颓废的内容，但是颓废的内容不能没有唯美的形式。因此颓废主义和唯美派就结下了不解之缘。""别为美的艺术所诱而误认其内容为健全。这种病态的、颓废的作品披上优美动人的艺术形式最易于把人引入歧途。”（《袁昌英作品选〈关于莎乐美〉》，湖南人民出版社 1985 年版）由此可见，袁昌英对于学生的关爱以及严肃认真的学术态度。

袁昌英不仅严格要求学生，而且严格要求自己。当时她担负了外文系的近代戏剧、希腊悲剧等科目的教学工作，后来还承担了法语的教学工作。繁重的教学压力并没有使袁昌英应付和敷衍了事，她讲课绝对不照本宣科，而是会精心选取同类型的文学作品或者同一个作家的不同作品加以比较，帮助学生加深了解。在乐山时期，动荡的局势让许多教授学者无心授课，在课堂上只是滔滔不绝地讲或者不停地板书，崩溃的社会经济状况逼迫不少的老师身兼数职，甚至每堂课只讲一半时间，留下半堂课让学生自习，而自己则匆匆赶往下一个地方工作，挣取微薄的工资以补贴家用。而袁昌英则不同，尽管条件艰难，但她毫不懈怠。1939 年日军轰炸乐山，武大师生伤亡七十多人，袁昌英的家也没有幸免于难，所有的东西都付之一炬，几乎一无所有。即使是在这样的情况下，她和爱人杨端六也没有消沉，依旧以饱满的激情传授知识，并在忙碌的教学工作之余创作了大量的文学作品，《谈美》《行年四十》《生死》等脍炙人口的散文作品都出自这个动荡时期。

正是兢兢业业、一丝不苟的教学态度使袁昌英为我国培育了一批优秀的人才。著名的翻译家叶君健先生便是袁昌英的学生，我国著名的英语教育专家章振邦先生也是毕业于乐山时期的武汉大学，师从袁昌英。即使是在下放到湖南醴陵的农村老家的那段日子里，袁昌英依旧指导了一位返乡女青年，后来这位女青年考到了上海外国语大学学习英语。她说：“我们都是毕生从事教育工作的老教师。我们之所以能够历经劫难而仍坚守教学岗位，是与像袁昌英教授这样一些老前辈的身教言传分不开的。”（章振邦《怀念袁昌英教授》）

二、忙人：行年四十，焚膏继晷

“四十岁以上的人，经过生命力最后大挣扎的战争，而得到平衡以后，他的心境犹如一泓秋水，明净清澈，一波不兴，悠闲自在地接受天地宇宙间一切事物……"（袁昌英《行年四十》）。这是袁昌英的四十岁。乐山崩溃的经济、混乱的社会、复杂的现实并没有击垮袁昌英，她不仅一如既往地从容，甚至比之前有了更多的干劲儿。在那些动荡的日子里，她不仅出版了《行年四十》这部散文集，而且应商务印书馆王云五之约写下了一本约十八万字的《法国文学》。

作品的先后问世是以袁昌英放弃相当长一段清闲日子为代价的。她的同时期散文《忙》则真实地反映了她那段日子："'忙'只一字，就够概括我最近的生活……'忙'就像这么一个长方形的，木头有半尺来厚的木匣子，把你嵌在里面，脑袋不能伸，脚尖儿不能顶，两手更是没办法抱着头儿伸着懒腰儿！"的确，再超脱的人也挣脱不了生活的漩涡，身兼主妇、母亲、教师、作家等多重身份，袁昌英怎么能不忙呢？直到 1944 年 8 月，《法国文学》才正式出版。这部袁昌英"苦作的像个黑奴"一样伏案埋首辛勤数年的作品的问世，彰显的是一个东方女学者对于法国文学的深切认知。而袁昌英也在这本书的序言中道出了自己写作的原动力："我是中华民族的女儿，我要尽我所能写书，因为中国不是埃及，中国人是永远不能做奴隶的，所以我要在中华民族的大火炬大光明中，贡献一只小小的火把！"

文人的爱国情怀和民族忧患意识往往都通过文学作品表现出来，袁昌英也不例外。在创作《法国文学》期间，袁昌英还创作了五幕剧《饮马长城窟》，旨在讽刺和抨击国民党官员的贪污腐败和不作为。这无疑又为她的忙添上了一笔负担！其实早在九一八事变之际，袁昌英就主动为抗日救援捐出了自己的首饰细软，还组织武汉大学的女同学们为前线战士们缝制了 1000 件棉衣。既要教书育人，又要照顾家长里短，还要分出心思来忧念时局，牵挂民族危亡，袁昌英如何不忙！

"在四十岁以后，性灵的威力，人格的表现才开始占着上风。在他或她已经执行了替天行道的使命以后，这才猛抬头发现一向被冷落的'自我'，从黑角里奔出来，质问道：我呢？现在总应该给我一点机会吧！来！让我干一下子"（袁昌英《行年四十》）。这就是四十岁的袁昌英，我们不知道她在这样如麻团般混乱的生活里忙碌地找回了多少自我，但是我们能从她作品的字里行间领会到她忙碌的心甘情愿，也正是这样一个个忙碌的音符，敲定了她在文学史上的地位和无法被时光掩藏的风采。

三、美人：英伦淑女，秀外慧中

爱美是女人的天性，无关年龄和年代，不论身份和背景。出身于封建家庭，受教于西方国家，生活于新时代，多重的文化洗礼和熏陶使得袁昌英对美有着更为深刻的理解和追求。一丝不乱的头发，平平整整的衣服，不仅自己格外注意仪容仪表，而且不忘记提醒周遭朋友。这是苏雪林眼中的袁昌英，一个典型的英国淑女。袁昌英会格外提醒这位"不修边幅"的雪林妹子衣服扣子没有扣拢，也会注意苏雪林的衣服料子不够好，更会送给苏雪林几件珍贵的料子替她"装装门面"。即使是在炎热的夏天，袁昌英也一如既往地穿着长筒袜。经常穿一身白裙子行走在珞珈山，犹如一朵纤尘不染的白云。当时的文学院院长陈西滢把她比作"珞珈山上的白衣天使"。

如古人所说，腹有诗书气自华。外在的美并不是袁昌英美的全部。她的美还来自于文学的滋养。自幼饱读诗书，袁昌英从中国的传统文化里学到了内敛含蓄和庄重。英法留学数载，她又从西方文学里汲取了浪漫奔放和典雅。中西文化的交融和碰撞使得袁昌英有着更为丰富和多样的文化底蕴，也正是这种独特的文化经历造就了她独特的气质和特有的风韵。这种文化素养，让她才思敏捷、舌灿莲花。她还曾经为美写了一篇散文《爱美》。在这篇随笔中，她讲述了自然美，人造美，人情之美，人性之美，正是有着这样一双善于发现美的眼睛，袁昌英也逐渐变得越来越美好。她的女儿杨静远回忆道："我的母亲性格开朗、豪爽、热情，近乎天真，不世故，重感情，热爱生活和朋友。我们家常有朋友来，不论年老的、年轻的，都喜欢和她谈，谈的多是中外文学逸事。"袁昌英的这种学识见解作用在她的性格上，便形成了她独特的人格魅力，这种魅力使她结交了苏雪林、凌叔华、徐志摩、陈西滢、胡适等知己好友，成为她一生的宝贵财富。

袁昌英的美是毫无疑问的。这种美是一种外在的美，美在得体的服装，适宜的发型，落落大方的微笑。这种美是一种内在的美，留学英国、潜心学习成功考入爱丁堡大学是美；悉心教学、言教身传是美；国难当头散金支持是美；支持抗战缝衣补贴是美；寓满腔豪情于纸端是美；身处逆境仍然达观开朗也是美。这就是袁昌英。她爱美，追求美，也在用自己的行为来告诉世人，什么才叫做真正的美。

时间的银河把我们隔得太远。严格的袁昌英老师、忙碌的袁昌英作家、爱美的袁昌英女士都离我们遥不可及。远到即使同样身处珞珈山中，我们也无从探寻她的踪迹，我们不知道她是否也曾在行政楼前的空地上散过步，也不知道珞珈山脚下的花朵是否亲吻过她的裙角。如今的外国语学院欣欣向荣，朗朗的读书声飘荡在枫园上空。这一定是这位元老级教授最喜闻乐见的事情。袁昌英教授已经离我们很远了。但是她的精神还在，自强，弘毅，激励着一代又一代武大儿女，向未来进军。

住过第 2 栋的古典文学专家刘永济

周若涵

文学院教授刘永济

刘永济先生（1887—1966），字宏度，号诵帚，晚号知秋翁，斋名易简、微睇，湖南省新宁县金石乡人。1906 年考入长沙私立明德中学，1907 年考入上海的复旦公学，1911 年就读于清华大学，因不满学校高压政策而离开学校。先生曾历任长沙明德学校国文教员，沈阳东北大学教授，武昌武汉大学教授兼文学院院长，浙江大学、湖南大学及武汉大学文学院教授、文学史教研组主任等职务。1956 年，被评为一级教授。在武汉大学文学院历史上，刘永济先生列为"五老八中"之首。

2017 年，在刘永济诞辰 130 周年纪念会上，时任文学院院长涂险峰教授评价："刘永济先生是武汉大学中国古代文学学科极为重要的奠基人和引路人之一，是文学院弘毅、笃实、尚真、求精传统学风的重要缔造者和践行者之一。先生'广博精专、厚积薄发'的治学风范、'多闻阙疑，慎言其余'的治学精神，影响了一代又一代学人。"

一、自幼笃学，新旧兼通

刘永济出生成长于书香门第，祖上刘长佑以书生出仕，其间投笔从戎追随左宗棠，后还曾任两广总督、直隶总督等要职，后辈皆有功名，以"诗书继世"。正如陈寅恪所说"优美之门风实基于学业之因袭"。刘永济为刘长佑之孙，虽从未聆听祖父的教诲（其出生时祖父已去世），但受到家族这种勤奋好学的熏陶，"五岁即发蒙读书"。

刘永济早年读书以自学为主，家中大量的藏书和浓厚的学风为他提供了这一条件，刘永济逐渐养成了喜读古书和文学的习惯，也打下了扎实的古文功底。1902 年，15 岁的刘永济参加湖南新宁县试即拔得头筹，成为官学之生员。生员，在明清时俗称秀才。从这种意义来说，年少的刘永济已是有功名之人。在末代科举考试中，乡县的考试仍以考察四书五经为主，足见年少的刘永济已对传统儒家经典了熟于胸。

科举制度于 1905 年废止，而刘永济随着科举考试的废止而开始接受新式教育。从 1907 年至 1911 年，先后在长沙明德中学、上海复旦公学、天津高等工业学校和清华留美预备学堂学习。在每一个学校，刘永济学习的时间都不长，这在一定程度上影响了其学习的连续性和系统性。正如其后所说"在这短短的六年中，我学无所成，但影响我的却有几点：一、养成我自命不凡和自由散漫的习惯。二、灌输我革命的思想。三、广泛地粗略地具备些世界知识和科学知识，加强我读书的兴趣"。

但刘永济先生所说"学无所成"应当是谦虚之语。在其求学过程中，后与刘永济关系密切的梅光迪、陈寅恪、吴宓、吴芳吉等人无一不是学富五车之辈，处于这样的交际圈中，刘永济当时的自身学识在某些方面应当是可以与上述几位媲美的。一件小事足以说明这一点：晚年的刘永济讲述了当年在上海复旦公学与陈寅恪同窗的趣事：二人打赌拿一页古书，只看一遍，看谁能一字不差地默出来。结果陈寅恪一字不差，刘永济却错了两个字。从这件趣事中，固然可以看出陈寅恪这位未来的学术巨擘的博闻强记和过目不忘，但是稍逊一筹的刘永济的古文功底和学识也是可见一斑的。

二、学术大家，成果丰硕

刘永济先生一生著述丰厚。其研究涉及中国古典文学之诗、词、曲及文论诸多领域，取得令海内外学者瞩目的成就。其代表作品有《十四朝文学要略》《文心雕龙校释》《唐人绝句精华》《唐五代两宋词简析》《词论　宋词声律探源大纲》《宋代歌舞戏曲录要》《诵帚词集》《文学论》《屈赋通笺》《屈赋音注详解》等。

自1917年任教明德中学后，刘永济成为《学衡》的重要撰稿人之一。在1922年5月出版的《学衡》第5期上，首次发表了刘永济的词作，一组题为《鹧鸪天》（江行杂兴）的小令，共九首。早在1917年，刘永济便已在杂志上发表多篇词作，但其大量发表词作，还是在1922年亮相于《学衡》以后。刘永济一生以作词著称。其平生词作收录于《诵帚词集》中，该书是他一生出版的最后一部作品。

刘先生的《十四朝文学要略》为其在沈阳东北大学教授文学史的讲义，后编订成书。刘永济先生通篇以文言文写作，但又不同于传统的文学史写作模式。他提出的整体性构架，以四纲、经纬、三准、三训、二义等概念为线索，穿成一条完整又富有新意的对"文学"的解读。

《文学论》采用的主要是西方现代学术方法。书分六章，分别为：何为文学，文学之分类，文学之工具，文学与艺术，文学与人生，研究我国文学应注意者何在。该书对中国古代文论极为重视，使其书成为一部融通古今中外的文学理论著作。一方面，西方文学理论的引进能够得到具体实际的有效接受和消化；另一方面，中国传统文论也因有了西方的参照而得到了高屋建瓴的审视。《文学论》的附录——论文名著选，弥补了《四库全书》未暇顾及单篇论文的缺憾。这一附录多为在文论史上有重要影响的序跋、书信及史书上的传论，这就为今后中国文学批评史的写作在材料上提供了有益基础。

在其《屈赋通笺》和《屈赋音注详解》为代表的屈赋研究中，刘永济先生对屈赋的研究方法作出了诸多创新与贡献。他首创解题、正字、省音、通训、评文综合研究的五步法，循序渐进，涵盖宏观和微观两个方面，全面而细致，对读者的理解和后人的研究有很大的启迪。刘永济先生在对屈原生平的介绍中，采用了大事年表的方法，将屈原的经历与同年的政治形势相结合，直观而精确。采用传统小学与现代语法学的双重视角探究屈赋句例，中西合璧，取得了许多突破。刘永济先生对屈赋疑难词研究的贡献同样不可忽视。此外，还对屈赋的诸多疑案进行了研究，并发表了有创新性的见解。例如，他首次将屈原思想与古代天命人论说相结合，并提出屈赋体制源于古乐章，破解了屈赋体制与古乐章的内在关系。

在其他领域，刘永济也有相当成就和贡献。作为古典文学研究专家，他在屈赋、词学、曲学、文学理论、文学史、唐人绝句、《文心雕龙》等领域均有突出贡献。学术研究和诗词写作构成了刘永济文学生涯的两翼。

三、一生正直，两袖清风

刘永济先生终其一生，都恪守着中国传统儒家知识分子"修身，齐家"的个人道德规范。

刘永济作为一家之长，始终维持着家庭的和睦融洽。据其女刘茂舒回忆，"父母相敬如宾，子女彼此友爱。我几乎记不起父母之间有过激烈争吵，对孩子有过大声呵斥。父亲勤奋治学的精神，耿直不阿的处世态度，潜移默化、无声地教育着我们。他每天黎明即起，几十年如一日，清晨第一件事就是临窗苦练书法……母亲常说，我们姐弟（指刘茂舒和其弟弟）是在诗词里泡大的。这虽是一句笑话，却也真实反映了我们家庭的特色"。这篇回忆文章写于 20 世纪 70 年代刘永济先生逝世以后，可能会存在美化的痕迹，但我们可以确定的是，在这样一个家庭中，刘永济所扮演的多重角色。他既是温和谦敬的丈夫，又是勤奋正直的父亲，还是孩子们富有学识的启蒙教师和引路人。在数十年前父权家庭依旧盛行的时代，刘永济先生能维持这样和睦的家庭是殊为不易的。

在工作上，1932 年，刘永济先生来到武汉大学文学院。1942—1949 年，担任文学院院长，并以院长职务兼管诸多校务。可以说，20 世纪 40 年代后，刘永济逐渐成为武汉大学人文学科的领袖人物。而武汉大学文学院在这一时期，正经历着新派文学与旧派文学之间的激烈竞争。刘永济先生身为"旧式文人"的代表，却依旧与不同学派的教授都能平等相处、和衷共济。尽管与新派知识分子的学术理念有差异，但他与不少新派的教授和学生都维持着良好的关系。

"新派"学者叶圣陶曾受武汉大学其他旧派教授的奚落嘲笑，但其在教学上颇受学生欢迎，因此得到了刘永济的尊重。叶圣陶还在日记中记录其与刘永济先生的私交。在乐山期间，刘永济一家与叶圣陶一家多有互相关照。叶圣陶离开武大时，刘永济下山与之"叙别"。"新派"学者朱光潜在乐山期间，也常从其城里的住处，到城郊的刘先生家，谈论学问和国事。程千帆先生是刘永济先生的晚辈，终生对刘永济执弟子礼。程千帆在学术上更倾向于新派，而刘永济并不以为意，为其创造了自由宽松的学术环境。对程千帆讲授的文学史课，刘永济先生允许其自编和改进讲义，并鼓励其边教边改进。

住过第 2 栋的文学家陈源

张旭梅

陈源（1896—1970），字通伯，笔名西滢，江苏无锡人，现代文学评论家、翻译家、作家，被誉为中国现代散文十大家之一。1912 年留学英国，先后入爱丁堡大学、伦敦大学获博士学位。1923 年与胡适等人成立新月社，后参与创办《现代评论》《新月》等杂志。回国初任北京大学教授，1929 年开始任国立武汉大学教授，这期间曾兼任文学院院长、外文系主任、《国立武汉大学文哲季刊》编辑委员会主任、第一外国语委员会委员长以及中文图书审查、东省

文学院院长兼外国文学系主任陈源

事件、公共经济、图书、出版、考试等委员会委员等职。1938 年被选为中华全国文艺界抗敌协会理事。1943 年到伦敦中英文化协会和联合国教科文组织工作。1945 年 11 月，被国民政府派为出席联合国教育科学文化会议第一届大会代表。1966 年辞职后到英国伦敦休养，1970 年逝世。著有《西滢闲话》《西滢后话》，另有译著《父与子》《梅立克小说集》《少年维特之烦恼》等。

一、参与创办《现代评论》

1924 年，回国不久的陈源与王世杰、胡适、徐志摩等人创办《现

35

代评论》杂志，并主编其中的"闲话"一栏，此刊一出，立即在学界引起热烈反响。恰逢鲁迅与陈源围绕女师大事件和三一八惨案等问题展开激烈论争，因此《现代评论》理所当然地成为陈源捍卫自己的领地，1925年至1926年间，两人连续发表多篇文章针锋相对，力求说服大众理解自己的主张。陈源站在鲁迅及进步学生的对立面，因此多遭时人认定为落后。最终道义在鲁迅一边，陈源败下阵来，此后甚少写作。鲁迅参与论战的文章主要收于《华盖集》《华盖集续编》，陈源的文章则构成其著作《西滢闲话》的主体内容。

《西滢闲话》由陈源每周发表在《现代评论》中的批评文章集结而成，杂志上有110余篇，其中的74篇收入书中。除去与鲁迅论战的文章外，其余文章内容涉及时事、文学艺术等。陈源的每篇文章都有坚实的学问做底子，评论各种事理时都包含着他的真知灼见。尤其是时事文章，对于当时政治社会的各种问题的分析十分清楚，观察尤为深刻，且大多能提出良好的解决方法。此外，作者的文笔自然流畅，则又修饰得晶莹剔透，简明扼要，字字珠玑，实为评论文章中不可多得的佳作。

1928年，《西滢闲话》由新月书店出版，一经问世就好评如潮。徐志摩提到陈源时曾这样说："他（笔者注：陈源）正在仔细琢磨他的笔触，功候到了，那支笔落在纸上，轻重随心，纵横如意，他才笑吟吟地享受他的成功，才是你们对他刮目相看的日子。"著名散文家梁实秋曾说陈源的文笔如行云流水、有恣意从容的趣味。苏雪林则大力称赞他文笔晶莹剔透，更无半点尘渣绕其笔端，这正与徐志摩评价陈源为"中国的法朗士"相符。然而，令他们未想到的是这样的佳作却是陈源创作的顶峰，此后惜墨如金的陈源很少再动笔，即便再有著作问世，也多为译著。对于其中原因，后世众说纷纭，有认为源于与鲁迅论战之打击，也有人提到公务占据时间。总之，众多的猜测都源自人们对这样一位评论大家感到可惜。

二、寓教于乐，创新翻译体系

1929 年陈源应校长王世杰之邀，赴武汉大学任教，后又兼任文学院院长与外国文学系主任。在国立武汉大学任教期间，由于在英国留学多年，陈源不可避免地带有一点英国风范，常被人称作"绅士教授"，这段经历也造就他深厚的外语功底。陈源尤其注重翻译，为此还提出一套独特的翻译理论，这就是在严复"信达雅"翻译理论的基础上产生的"三似论"，即"形似、意似、神似"，形似即直译，意似即超过形似的直译，神似即能抓住原文的神韵，这套翻译体系诞生后，一时被翻译界奉为圭臬。

因此他主讲的课程涵盖文学系和外文系，包括"翻译""欧洲小说""十八世纪文学""戏剧入门""英美小说"等。他上课时，往往不会就知识谈论知识，而是靠自己渊博的知识功底旁征博引，深入浅出地讲解课程。例如在讲授英国文化课程时，他既没定教科书，也不发给学生讲义，只指定几本书作为基础读物。然而上课过程中，他却总能随口讲来，头头是道，即成系统。每次上课学生们都感到收获满满，因而更加钦佩其对研究英国文化之深，将他视作一位通儒。

在好友萧伯纳的影响下，陈源始终坚持以笑来教育，对学生温文尔雅，笑容可掬，从不板着面孔。学生们记忆中的他背微驼，上课时常穿长布衫，戴金丝眼镜，慢条斯理，每隔三五句就要说"这个……这个"一两次，但这却毫不影响课堂的连贯性。相反还使课堂精彩纷呈，妙趣横生，非常受学生欢迎。吴鲁芹曾回忆在他入校初期，图书馆还未布置完备，因而他通常会选择逃课，然后带几本书到公园消遣时光，但唯独陈源的"短篇小说"课，他从不逃课，每上一次课，总觉得如沐春风，受益良多。即便是下学期，在吴鲁芹疾病缠身时，只要能坚持，他必定会撑着去上陈源的课。因此，上陈源的课已经成为他学生时代最快乐的一段回忆。在他看来，陈源的这种清淡式教学要是配上清新愉悦的环境就更合适不过。由于陈源对教育事业的全身心投入，使得他在北大、武大共教书的二十余年里，早已桃李满天下。其中较为突出的学生就有台湾大学外文系教授、著名散文作家吴鸿藻，以及翻译家叶君健等。

三、建设学院殚精竭虑

1929 年，陈源被任命为武汉大学文学院院长，此后他将大部分时间投入文学院的建设中，小到制订具体的教学计划，大到延请名师，他都亲力亲为。就教学主张而言，陈源本人虽以西式教育为主，但却非常重视中国传统文化，并将其看作世界文化的重要组成部分。陈源在校时，全国还没有统一的教学大纲，因此他自己为外国文学系的学生拟订教学计划，不仅要求每个学生必修伦理学、中国通史、中国文学史、哲学概论等课程，而且可选修一两门中国文学的课程。由此可看出他既重视外国文化，也未忽略对本国文化的宣扬。实际上，这与今天的通识教育思想有着很大的相似之处，不得不说陈源的教育思想极富前瞻性。

推动文学院的发展光有完备的教学计划还远远不够，更为重要的是师资力量的储备。校长王世杰曾表示武汉大学选聘教授必须抱有"宁缺毋滥"的精神，要聘任"真正有学识的好教授"。从这一标准出发，陈源从海内外广搜人才，使得众多名师集聚武大。1931 年，安徽大学的苏雪林深陷离婚阴霾，决定出走，经好友袁昌英举荐到武大以"特约讲师"身份任教。由于她是"半路出家"型学者，没有文凭，因而到校后遭到多方质疑和非议。然而陈源知人善任，唯才是举，不以文凭作为评价标准，凭借自己对苏雪林才能的了解和欣赏，平息非议，力保苏雪林。幸而苏雪林未令他失望。她工作认真负责，在讲授"中国文学史""新文学研究"等课程时认真书写讲义，悉心准备上课内容，因而大获学生好评。在此期间，她在学术研究上也硕果累累，1933 年与1934 年相继出版《唐诗概论》《辽金文学史》。

20 世纪 30 年代，当文学院的系别设置与师资力量还未完全配套时，讲授楚辞的人才最为缺乏。焦急之下，陈源只好让苏雪林先充任该课教师，最终被苏雪林以在楚辞上未有造诣而拒绝，但向陈源提出邀请东北大学的刘永济任教的建议。几番斟酌之后，陈源了解到因抗战爆发，东北沦陷，刘永济不得已逃往北京避难。因此陈源立即写信给胡适，通过胡适的游说，他最终成功聘请刘永济来到武大任教，使文学院学科建设更为完备。此外，叶圣陶来到武汉大学任教也多归功于陈源。陈源聘请叶圣陶的初衷是请他选择教材，制定方针，领导全校基本国文教师工作。叶圣陶来到武大后，未辜负陈源所托，将其丰富的国文教学经验放入武大的教学工作中，尤其是在批改学生作文方面所定条例最多，竟有十几种花式。此外，刘博平、朱光潜、吴其昌等来到武大任教也多与他有关。

除国内教师外，陈源还大力引进外籍教师。抗战时期，武汉大学西迁乐山，教学环境极其艰苦。在此炮火纷飞的战况下，出于培养学生正确的英语发音的考虑，陈源决定聘请一位英语发音标准的老师，因此他托香港的许地山物色合适的英语教师人选，再三商议下，他最终决定排除万难引进李纳。事后学生们回忆起这位外籍教师时，给予极高的评价，大多认为他作为大学英语教师是合格的。李纳教学认真，每堂课自始至终都用英语讲解，特别是他那标准的伦敦英语口音，使学生受益匪浅，因此深受学生尊敬。另外，陈源还将诗人倍尔引进外语系任教。一言以概之，这些外教的到来一定程度上使学生们的外语水平得到极大提高。

四、重视原则，胸怀宽广

陈源虽然为学院引进大批优秀教师，但却始终坚持原则，任人避嫌。随陈源来到武大的妻子凌叔华是现代评论派中的唯一女作家，1926年毕业于燕京大学外文系，并以优异成绩获得金钥匙奖。后世将其与袁昌英、苏雪林并称为"珞珈三剑客"。论学识，凌叔华完全有资格在外文系或中文系任职，但作为院长的陈源为避嫌却未聘用。因此，在武大期间，凌叔华长期以家庭妇女的身份出现在大众视野中，1935年才在几位好友的倡导下接手编辑《武汉日报》的副刊《现代文艺》。

秉持原则的陈源也极为正直，尤其是在学术探讨上，他总是公正对待，绝不掺杂私人恩怨。有关陈源与鲁迅的论争在学界早已家喻户晓，但陈源在评价鲁迅的文学成就时往往就事论事，绝不因私人恩怨而低估鲁迅的文学地位。陈源曾在《新文学运动以来的十部著作（上）》一文中列举出几部代表作，鲁迅的《呐喊》赫然在列。对此行为，他说："我不能因为我不尊敬鲁迅先生的人格，就不说他的小说好，我也不能因为佩服他的小说，就称赞他其余的文章"。其女儿陈小滢曾提道，"很多人知道，我父亲与鲁迅先生曾有过文学论战。但父亲从没有与我说过任何不满鲁迅先生的话。他还对我说过，他们之间见面的时候鲁迅先生还迎上前来与父亲握手呢。"还有一次，中文系几个老师议论当代文人，陈源说道，"就文笔而论，还当首先推周氏兄弟"。由此足以看到陈源宽广的胸襟。

五、孝敬双亲，待友真诚

陈源虽受西式教育，却对中国儒家伦理中的孝悌忠信理解得尤其透彻。他孝顺父母，对家人感情真挚。1937年时值抗战全面爆发，陈源母亲及妹妹来汉避难。当得知身在南京的父亲在日机空袭中深受恐吓得病，最后不治而亡时，他在武汉自己的寓所设置灵堂，且不敢烦朋友上门吊祭，仅自己一家人早晚祭奠而已。后来，母亲去世，他哭得像个小孩似的，人家问他衣衾棺木怎样张罗，他只说我方寸已乱，你们说怎么办就怎么办，只需从厚就是。过了几年，又逢姐姐去世。怪异的是姐姐紧闭的双目突然大张，陈源知道姐姐所想，于是在她耳边说道，"我们阿姐不肯闭眼，必是为了老母灵柩停厝异地，放心不下的缘故，抗战胜利后，我一定要将老母和阿姐的遗骨运回故乡安葬，现在请阿姐安心归去吧"，经过这一番安抚，不一会儿，她的眼睛就缓缓合上。当时在场宾客，全都为陈源的所作所为而感动。

对于友人，陈源总是真诚以待，每当得知朋友遭遇困境，陈源总是鼎力相助。中原大战期间，在上海中国公学主持教务的胡适预备离校，

陈源与夫人凌叔华

同校从事教学工作的沈从文失去"靠山"，面临生活无着之困境。陈源得知沈从文的情况后，由于对沈从文的才干早已了解，因此立即向他发出到武汉大学任教的聘书，以解他的燃眉之急。之后沈从文主编的文学期刊《日出》因内容引起国民党高层注意，遭到查禁。一天，反动军警来到武大搜查《日出》编辑部，正准备逮捕沈从文，陈源苦苦哀求，请求从宽处理。为此他还遭到军警胁迫，最后陈源代其交了一千元的巨额罚金才算解决。作为朋友的陈源还因善于倾听得到友人的赞扬，徐志摩认为陈源不仅是一个"在无形中启发你思想的活动"的朋友，也是"一个理想的'听者'，他能尽量地容受，不论对面的是细流或是大水"。

六、关爱学生，扶持后辈

在武大期间，陈源虽然绝大部分时间在处理院务，但却始终未忘记对学生的关怀，这一点主要表现为对学生负责到底。1939 年正是吴鲁芹贫病交加的时刻。有一天他忽然收到陈源托人送来的一瓶英国牛肉汁，还伴有一张纸条，写着"和稀饭食之，味美且富营养价值"。这个小小的举动令吴鲁芹感动不已。后来在找工作一事上，陈源也没少为他出力。考虑到吴鲁芹的身体问题，陈源竭力为他寻找一份清闲的工作。所幸在朋友的帮助下，陈源最终为其找到一个兼办中英文函牍的工作。为此，时隔几月后，吴鲁芹还特意去信表达对陈源的感激之情。

在提携后辈上，陈源始终不遗余力。南京大学中文系教授陈瘦竹曾受教于武汉大学外文系。他曾在毕业前夕将自己的短篇小说《巨石》送予陈源评阅，事后陈源不仅给予其高度认可，还介绍陈瘦竹到上海发表。不久，这篇小说就被刊登在上海《申报月刊》上，而这里发表的作品一般都是知名作家所作。正是这次经历，给了陈瘦竹极大的创作信心。不仅如此，陈源还力荐陈瘦竹到南京国立编译馆任翻译。此后，陈瘦竹前途一片光明，成为著名现代戏剧理论家，他的理论奠定了我国现代戏剧美学研究的基础，在学术界享有盛誉。若是从源头算起，陈源对他的提携可谓起到相当重要的奠基作用。此外，常在英语刊物上发表文章的温源宁，也是通过陈源的引荐进入北京大学当教授。诸如此类的例子数不胜数，从陈源对后辈的扶持中可以看到的是他对学生的体贴和对人才的爱惜。

1943年陈源受命到伦敦中英文化协会和联合国教科文组织工作，从此彻底告别讲坛生涯。陈源在武大的中场退出虽然是一大遗憾，但也不可忘却他在学校洒下的汗水与建立的成就。显而易见，任职院长期间，陈源极为出色地完成了主持学院的工作，他认真沉稳、考虑周全、追求卓越，令武汉大学在当时中国同类大学中拔得头筹。由于学校事务占据太多时间，陈源的学术成就毫无起色，见此情景，凌叔华曾劝说他离开，让他勿将时间浪费在无味的"办公"事务上。抗战西迁乐山后，胡适也曾推荐他去西南联大，北大也曾来招，经过长时间的考虑后，陈源果断拒绝这些来之不易的机会，还是决定坚守在武大。这片赤子之情，足以令武大师生永远铭记。

一辈子在外漂泊的陈源长期陷入对家乡的思念中，因此陈源去世后，其女陈小滢遵从父母遗训，将二人遗骨归葬还乡。

此处附上顾毓琇悼念陈源遗骨归葬故乡的诗：

更漏子·悼陈通伯教授

春风寒

春雨冷

无奈清明光景

浓雾散

薄云天

骑鹤人化仙

明月下

说风雅

长忆西滢闲话

梁溪水

尽清凉

魂魄归故乡

住过第 2 栋的作家画家凌叔华

乐　宏

凌叔华（1900—1990），原名凌瑞棠，笔名叔华。生于北京，原籍广东番禺，是"珞珈三女杰"中年纪最小的。著名作家、画家。幼年就师从画家缪素筠、王竹林、郝漱玉等学画，跟随辜鸿铭学习英文。1922 年考入燕京大学外语系，并加入燕京大学文学会，开始创作。1926 年毕业后，任职北京故宫博物院书法绘画部门。1928 年她作为配偶随同丈夫陈源赴武汉大学，由于学校不准夫妻双方同时在校工作，所以，在武大期间她一直是一位家庭妇女，除了料理家庭，主要从事文学创作和绘画。

凌叔华是 20 世纪 20 年代与冰心、林徽因齐名的"文坛三才女"之一。1925 年，因发表短篇小说《酒后》而一举成名。20 年代中期到 30 年代中期，发表了几十篇短篇小说，大多收入短篇小说集《花之寺》《女人》《小孩》《小哥儿俩》等。其他作品还有《凌叔华短篇小说选》《爱山庐梦影》（散文集）《凌叔华选集》《凌叔华散文选集》以及 12 篇独幕剧、英文著作《古歌集》（又名《古韵》）等。

凌叔华长于表现女性，善于细腻的心理刻画，沈从文、苏雪林等作家把她比作"中国的曼殊斐尔"（曼殊斐尔是以细腻的笔法描写心理而闻名于世的英国女作家）。徐志摩评价凌叔华的作品《花之寺》"是一部成品有格的小说，不是虚伪情感的泛滥，也不是草率尝试的作品，它有权利要我们悉心地体会……作者是有幽默的，最恬静最耐寻味的幽默，一种七弦琴的余韵，一种素兰在黄昏人静时微透的清芬"。

凌叔华还是一名画家，一生举办过许多次画展。

1949 年中华人民共和国成立后，民国的"珞珈三女杰"选择了不同的去向。袁昌英和先生杨端六留在了武大；苏雪林与留在中国内地的先生分开，暂迁香港，后赴法国，1952 年入中国台湾；凌叔华与丈夫陈源到英国定居。

1932 年 12 月 7 日，胡适参加文学院的茶话会并与会议代表合影
（第一排左四为胡适，左五为苏雪林，左六为凌叔华，左七为袁昌英）

此后，袁昌英、苏雪林、凌叔华三人虽身居三地，相隔万里，但仍有书信往来。苏、凌二人联系频繁，1950 年苏雪林从法国到英国看望过凌叔华。因政治原因，袁、苏二人中断联系。1957 年，袁昌英被打成"右派"，失去教授身份。1970 年，袁昌英作为"五类分子"遣送湖南醴陵原籍。1973 年 4 月 28 日，袁昌英含冤去世。噩讯传来，身在中国台湾的苏雪林"心碎肠断，哭了好一段日子"，先后发表了《哭兰子》《袁兰子晚年》等纪念文章。凌叔华 1956 年经苏雪林推荐到新加坡南洋大学教授中国近代文学，1959 年后数次回国观光，1989 年年底回国治病，1990 年 5 月 22 日在北京石景山医院病逝。苏雪林 1952 年应聘为台湾省立师范大学教授，1957 年在台南成功大学任教，1974 年退

休，1999 年 4 月 21 日逝世于台南。

　　"珞珈三女杰"虽然离开了我们，但文艺界给予了她们高度评价。著名女作家赵清阁说："没有她（苏雪林）和……凌叔华、袁昌英等先驱们的奋斗，便不会有后来妇女们的觉醒，也不可能争到妇女的解放、自由、平等；尤其利用文艺为武器而获胜，取得文坛一席之地，因此她们的贡献是可贵的，卓有成效的。"

住过第 2 栋的经济学家朱祖晦

徐　莉

朱祖晦（1902—?），别号景文，经济学家，江苏南京人。先后就读南京高等师范学校、清华大学和威斯康星大学（商业经济MA），最高学历为哈佛大学硕士研究生。曾任美国布鲁金经济学研究院研究员，国民政府设计委员会设计委员，中央研究院社会科学研究所研究员，国际劳工局中国分局统计专员。1933 年 9 月至 1938 年 3 月任国立武汉大学法学院经济学系教授，曾入住过珞珈山十八栋中的第 2 栋。

法学院教授朱祖晦

一、讲授经济统计类课程颇受欢迎

在国立武汉大学任教期间，朱祖晦主要为法学院经济学系学生讲授有关课程，包括统计学、国际贸易及国际金融、经济学英文名著选读，还为法学院政治学系、文学院史学系和教育哲学系学生讲授统计学选修课。

朱祖晦开设的统计学课程主要讲授统计教材的收集、归类、综合、分析及推论，以及经济统计问题。在经济系各应用科学中，统计学被认为是最艰深最重要的课程之一。朱祖晦为学生选定的教科书是 E. E. Day撰写的《统计分析》（*Statistical Analysis*）；基本参考书有两本，一本是*R. E. Chaddock* 的 *Principles of Statistics*，另一本是 *G. U. Yule* 的 *An*

Introduction to the Theory of Statistics。国际贸易及国际金融课程以讲授国际贸易的各种学说及国际金融状况为主旨，内容广泛，包括国际贸易的基本原则、国际贸易对于各国在经济上及政治上所引起的利害分析、进出口业的组织、国际金融概说、汇兑原理、欧战后各国的货币问题、国际借贷关系之今昔观、国际贸易的各种政策、关税问题，等等。经济学英文名著选读课程则选取代表经济学各学派的名著，以及经济学上常见的文件法规契约等内容，详加解释，引导学生在学习经济学者治学途径的同时，增进阅读英文原著的能力。

部分朱祖晦自编讲义

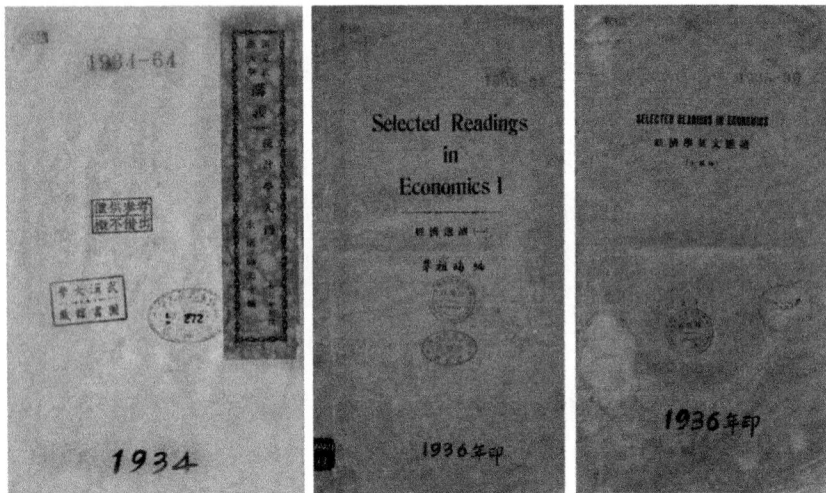

| 1934 年统计学入门讲义 | 1936 年《经济选读(一)》(英文版)讲义 | 1936 年《经济学英文选读》(英文版)讲义 |

朱祖晦讲授的课程虽然颇有难度，却非常受学生欢迎。1936 年国立武汉大学《欢迎新同学特刊》上有学生称他的课程"上课真叫你不想走"。究其原因，大概有二：一是对学生极其和蔼亲切，"总是笑容满面，从无愁容不快之色"，即便偶尔遇到学生发笑，"先生也是一笑置之、从不怪罪"。二是学贯中西、知识渊博，让人非常信服，被学生评价为"看三年书，也抵不到朱先生的一个 lecture"。谈到他的课程，

学生介绍道："朱先生会讲话，又健谈。讲到经济思想，朱先生会自斯密·亚丹讲到历史派再讲到马克思，澳国学派，新正统派，直到现在美国的所谓'制度学派'。说到统计学，朱先生的本门，那多了，外国名字可说出一大堆来，参考书开满了一黑板尚要擦去再写。财政学吗，朱先生也可以和你谈斯密·亚丹的四大原则。要谈货币学，朱先生也会写一个'MV＝TP'给你看看。有时如果朱先生讲得高兴，也会说点文字学，讲点佛经给你长长见识。""如果你到朱先生家里去和他谈谈，那不抵在教室里尚有点拘束，朱先生会自华盛顿讲到纽约，自维士康辛说到哈佛，再横渡太平洋，自北平讲到广州，自宇宙之大讲到苍蝇之微。"这样的先生，受欢迎程度可见一斑。

二、积极投身中国统计学早期发展

作为统计学方面的高级知识分子，朱祖晦很早就开始投身于统计学科在中国的发展。

早在 1930 年，朱祖晦就是中国统计学社初创时期的重要成员。1930 年 2 月，国民政府立法院统计处召集南京各机关统计人员召开中央统计联合会，决议组织中国统计学社，以"研究统计学理及方法，赞助及促进国内外统计事业之发展"为学社发展宗旨。朱祖晦等九人被推举为筹备委员。在 3 月 9 日召开的成立大会上，朱祖晦担任临时主席，并被推选为首批七位社务委员之一，负责社务工作。朱祖晦还出任过中国统计学社统计名词审查委员会委员，负责统计学名词的翻译与审定工作；出任人口调查研究委员会常务委员，研究和拟订人口调查方案供政府有关机关参考。朱祖晦还与金国宝、陈钟声、何康子四人代表学社出席在日本东京举行的第 19 届国际统计会议。1932 年，中国统计学社与中国经济学社（1923 年成立，朱祖晦 1927 年加入该社）合并为中国社会科学研究委员会，朱祖晦成为委员会当然委员，主要从事人口方向的研究。

1930 年至 1931 年，朱祖晦担任国民政府中央研究院社会科学研所经济学组（另有法制、社会、民族学三组）专任研究员，从事经济学理论和统计学、会计学名词词汇的整理和研究。他针对民国时期经济学名词颇不一致的情况做了大量整理工作，搜集英法德经济名词、日译名词，并对中国旧译名词进行了订正，将经济学名词分为经济思想、银行货币、国际贸易、运输及公用事业、劳工、保险、农业经济及土地问题、财政八类。

他在武汉大学任教期间，还参与创建中国统计学社湖北分社。1936年4月12日，经过前期准备，中国统计学社湖北分社会员在武汉大学集会通过分社简章，朱祖晦、戴铭巽、李捷才（时任武昌市政处长，为分社成立筹备主任）等3位社员被推选为理事组建理事会，朱祖晦被推选为常务理事。又经过长达半年筹备，于同年10月正式召开了成立大会，参会的有政府及各组织代表10多人、湖北分社会员60余人。

湖北分社组织开展了大量活动，包括学术讨论、编辑学术刊物、培训社员、组织统计行政调查等。分社下设统计数理、统计调查及管理、政治及社会统计、生物及心理统计、经济及实业统计五个小组，规定每位社员必须加入一组，定期展开学术讨论。朱祖晦、潘载生、曾庆钰、胡毅、蒋滋福分别担任研究委员会分组组长，指导社员开展学术讨论，学术研究氛围极为浓厚。在朱祖晦等研究分会组长的指导下，分社编辑了《中国统计学社湖北分社社刊》，将统计论文、调查资料、问答、统计信息、社员信息等均编入社刊之中，供社员交流、学习。分社还多次组建统计训练班，参加培训的学员与武汉大学、湖北省政府统计室一起进行工商业等项目的实地调查，或从事统计行政调查等活动。

三、出版学术论著成果丰硕

朱祖晦早年留学美国，学成归国后，无论是在政府机关工作，还是在高等学府担任教授，都坚持笔耕不辍，公开出版了许多颇有影响力的书籍和文章。

1931年，朱祖晦与程彬、舒公展等人合编《会计名词试译》一书，内容包括列举我国各家旧有译名，收集会计名词 1200 余条，并附著者拟翻译的中文名词，成为民国时期比较系统地研究会计名词的成果，也是 20 世纪 30 年代近代中国会计名词统一运动的重要著作，推动了西方会计学知识在中国的普及和传播，改变了在此之前出版的会计书籍因中英文名词翻译不甚完备、各不相同因而不成体系的现状。

在国立武汉大学任教期间，朱祖晦继续深入进行学术研究。在《会计名词试译》的基础上再度进行编写，于 1934 年 7 月发行了《会计名册英汉对照表》一书。他还重视人口统计的研究，1934 年在上海大华印刷公司出版了《人口统计新论》一书，刘大钧、陈长蘅为该书作序，该书分为人口统计之意义、各国人口清查法之比较、各国生命注册法之比较、中国人口统计正讹、用拣样调查法调查中国人口之建议共五个部分，附录收入了近三十年拣样调查法之应用、户口调查统计报告规则、户籍法及美国人口统计重要表格等多种资料，是一部颇有分量的学术论著，也是了解当时人口统计状况的难得史料。1937 年朱祖晦再次发表相关论文《人口统计之方法》，简洁明了地将人口统计方法总结为两个方面："第一是为断代的研究。专就某一时期之人口，加以普遍的观察，名为人口清查。第二是为继续的研究，专就各人一生所发现之现象，逐年逐时加以观察，名为生命统计。"

离开国立武汉大学之后，朱祖晦加入国立重庆大学，在抗战时期曾担任重庆大学会统系主任，讲授初等统计和数理统计等课程，并著有《统计学原理》（上海世界书局 1949 年版）、《统计学教程》（立信会计图书用品社 1952 年版）等著作。

四、部分朱祖晦公开出版的著作、论文

1931 年 《会计名词试译》，与程彬、舒公展等人合编

1934 年 《人口统计新论》，上海大华印刷公司 1934 年版
《会计名册英汉对照表》，中华书局 1934 年版

1935 年 《拣样调查法之理论》，《国立武汉大学社会科学季刊》

1935 年第 2 期

1936 年　《三十年之汉口外汇指数》（《国立武汉大学法科研究所丛刊》第一种）

1937 年　《人口统计之方法》，《经济学季刊》1937 年第 7 卷第 4 期

1938 年　《从争夺外汇暗盘利益到对外贸易国营》，《经济动员》1938 年第 9 期

1940 年　《外汇问题与贸易问题》（《国民经济研究所丛书》之五），独立出版社 1940 年 6 月初版，朱通九、朱祖晦、厉德寅编著

1941 年　《战时物价问题浅说》（上），《财政评论》1941 年第 5 卷第 2 期

　　　　《战时物价问题浅说》（下），《财政评论》1941 年第 5 卷第 3 期

1942 年　《重庆市票据交换问题之今昔》，《财政评论》1942 年第 8 卷第 2 期

1944 年　《从储蓄存款说到物价问题》，《财政评论》1944 年第 12 卷第 2 期

　　　　《美国票据交换制度》，《财政评论》1944 年第 12 卷第 6 期

1949 年　《统计学原理》，上海世界书局 1949 年 9 月初版

1952 年　《统计学教程》，立信会计图书用品社 1952 年出版

住过第 2 栋的政治学家刘廼诚

胡　珊

19 世纪 30 年代，国立武汉大学在珞珈山东南面山腰上，建起了十八栋错落有致的英式洋楼，以做知名教授的住宅。这数排精致小别墅依山望水，绿树掩映，石径蜿蜒，幽静怡人，堪为物外桃源，云聚了大批名士鸿儒。这些大师的盛名流传至今。颇有学术造诣的国立武汉大学法学院教授、政治学大家，曾任国立武汉大学政治学系主任、法科研究所政治学部主任的刘廼诚（1901—1976）便曾居住在第 2 栋，治学、育人数十载。

法学院教授刘廼诚

一、求　　学

刘廼诚，字笃生，安徽巢县人，从小天资聪颖、个性很强，虽条件艰苦，但勤奋好学，有一股不服输的韧劲。当年巢县废私塾兴学堂，历经清、民两代的巢湖书院改为"巢县高等小学堂"。刘廼诚六岁进入"巢县高等小学堂"学习，得以免费念完小学。在中学阶段刘廼诚半工半读，头两年当藤器学徒挣学费，后来靠教授低年级学生课程挣学费，耗时八年才念完中学。1920 年，刘廼诚以优异成绩考入南京金陵大学。大学阶段，刘廼诚在江苏省立工业专门学校兼职英语教师，每周教 16 节课，月薪 80 元，实现经济自立，半教半读地念完大学，获文学学士学位。

刘廼诚的哥哥刘廼敬，1921 年考取了庚款留学，进入美国哥伦比亚大学深造。已在安徽省立第一女子中学任职的刘廼诚受哥哥影响，立志也要留学。1925 年，刘廼诚如愿以偿，顺利考取了安徽省公费留学生，赴欧洲留学。

1926 年 8 月，刘廼诚进入英国伦敦大学政经学院学习，攻读博士学位，不仅修读了英国宪法、公共行政、各国政治制度、地方自治及市政学等课程，还加学了德文和法文。1928 年暑假，刘廼诚到德国柏林大学学习，选读了德国宪法、德国公共行政、各国政治制度及市政学等课程，获得市政专家证书。1931 年暑期，又到法国巴黎大学学习，在研究部进行法国宪法和公共行政研究，在外语学院学习意大利语。

在欧洲六年多的留学岁月里，刘廼诚先后在英国伦敦大学、德国柏林大学、法国巴黎大学及奥地利维也纳大学进行学习与研究，游学与访问了十几个国家三十多个城市，利用一切机会汲取知识，实地考察市政建设，研究市政与政府行政，积累了丰富的知识，为日后的教学与著述打下了厚实的基础。

二、治　学

刘廼诚是我国最早进行政治建设和制度体制研究的大家鸿儒，治学严谨，见解独到，勤耕不辍，成果丰硕。研究内容涉及政治制度、宪法、公共政治、地方自治和市政建设等学术领域。

1932 年 8 月刘廼诚回国，同年 9 月受聘于国立武汉大学，试聘期一年后即获得一级教授资格；1936 年任国立武汉大学政治系主任，长达 14 年之久；与国立武汉大学原校长周鲠生共同发起了民国时期第一个全国性的专业政治学家的组织"中国政治学会"。

1938 年 2 月，国立武汉大学西迁乐山，刘廼诚被推选为"迁校委员会"六位成员之一，第一批到乐山，做了大量的工作。1939 年，任国立武汉大学教授会主席，后又兼任法科研究所政治学部主任。在艰苦的条件下，弦歌不辍。1945 年 8 月，日本宣布无条件投降，国立武汉大学复员珞珈山，刘廼诚为"复校委员会"委员。

刘廼诚专著众多且学术质量极高，大多由商务印书馆出版。其主要著作有《政治思想史》《比较市政学》《比较政治制度》《政治建设与制度精神》《各国地方政治制度》《美利坚地方政治制度》《英吉利地方政治制度》等，累计达三百万字。其中，先后有五部著作被商务印书馆选为"大学丛书"，两部列入正中书局委托主编的"地方自治丛书"。这些著作直到 20 世纪 60 年代中期仍被开设相关专业的高等学府选定为教材，或者指定为主要参考书。如多卷本专著《比较政治制度》对德意志、意大利、苏联以及美国等国的政治制度都进行了详尽的阐述，是当时研究这些国家政治制度的必读专著。

刘廼诚先生的著述要言不烦，简约而得其精华。如《政治建设与制度精神》一书篇幅不长，共 102 页，总字数约 5 万，是刘廼诚回国后，历时 10 年时间精心所著并反复修改而成。该书应用深厚的政治学理论知识、游历欧洲各国时对政治体制实地调研的第一手资料，深刻剖析中国政治建设的历史与现实问题。书中提到研究中国政治建设的"制度精神的培养之紧迫性与艰巨性"，在 60 多年后依然具有很强的学术生命力。

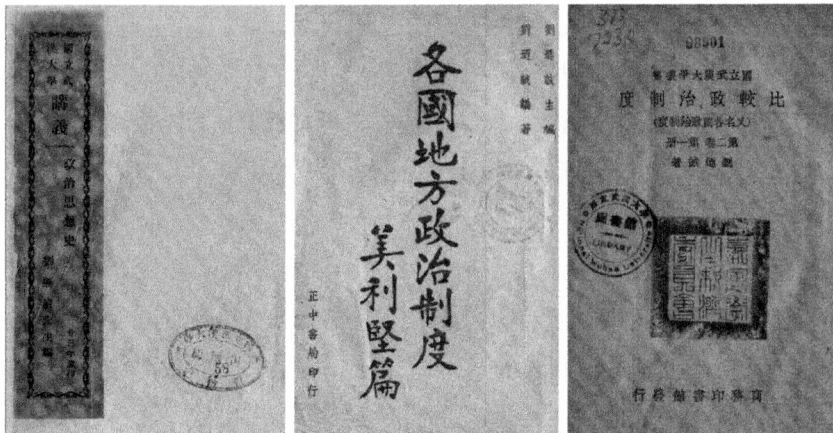

刘廼诚出版的部分学术著作

三、风　骨

刘廼诚身上有一种中国传统的学人风骨，爱国至诚至真。其子刘光诚回忆父亲说："家父是一名爱国者，'国家兴亡，匹夫有责'的思想根深蒂固。"20 世纪 30 年代，刘廼诚留欧时，曾应聘任德国柏林大学和法国巴黎大学的研究员，待遇优厚。日本侵略中国，东北三省沦陷，刘廼诚毅然绕道回国，1932 年 9 月起在国立武汉大学政治系任教授。

1943 年 4 月，按中美两国政府的文化交流协定，双方派教授互访。刘廼诚被选为"中美第一届交换教授"，和浙江大学张其昀、西南联大金岳霖、中山大学蔡翘和、云南大学费孝通等共五人到美国讲学，宣传"中国正在积极抗战"，争取美方援助。刘廼诚会五国语言，会英文、法文、德文、意大利文，是同行五人中英语说得最好的，美国的大学争相请他去演讲。他先后考察了美国数十所大学，在 17 所大学进行讲学。原国立武汉大学法学院院长杨端六之女、著名翻译家杨静远曾在《让庐日记》里回忆这段历史时，谈到刘廼诚先生，"走遍了美国，到各大学演讲，联络中国学生……"用自己的影响，积极宣传抗日。

刘廼诚追求"为社会做些有益的工作"，治国济苍生。他曾说"若著作既能够提供国内一切开设相关事业的高等学府作为教材，又可供社会建设作参考，那就对社会作出了贡献"。不仅如此，刘廼诚凭借自己的专业优势，在政府行政、社会治理过程发挥积极作用，实现其作为一名政治学者的抱负。

1933 年他义务兼职汉口市政府参议，积极参政议政，通过广泛研究、比较世界各国的行政经验和做法，为政府决策建言参考。虽然刘廼诚在学校内的教学、科研、行政等工作已非常繁忙，却从不缺席每月的市政例会。每次去参议工作，都要早早地从珞珈山出发，渡过长江赴汉口开会，十分辛苦。刘廼诚建言要重视教育，支持学校建设，由他出面申请，汉口市政府拨款十多万元大洋资助武大建校。

1934 年刘廼诚又义务兼职武昌市政府评议。鉴于武昌基础设施简陋，万端待兴，经费又短缺，刘廼诚提出了"全面规划，逐步分期实施，首先抓几条干线建设"的建议，获得采纳，取得良效。

1950 年刘廼诚担任武汉市人民政府城市规划委员会委员兼园林规划小组副组长。刘廼诚认为，"中国只能是以我国历代政治制度为基础，吸收先进国家的经验，改革或者建立国家与地方的政治制度；同时，也应借鉴国外先进经验，搞好本国的市政建设和管理"。

刘廼诚虽积极参政议事，但只愿做事，不喜做官。据刘廼诚的外甥唐汝厚回忆："抗战胜利后，教育部物色安徽大学校长，曾请刘廼诚担任，刘廼诚坚辞不受，介绍陶因先生担任。"

"凭山脊以为堂，士品宜从高处立；借湖光而作鉴，文风须向上流争。"这副刘廼诚小学母校的对联便是他最好的写照：学贯中西，融会古今，严谨治学，孜孜以求，虽千锤百炼仍宅心仁厚、虚怀若谷，令人感佩。

◎ 附刘廼诚部分著述目录：

书目类：

《政治思想史》，1934 年，国立武汉大学讲义。

《比较市政学》，1935 年，"武大丛书"。

《比较政治制度》，3 册（667 页），1939 年，商务印书馆。

《政治建设与制度精神》，102 页，1941 年，国民图书出版社。

《各国地方政治制度》，1946 年，正中书局。

《各国地方政治制度·美利坚篇》，1943 年，正中书局。

《比较政治制度·英国政治制度》，1947 年，商务印书馆。

论文类：

《法国政党之研究》，《国立武汉大学社会科学季刊》，1932 年第 3

卷第 2 期。

《地方自治问题》，《新时代半月刊》（武昌），1932 年第 3 卷第 5 期。

《主权的研究》，《国立武汉大学社会科学季刊》，1933 年第 4 卷第 2 期。

《近代国家观》，《国立武汉大学社会科学季刊》，1933 年第 3 卷第 4 期。

《评宪法草案初稿》，《国立武汉大学社会科学季刊》，1933 年第 4 卷第 3 期。

《地方自治问题》，《中兴周刊》（武昌），第 9 期，1933 年 8 月。

《我国市政府的组织问题》，《中兴周刊》（武昌），第 12 期，1933 年 9 月。

《主权的研究》，《国立武汉大学社会科学季刊》，1933 年第 12 期。

《评宪法草案》，《国立武汉大学社会科学季刊》，1934 年第 11 期。

《中国对于未来世界战争专号——各界人士意见》，《外交评论》，第 3 卷第 11~12 期，1934 年 12 月。

《学生生活之回顾》，《东方杂志》，第 32 卷第 1 期，1935 年 1 月。

《权利的意义》，《砥柱周刊》（长沙），第 4 卷第 14 期，1935 年 4 月。

《德意志政治演进第三阶段之前因后果》，《国立武汉大学社会科学季刊》，1935 年第 5 卷第 1~2 期。

《陈之迈先生对于拙著比较政治制度之书评的辨证》，《国立武汉大学社会科学季刊》，1936 年第 6 卷第 1 期。

《宪政时期我们需要怎样的国民大会》，《大陆评论》（乐山），1936 年第 1 期（政治学、市政学）。

《现代市制之趋向》，《国立武汉大学社会科学季刊》，1936 年第 6 卷第 4 期。

《现代地方政制之趋向》，《国立武汉大学社会科学季刊》，1937 年

第 7 卷第 3 期。

《实验政治》，《新民族》（重庆），第 3 卷第 20 期，1939 年 4 月。

《中央政府与地方政府两间关系之研究》，《国立武汉大学社会科学季刊》，1941 年第 8 卷第 1 期。

《六十年来之中国宪政运动》，《中央周刊》（重庆），1945 年 11 月 2 日。

《主权问题的评述》，《大陆评论》（乐山），第 2、3 期合刊，1946 年 3 月。

《现代中国政治改革的几种原则》，《观察》，第 2 卷第 5 期，1947 年 3 月。

《论政府改组》，《观察》，第 2 卷第 8 期，1947 年 4 月。

《论国民大会》，《法学月刊》（武昌），第 1 期，1947 年 6 月。

《论民主精神》，《中央周刊》，第 9 卷第 27~28 期，1947 年 7 月。

《秋季始业谈读书》，《中央周刊》，第 9 卷第 41 期，1947 年 9 月。

《改革地方政制会议》，《观察》，1947 年 10 月 18 日。

《论新宪所定行政责任制》，《中央周刊》，1947 年第 9 卷第 47 期。

《谈日本宪法》，《中央周刊》，1947 年第 9 卷第 17 期。

《对政院通令改革地方政治之管见》，《地方自治》（上海），第 1 卷第 12 期，1947 年 12 月。

《从美苏对立看国际局势》，《中央周刊》，第 10 卷第 30 期，1948 年 3 月。

《抗战后市镇建设上之新问题》，《市镇建设》（青岛），第 1 卷第 1 期，1948 年 10 月。

《团体改革的内在因素》，《观察》，1948 年 1 月 10 日。

《论自由之意义》，《国立武汉大学社会科学季刊》，1948 年第 9 卷第 1 期。

《从美苏对立看国际局势》，《中央周刊》，第 10 卷第 30 期，1948

年 3 月。

《改革地方政制刍议》，《观察》，第 3 卷第 8 期，1948 年 10 月。

1962 年至 1965 年，刘廼诚翻译了欧文著《新社会观》（约 20 万字），编写了《德文文法教程》《英文文法教程》《德文选读》（中德对照）、《英文选读》（中英对照）等教学用书。

住过第 3 栋的物理学家查谦

吴军姣

查谦（1896—1975），原名查贵师，字啸仙，安徽泾县人。曾任东南大学（中央大学）物理系教授、武汉大学物理系教授、华中工学院首任院长，物理学家、教育家。

爱 国 情 深

受家庭环境和五四运动的影响，查谦形成了正直和不愿做官的性格。1919 年从南京金陵大学文学系毕业后，他认为，"官做不得，学物理可不依赖政治"。故而在赴美明尼苏达大学留学时，选择了将物理学作为主攻方向，弃仕从理、投身科学。

在日军侵华初期，他以"国耻与我们的责任"为题作报告，意识到自然科学与全民族兴衰存亡之间存在至关重要的关系，提出"科学中国化"的口号。他主张把自然科学研究与洗雪国耻联系起来，把科学的兴衰与国防实力联系起来，把科学研究与中国社会联系起来。他还建议大学生学习"中国近百年史"，使其明史知耻，奋发救国之志。查谦曾发表论文《科学中国化的问题》（《中兴周刊》，1934）和《物质科学之今昔》（《中兴周刊》，1935），意在用科学救国，科学须中国化。

查谦非常反对国民党的反动统治，反对内战，反对镇压学生，支持学生进步活动。他希望发展我国的科学事业，用科学来救国。中华人民共和国成立后，他看到在党的领导下，国民经济迅速恢复和发展，认识到党的正确和伟大，从内心拥护党和人民政府，曾当选为第一、二、三届全国人大代表。

学 术 创 新

在物理科学研究领域，查谦首次采用蒸发型铂片研究了光电效应的不对称性，清楚地界定了不对称性发生的条件，消除了因不对称现象而引起的与量子论的矛盾。同时还指出以光电效应方法测定普朗克（Planck）常数的正确途径。他的文学和外语基础很好，会英、法、德文，中华人民共和国成立后又学习俄语，译著有《向量分析》《理论物理》等。

查谦对科技发展史也颇有研究。他曾着重探讨过有关科学技术史的两个问题：其一是1600年以来世界科学加速发展的原因，其二是中国近代何以对科学无重要贡献，这两个问题至今仍是科学史研究的重要内容。他不断尝试将科学技术发展史的内容穿插进理科教学或科学知识普及的讲演中。据不完全统计，在武汉大学任教期间，查谦曾作过题为"近代科学的一个贡献""国防与科学""物质科学之今昔""无线电传播"等专题报告。这种新的教学尝试不仅丰富了授课内容，而且推动了高等教育教学模式的改革，促进了科学研究。

"他很注重实验。"我国著名化学家、中国科学院院士查全性对父亲的教学方法评价说。查谦积极倡导"以实验为基础"的教学和研究方法，开设实验课程，购买实验仪器，努力使理论联系实际，扭转了以前那种重理论轻实践的风气，在一定程度上改变了中国知识分子不愿动手的积习。课程注重打基础，注重基本概念的建立。同时还非常注意培养学生动手能力，每一门课程都有相应的实验课。让学生实际动手做实验，从实验的设计、实验电路的连接、读取数据、分析数据到写实验报告都由学生自己完成。实验课实际上是培养学生如何从事科学研究工作。理论联系实际的培养方针，既为学生打下了坚实的理论基础，又培养了其实际的动手能力。他还提倡让学生研究科学前沿问题，并开设了统计物理、量子现象、近代物理、理论物理等较前沿的课程，使学生毕业后便可投入科学研究，为我国培养了许多物理学人才。

他曾担任普通物理、电磁学、光学、热力学和分子运动论等多门课程的教学工作。查谦讲课概念清楚，条理性强，语言简洁，深入浅出，难懂的原理经他讲解后，很易为学生接受，授课水平蜚声全校。很多本系的其他年级的学生、外系学生、助教也来听课，把教室塞得满满的，能够如此吸引听众的讲课，在武汉大学是不多见的。

查谦长期从事物理学教学和科学研究工作，在物理学科领域有较深的造诣，在物理学界有一定的影响和声望。他是创办中国物理学会的积极支持者和参加者，曾兼任中国科学院武汉分院委员、中国物理学会理事、湖北省暨武汉市物理学会理事长。

创建物理系

东南大学（中央大学）、武汉大学都曾留下他春风化雨的身影。1923 年，查谦回国到东南大学物理系任教。然而一场大火使得该校物理系毁之一炬，1925 年学校又闹风潮，许多教授离开东南大学物理系，查谦则继续留在东南大学，对重建该校物理系作出了重要贡献。1929 年，东南大学改名为中央大学，查谦在中央大学任教授，并于 1932 年兼任教务长，显现出其勇于改革的精神。

因缘际会，1932 年查谦来到武汉大学。翌年担任理学院院长，并着手建设武汉大学物理系。该系虽创建于 1930 年，但办系方向是查谦到校后才明确定的。1934 年后，查谦长期担任物理系主任。1939—1941 年他兼任中华教育文化基金董事会干部处执行秘书。1946 年武汉大学迁回武昌原址，查谦回到武汉大学物理系，继续担任物理系主任。他一心一意致力于科学教育事业，为培养人才不遗余力。查谦努力延聘人才，使物理系的师资水平大大提高。查全性回忆说："武大物理学院的许多老教授都是他请来的。"他为武汉大学物理系的建设几乎付出了毕生精力。他以"在中国办好一个物理系"作为自己终生的奋斗目标，创建了武汉大学物理实验室，在建设物理系方面作出了重要贡献。

家庭氛围的教学

查谦是一位严格认真的人，十分注重师生间的友谊。他就是教学大家庭的家长。当时流行一句颇具骄傲色彩的话："物理系 Home-like。"就和一家人一样。这种亲如一家的气氛，是由查谦建立起来的。比如老生专门为新生开设的迎新茶话会，就能体会到物理系的 Home-like 气氛。查谦对待学生事必躬亲，无微不至。

据"京城一叟"（查谦的学生）回忆："学生学什么课程，事关一个学生的培养方向，必须由系主任把握。我记得那是一张粉红色的硬纸片，上面印上了我需要学习的课程。如微积分、普通物理、普通化学等。有些课程是必修课，无需选择，有三至四门是选修课，由自己提出意见，经系主任审查同意，签字后交回教务组执行。当时查先生正在系里面开会，是系内部的会议。我敲敲门，说明是来请查先生签字的。很快查先生就出来了，在走廊和我谈话。我一个刚从湖南农村出来的毛头小伙子，衣着和外表都显得很土气，平生没有见到过像查先生这样的人物，心里显得有些紧张。查先生衣着整齐，一副绅士派头。但是态度非常和蔼。当查先生以他那亲切而和蔼的语调和我讲话以后，我的紧张心情一下子就平静了下来。他比较详细地询问了我的情况，同时还问我为什么要选'立体解析几何'而不选'数学概论'？我告诉他我之所以要选这门课的考虑，他就没有再多问，同意了我的选择。在选课表上签了字。"虽时隔多年，但此事给当事人留下了深刻的印象。

1948 年，查谦次子——上海交通大学电机工程系学生查其恒，暑假期间不幸在东湖游泳时死去。他化悲痛为动力，专心致力于教育事业，并在武汉大学工学院电机系设立了"其恒奖学金"，以鼓励学生奋发上进，努力学习。这种以小我对待大我的情怀，体现了教学的家庭氛围。

筚路蓝缕，华工始成

1952 年 11 月，中南军政委员会高等教育计划会议决定在武汉地区兴建华中工学院、中南动力学院、中南水利学院。1953 年 1 月 22 日，三校联合建校规划委员会宣布成立，查谦担任主任委员。1953 年 1 月 17 日，中央人民政府批准成立华中工学院筹备委员会，聘任查谦为筹备委员会主任委员。1955 年 6 月 9 日，国务院任命查谦为华中工学院院长。

1955 年周恩来总理任命查谦为华中工学院院长

华中工学院（华中科技大学前身）镌刻着他教书育人的记忆。查谦说自己的工作作风是"实验室作风"（意即谨慎、踏实的作风）。他积极认真地管理学校的一切事务，对干部提升、人事更动、每年的预决算、各项经费开支等工作，事必躬亲，他领导的校务委员会在全校师生中树立起很高的威信，为华工严谨校风的形成奠定了良好的基础，也为学校赢得了"学在华工"的良好声誉。

查谦苦心经营，"在该校创立了严谨高效的管理体制，形成了醇厚活泼的教学学风，对该校发展成一所英才辈出、蜚声中外的高等学府作出了重要贡献"，国际无线电联合会中国委员会主席沙踪如是说。

住过第3栋的物理学家桂质廷

涂上飙

桂质廷（1895—1961），祖籍湖北省武昌青山（今武汉市青山区），1895年1月9日生于湖北省江陵县沙市镇（今荆州市沙市区）一个基督教神职人员家庭。父亲是沙市圣公会会长兼教会小学校长。

桂质廷于1912年入清华学校学习，两年后被保送到耶鲁大学，先学文科，后转学理科。1917年获得学士学位。1919年进入美国康奈尔大学读研究生，研究无线电，1920年获硕士学位。1923年到美国普林斯顿大学研究气体放电和紫外光谱，两年后获得博士学位。其论文《在氢、氮和氢、汞、氮混合气中的低压电弧的特性和光谱》发表于1925年美国《物理评价》上。回国后，先后任东北大学、沪江大学、华中大学教授。

桂质廷自1939年任国立武汉大学教授，在此执教22年。担任过理学院院长、物理系主任等职，教授过普通物理学、电磁学、光学、无线电、近代物理等课程，为国家培育了一代又一代的专门人才。

桂质廷毕生从事物理教育事业，是我国电离层物理学的开拓者，为建设武汉大学物理系和创建武汉大学电离层研究实验室作出了卓越贡献。1943年桂质廷作为中国知名学者被派出访美国。经过努力他促成了武汉大学与美国标准局合作研究电离层的计划，1945年回国时带回一台DTM-CIW3型的半自动电离层垂测仪。1946年元旦在四川乐山的武汉大学开始进行正式观测，学校的游离层实验室也由此创建。8月20

日游离层实验室在武昌进行观测。

他带领物理系和电机系的梁百先、许宗岳等师生做了大量的观测、分析和研究工作，并与全球数十个观测台站进行资料和成果的交流，形成了我国早期研究电离层的一支基本队伍。在他的领导下，经过短短几年，游离层实验室在 F2 层临界频率的地磁控制现象、F2 层的出现规律、日食的电离层效应等方面的研究，都处于当时国际前沿水平。1949年他受聘为 *Journal of Geophysical Research* 这一国际著名学术期刊的编辑，是该刊编辑中的第一位中国学者。他是我国地磁与电离层研究领域的奠基人之一。他与美国科学家分别在两半球，几乎同时观测、记录并报道了"扩展 F 层"这一现象，受到国际地球物理学术界的重视。

他的主要著作有《地磁极光及电离层》《地磁及电离层电波传播》。论文包括：《一九四八年五月九日日食与武昌上空 F-2 层所受之影响》《磁静日 Sq 电流系统对于电离层 E 层的影响》等。

在他的影响和带领下，学校关于电离层方面的人才培养以及科学研究都迅速发展起来。1955 年学校设立电离层及电波传播专业，并恢复招收研究生。1956 年学校与中国科学院地球物理研究所合作，在校园内建立地球物理观象台，他受聘为地球物理所兼职研究员。1960 年学校又建立了黄陂试验站。1978 年电离层及电波传播专业发展成为空间物理系和电波传播及空间物理研究所。

1956 年他加入九三学社，任湖北分会副主席。同年当选为武汉市第二届人民代表大会代表，连任武汉市第三届、第四届人民代表大会代表。1957 年被中国科学院聘任为国际地球物理年中国国家物理研究所学术委员会委员。

作为一名专家学者，桂质廷不仅潜心学术、教书育人，而且是一位忠实的爱国者。在外国多年，他始终不忘自己是一名中国人。在法国、美国期间他都做了许多利于祖国的事情。其实他有条件也有机会留在国外，但都义无反顾地回到祖国。他的夫人许海兰是学校外语系的教授，本身有外国血统也与他一样一定要留在中国。他的几个孩子都继承了他的优良品质，潜心做事、踏实做人。他的儿子桂希恩是武汉大学医学教授、中南医院感染科医生，中国艾滋病高发区的最早发现者。他的大女儿桂嘉年及丈夫王仁卉都是武汉大学物理系教授。其二女儿桂乐英是学校附中的物理教师。

对于这位德业双馨的学者，武汉大学并没有忘记他。1985 年是他 90 周年诞辰，学校和九三学社武汉市委员会，在 1985 年 1 月 9—15 日，举行大会隆重纪念他 90 周年诞辰，同时设立了武汉大学"桂质廷奖学金"，出版了他的遗著。

1995 年桂质廷 100 周年诞辰时，武汉大学也举行了纪念活动，在学报上刊登长篇文章，着重介绍他的生平简历、教学态度、学术成就和爱国主义思想。2015 年是他诞辰 120 周年，武汉大学于 1 月 9 日在珞珈山"十八栋"举行了"桂质廷诞辰 120 周年纪念展"。他的亲属桂希恩夫妇、桂庐音女士、桂嘉年女士，学校相关部门、学院（系）负责人，师生代表 80 余人参加揭幕仪式并参观了纪念展。

桂质廷亲属在珞珈山"十八栋"参观"桂质廷诞辰 120 周年纪念展"（张然 摄）

住过第3栋的外文系教授许海兰

张 丰

1899年许海兰出生于纽约的一个华侨家庭，父亲是中国人，母亲是美国人，父亲从小就教育和鼓励她"学本事，救中国"，青少年时期的许海兰虽然没有踏入过祖国的土地，但流淌在血管里的中国血液已经紧紧地把她和中国联系在了一起，幼年时期的许海兰常常在心中描绘祖国的模样，正是这些奠定了许海兰一生与中国割舍不断的情缘。

1916年许海兰以优异成绩考入纽约州康奈尔大学文学院学习，就读大学期间，许海兰积极参加中国留学生组织的"中国同学会"，不断增加对祖国的了解。彼时的中国千疮百孔，人民多灾多难，随着对中国了解日益加深，幼时父亲"学本事，救中国"的教导不断浮现在耳边，因此许海兰积极参加留学生的活动，讨论救国方略。1920年许海兰获得文学学士学位，紧接着许海兰又在康奈尔大学医学院预科学习，1921年许海兰肄业只身来到上海，来到她魂牵梦绕的中国和才华横溢的青年物理学家桂质廷喜结连理，回归到祖国母亲的怀抱，此后七十多年，许海兰一直定居在中国，历尽沧桑，在中国这片广袤的土地上耕耘一生，为中国培养了一批又一批优秀人才。

婚后二人相扶相伴，梦想"科学救国""教育救人"，无奈彼时的中国动荡不安，他们的足迹踏遍了大半个中国，先后在雅礼大学、东北大学、沪江大学、华中大学任教，桂质廷研究物理，许海兰教授英文。1935年至1936年许海兰短暂进入美国华盛顿大学研究院学习，不久再次回到中国，1942年许海兰在武汉大学附中任教，抗日战争胜利之后武汉大学复校珞珈山，许海兰进入武汉大学外文系任教，自此一干就是兢兢业业几十年。

　　爱国是最大的师德，许海兰用自己的一生矢志不渝地践行着这一点。据当年和许海兰一家交谊颇深并曾当过许海兰学生的熊性淑回忆：大约在 1944 年，许海兰在武大附中教授英语。而她教的第一个班就是熊性淑哥哥熊性美所在的高二年级。一天，熊性美在家中饭桌上描述了他们班课堂上的一幕。有学生问："许老师，您爱中国，还是爱美国？"许海兰回答说："我都爱。我爱中国也爱美国。"学生又问："您说爱中国，怎么证明呢？"许老师坦然回答："我爱中国因为我的先生是中国人，我的孩子们都生长在中国。我自己已在中国生活二十多年，也是中国人。我永远不会离开中国。"

　　时隔多年，熊性淑仍然清晰地记得这件事，许海兰用自己坦诚的表白给当年那些仍然十分稚嫩的学生上了一堂记忆深刻的爱国主义教育，许海兰不仅这么说，而且这样做，她用自己 96 年的生命历程，践行了她当年在这班小青年面前所作的承诺。事实证明许海兰是一位表里如一、诚实坦率、不含杂质的纯粹的人。

　　许海兰的高尚师德不仅体现在热爱祖国的大情怀中，而且体现在教育学生的小细节中。熊性淑回忆：我上初中二年级时，发生过一件令我羞愧万分的事，可谓"作弊未遂案"。因我一向散漫懒惰，荒疏学业，考试时学会了作弊过关。一次英语考试时我正要动手翻阅预先放在抽屉里的课本，一个美国腔的湖北口音突然在我身后响起："熊性淑，课本不能放在抽屉里，你要做什么？"我冷不防听到桂伯母的声音，震惊万分，赶快悬崖勒马，来个急刹车；否则当众撕卷，后果不堪设想。桂伯母平日宽厚仁慈，碰见原则问题却铁面无私，她不失时机地制止了我的错误行为。许海兰并不因为熊性淑和自己十分熟识而放纵她作弊的行为，这种坚持原则、铁面无私的做法正是许海兰高尚师德的又一具体表现。

　　许海兰不仅坚持教学原则，辅导学生学习更是不遗余力。为了更好地辅导参加英语演讲比赛的学生，许海兰不仅连着几周把学生叫到自己家里，而且从遣词造句、语音语调到表情手势，她都耐心进行指导和纠正，正如熊性淑回忆时所说的那样，那篇演讲稿不知耗费了许海兰教授多少心血,在许海兰精心细致的指导下,那个学生果不负许教授的期望,在英语比赛中一举夺魁,很是风光。

"文革"期间,许海兰年近古稀也未能幸免,被下放到工厂参加体力劳动,饱受冲击,但她始终对祖国怀着赤子之心。中美建交前,当她在大洋彼岸的女儿求她去见面时,她拒绝了,来华访问的美国代表团主动联系她去美国探亲她也拒绝了,直到1978年中美在北京开始建交后她才回到阔别几十年的出生地——美国,去探视自己的女儿华珍。即便是在赴美探亲期间,许海兰仍然心系教学,抓住机会获取新知识新材料,她常到一些大学听课,了解教学情况、物色专家来华讲学、搜集相关资料,她似乎不是在探亲而是在自费出访、为国工作。许海兰女儿华珍爱母心切,为她在美国办好长期居住的手续,希望她在美国安度晚年,而且90多位亲友热情挽留她在美国定居,安度晚年,许海兰都婉言拒绝了。她仅仅在美国住了一年就带着两大箱珍贵的外文资料飞回了珞珈山,如期回到武汉大学的教学岗位上了,回国后,许海兰依旧忘我工作,热心教育,用自己兢兢业业的教学践行着她对中国的热爱,这份爱国之情历久弥新,老而弥坚。

正如熊性淑所说的那样:别瞧老太太说中文带美国腔,举手投足之间带些"洋味",但她的根已深深地扎在中国这片土地上。她的心胸博大,同样地爱着两个国家、两个民族。美国是她的故乡,那里同样有她的许多骨肉亲人、她的青春与美好回忆,但许海兰还是毅然回到了中国,而且还把外孙女 Helen 也带到武大外语系作短期教学。她要让桂家在海外的第三代也能认识中国。她对美国的众多亲友说:"属于我的生活是在中国。那里还有我另外几个子女,我的学校,我的学生。"爱国是最大的师德,许海兰用自己对中国的热爱再次证明了这一点。

许海兰的女儿华珍还告诉熊性淑:"在美国过春节,许多华人都向桂伯母说'恭喜发财',并劝她不要再返回中国。但桂伯母却笑着纠正别人说:'在中国不说恭喜发财,说为人民服务呀!我还要回去为人民服务呢'。"许海兰再次用自己的实际行动践行了爱国承诺,凡是她真正接受了的、承诺了的,许海兰恪守终生。

20 世纪 80 年代初期，国内正值改革开放，走向世界成为一股潮流，当时许海兰担任外语系教研组主任，而且还带着研究生，教学、科研工作十分繁忙。当时国内正掀起学习英语的热潮，武大外语系许多青年教师争相请她来辅导。许海兰教授说："每天一个组，一个星期我有八天也不够呀！"即便应接不暇，许海兰为了提携后进仍然尽最大努力为青年教师进行辅导，此外还有大量的社会活动及其他学术活动，只要是有益于国家和社会的，她基本上都有求必应。

许海兰在武汉大学整整工作了 53 年，长期从事英语语音教学和研究工作，出版英语教材 4 部，发表论文多篇，态度严谨、造诣较深，无论校内校外的人向她求教，她总是热情帮助、精心指点。许海兰为武汉大学英文系的教学课程的设置和教学计划的实施起了重大作用，在英语语音学方面作出了较大贡献并培养了许多中青年英文教师，为校内外审校了多种有关英语语言的书籍和文章，在武汉大学校刊上发表的有关英语语句重音的论文，对当时语音教学起了重要作用，影响很大。

许海兰的高尚师德以及在教学、科研上作出的杰出成绩，令她获得了许多荣誉，许海兰的先进事迹曾在《人民日报》《光明日报》等报纸上发表，1982 年她被评为"湖北省三八红旗手"，武汉大学号召全体师生向她学习，她还被推选为全国归侨的先进代表，参加"全国归侨、侨眷、侨务工作者先进分子、先进集体表彰大会"，并在会上作典型发言。许海兰高尚的师德、热爱祖国的高尚情操、投身教育事业的精神、兢兢业业的工作态度、治学严谨的优良作风永远是后人学习的榜样。

住过第4栋的哲学家范寿康

秦　然　郑公超

文学院教授范寿康

范寿康（1896—1983），男，字允藏，浙江上虞人。我国著名的教育家、哲学家、图书馆学家。

范寿康1896年1月6日出生于浙江省上虞县丰惠镇。11岁就读于宁波存宜小学，14岁入宁波府中学堂。1912年考入浙江省立医学专门学校。1913年，年仅18岁的范寿康与郭沫若、郁达夫、夏禹鼎、钱潮等一起赴日本留学，专攻一年日语之后，考入东京第一高等学校学习医务专业；1919年升入东京帝国大学文学部攻读教育和哲学，1923年获东京帝国大学教育与哲学硕士学位。同年回国，应郑贞文、周昌寿先生的邀请，范寿康先生入上海商务编译所哲学教育部任编辑，主编《中国教育大辞书》，同时兼任中华学艺社编辑部部长，主编《学艺》月刊。他先后在多所中学、大学任教。1926年任广州中山大学教授兼秘书长。1927年回上虞任春晖中学代校长。1932年任安徽大学教授兼文学院院长。1933年8月至1938年4月，范寿康任国立武汉大学文学院哲学教育系教授兼系主任，兼任武汉大学《文哲季刊》主编、出版委员会委员、教授会主席等职。1937年任国民政府军事委员会政治部第三厅副厅长兼第七处处长；武汉失守撤离到重庆以后，第三厅改组，范寿康随郭沫若到文化工作委员会工作，任国际研究室主任。后改任政治部设计委员，转任行政院参议。此后任商务印书馆、中华书局、正中书局、世界书局、大东书局、开明书店、文通书局七大书局七联处主任。1945 年，范寿康赴中国台湾参加接收工作，被任命为台湾省行政长官公署教育处长；1947 年，台湾行政长官公署改组，范寿康改任台湾大学文学院哲学系教授兼台湾大学图书馆馆长，直至 1970 年正式退休。

一、孜孜不倦，从事哲学教育教学

范寿康毕生从事哲学教学和学术研究工作，治学严谨、勤于探索。他在国立武汉大学文学院任教时，主要讲授"中国哲学史""希腊哲学研究""现代哲学""哲学概论"等课程。其中"中国哲学史"课程主要讲授中国哲学思想演进的历程，并对各种思想的社会背景加以简略的解释；"现代哲学"课程主要讲授从 19 世纪中叶起近八十年来德、法、英、美等国的重要哲学学派、学说及其探讨；"哲学概论"课程主要讲授哲学的起源、范围、方法及意义，认识起源、效力及本质，形而上学中关于本体及宇宙生化等问题的解说；"希腊哲学研究"课程主要讲授希腊哲学思想的演进，并研究希腊哲学中柏拉图、亚里士多德等人的重要著作。他在课堂上介绍唯物辩证法，用唯物史观讲解中国哲学史，由浅入深，以通俗严谨的教学风格深得学生们的喜爱，作为"五四"时期就开始介绍马克思主义唯物史观的学者，他在课程中讲授辩证唯物主义和历史唯物主义，受到进步同学的欢迎。"当年国民党政府的国立大学讲台上，有这样一位讲马克思主义哲学的教授，这对思想左倾的学生，正如黑夜摸山踟蹰的行人看到前面有人打着灯笼一样高兴。"对学生，范寿康不仅讲授马克思主义哲学思想，而且宣传救亡图存的爱国思想。1935 年，北平学生在中国共产党的领导下发动了"十二·九"抗日救亡运动，范寿康坚决支持学生的爱国运动，是武汉大学支持进步学运的教授之一。

在国立武汉大学任教期间，范寿康还编写出版了多部教材。他编写了《哲学通论》和《中国哲学史通论》二书，前书由中华书局于 1935年出版，后书由开明书店于 1937 年出版，其中《中国哲学史通论》是武汉大学哲学系"中国哲学史"课程的第一部教材,也是中国哲学史上第一部在马克思主义唯物史观指导下写作的中国哲学通史,表现了对哲学史研究方法的深刻理解,对以往哲学思想的衡论中所阐发的一些思想,以及由之而体现的历史主义原则和分析批判精神,至今仍然有着生命力。除此之外,范寿康还编写出版了《希腊哲学》《哲学概论》《中国哲学史》《魏晋之清谈》等多种教材,其中《魏晋之清谈》从魏代的名理派、玄论派、旷达派以及西晋、东晋的清谈和宋齐梁陈的清谈几个方面作了精辟的论述。范寿康于1933年秋来到武汉大学任教后,就在当年年底出版的《国立武汉大学文哲季刊》第3卷第1号上发表了《哲学的两个基本方向——观念论与唯物论》一文,旗帜鲜明地赞成马克思主义哲学,认为马克思主义哲学将有远大前程。在武汉大学哲学系的历史上,他是传播马克思主义哲学的第一人,今天武汉大学哲学系的马克思主义哲学传统,就是以当年的范寿康研究为其源头的。

二、潜心钻研,致力哲学、教育和美学研究

范寿康毕生致力于哲学、教育、美学方面的研究,一生出版著作近三十部,发表论文三百余篇。正如范先生在《生平事迹纪略》中所说:"统计余之一生,除抗战时期从事宣传工作及出版工作外,不外从事教育工作与著述工作两者"。作为哲学家的范寿康,出版了《哲学及其根本问题》(1930)、《朱子及其哲学》(1964)《现代德国哲学概论》等一系列哲学著作;作为教育学家的范寿康,出版了《个性教育》(1930)、《教育哲学大纲》(1923)、《教育哲学的体系》(1922)、《教育与哲学的关系》(1930)、《教育概论》(1931)、《中国古代教育史略》(1932)、《近代六大教育思想家》、《教育史》等教育学专著,其中《教育哲学大纲》(商务印书馆)是中国近现代第一部教育哲学著作。范寿康先生不仅在教育哲学的研究领域贡献卓著,而且在语文教育方面厥功至伟。如《思维论》(1922)、《训练法》(1933)、《美学概论》(1927)、《中国教育大辞书》(1930)、《各科教学法》(1933)等

都与语文教育有着密切的联系，更有不少论述是直击语文教育的，如《我们怎样读书》（1934）、《思考与读书》（1934）、《对于读经问题的意见》（1935），等等。主要作品结集为《范寿康教育文集》，至今仍有出版。作为我国早期的启蒙思想家，他还编著了《美学概论》（1927）、《艺术之本质》（1930）、《认识论》（1930）、《伦理学》（1931）等著作，并编译了《卢梭》（1930）、《康德》（1929）、《柏拉图》（1930）、《亚里士多德》（1930）等小册子，传播西方先进思想文化，还翻译了《马克思主义与唯物史观》（1923）。

范寿康先生早年就介绍马克思主义唯物史观，在日本留学后期，范寿康认真钻研马克思、恩格斯著作，并积极传播马克思主义。早在1921 年，他就在当年上海的《东方杂志》上发表了《马克思的唯物史观》一文，介绍马克思主义的唯物主义学说。从此，他就以马克思主义的唯物史观奠定了他的哲学思想基础。

在辩证唯物主义思想指导下，他指出对于中国文化与西方文化，既不能因为是国粹就一味接收，也不能因为是"洋货"就全盘摒弃，"一定要分清外国学术思想何者于中国有益，何者于中国有损，采用外国学术之时务宜取长舍短"。1933 年，他正式出版了专著《马克思的唯物史观》。

三、尽心尽力，振兴国语教育

1945 年秋，抗日战争胜利后，范寿康应中国台湾行政长官陈仪之邀，赴中国台湾参加接收工作，被任命为台湾省行政长官公署教育处长，为弘扬祖国文化、普及国语，作过许多贡献。台湾行政长官公署教育处针对当时中国台湾状况，提出一切"中国化"的号召。当时，日本帝国主义在中国台湾强制推行的奴化教育，已是根深蒂固。范寿康先生知难而进，全身心地开展国语教育工作，终于使台湾人民接受中华新教育，精神面貌焕然一新。赴台后，他以强烈的中华民族爱国感情，从小学、中学入手，直到大学和社会，竭尽全力地消除日本帝国主义在岛内强制推行长达 50 年的亡我中华文化的奴化教育影响，并把它列为教育厅的首要任务。日据时期，日本帝国主义对台湾同胞实行所谓"皇民化"的教育，强行将日语作为"国语"，使台湾地区无处不充斥着日文的报刊书籍。日本殖民当局还强迫台湾人民从小学开始就必须读日文书、讲日本话，并派清一色的日本人充当小学学校的教师。不仅如此，日本殖民当局还规定所谓的"帝国大学"（抗战胜利后改为台湾大学）的学生，只能学农、学医和理工，不准学法、学文科。更有甚者，在台湾同胞的家中还搞所谓的"日本语家庭"，即便在家中，也不准使用华语对话，还强迫台湾人民改为日本姓名。日本帝国主义对台湾同胞的奴化之用心，真可谓恶毒之极，造成了严重的恶果。面对此严峻的情况，范寿康有针对性地提出了全面"中国化"的号召，并制定、实施了多项具体措施。在组织方面，他成立国语推行委员会，组织教育系统的各级官员，在全台湾推行国语（普通话）宣传。在教育领域，从小学、中学到大学，都要推行国语教育。通过国语教育，培养学生的中华民族和"中国化"的观念，弘扬中华文化传统。在人员方面，他创建了台湾师范学院，解决师资短缺问题，培训国语师资。在社会方面，他组织宣传倡导血统一致，不忘祖先，推行中国话，看中文报，读中文书。他以全面恢复"中国化"的教育为宗旨，竭尽全力。仅用了短短一年的时间，台湾同胞从言谈到出版物，从思想到观念，皆焕然一新，局面大为改观。1947 年，台湾行政长官公署改组，台湾省政府成立，重振国语教育运动也大战告捷。范寿康辞去官职，改任台湾大学文学院哲学系教授兼台湾大学图书馆馆长，此后长达 20 年之久，直至 1970 年正式退休。

四、矢志办学，深情回报乡梓

1926 年，范寿康应中山大学代校长经亨颐先生之命，任广州中山大学教授兼秘书长。1927 年"四一二"事变后，他毅然决定回乡（浙江上虞），参与筹建私立春晖中学并任代校长。在春晖中学期间，他开放学禁，引导学生面向社会。在他执教的哲学课中，向学生介绍马克思主义哲学思想。他在《生平事绩纪略》中这样写道："民国十五年北伐军兴，时局动荡，翌年秋余离沪，被聘任上虞私立春晖中学校长。校址在白马湖，环山临水，风景清丽。校系邑中首富陈春澜先生出资，经子渊先生擘画所创建者。余主持校务之暇，成《哲学及其根本问题》一书。"范寿康先生虽然在上虞生活和工作的时间不是太长，但深深的桑梓情，让他从大学教授兼校方秘书长的岗位上离职并返乡应聘，于此可见一斑。之后，他虽因各种原因离开了春晖中学而辗转异乡，但对春晖中学却一直一往情深。1981 年，春晖中学六十周年校庆，他从美国特地寄来亲笔书写的几首诗，其中就有《忆上虞白马湖》："衰年更切故乡情，汉有曹碑晋谢茔。最是傍湖花似锦，柳荫三月啭流莺。"字里行间尽是故乡意切，春晖情深。他还在农历端午节写了两张条幅，赠给春晖中学。一张录了陶渊明的训子诗："盛年不重来，一日难再晨；及时宜自勉，岁月不待人。"另一张录了王阳明的诗："险夷原不滞胸中，何异浮云过太空；夜静海涛三万里，月明飞锡下天风。"1982 年 5 月 12 日，范寿康先生回到阔别 36 年的故乡上虞。5 月 14 日专程访问春晖中学，受到全校师生热烈欢迎。他在学校领导陪同下参观了校园，在大礼堂与全校师生见面，并作了"我对善恶的看法"的讲话。1983 年，去世前不久，他曾抄录于右任的两句诗——"葬我于高山之上兮，望我大陆。大陆不可见兮，只有痛哭"，以此抒发他一腔赤胆忠心的爱国爱乡之情。他在弥留之际还念念不忘春晖中学，嘱咐亲属把留在北京的一笔遗产捐赠给学校作为奖学金。

五、"后乐"家训，孕育爱国情怀

范寿康的一生是爱国的一生。1937 年，抗日战争全面爆发。念"国家兴亡，匹夫有责"，范寿康先生毅然辞去教职，转入国民政府军事委员会政治部，投入抗日的行列。当时政治部部长为陈诚，周恩来、黄琪翔为副部长。范寿康先生任政治部第三厅副厅长兼第七处处长，负责抗日宣传和统战工作。他主持编写了《日寇暴行录》,揭露日本军国主义的法西斯暴行。1938 年 4 月,武汉大学举校西迁四川乐山,留下的校舍成了国民政府军官训练团的团部。蒋介石任团长,陈诚任副团长。在此期间,范寿康先生居住在大师云集的武汉大学珞珈山十八栋的第 4 栋,因为范寿康是武大教授的关系,在他的斡旋下,时任国民政府军事委员会政治部第三厅厅长的郭沫若和夫人于立群住进了张有桐教授原来住的宿舍(12 栋 2 单元),后称"郭沫若故居"。不久,黄琪翔搬进 12 栋 1 单元,与郭沫若成为同一栋楼的邻居,"站在月台上两家便可以打话"。周恩来和邓颖超也住在上面一层,即 19 栋 1 单元,后称"周恩来故居"。此时的武汉大学珞珈山校园成为国共合作的重要场所。

范寿康先生的一生,体现了对祖国的万分热爱,对教育的一腔忠诚,这当源自华夏文化之熏陶和传承。他的老家在浙江上虞丰惠古镇的百云村,一座幽深清凉的老宅是他的出生之地。这祖居的宅第名叫"后乐堂"。据《范氏宗谱》记载,北宋大诗人,清白为官、重视教化的范仲淹是范氏的第 12 世,范寿康父范高平是第 39 世,范寿康先生则是第 40 世。为了继承先贤"先天下之忧而忧,后天下之乐而乐"的遗志,范高平在筹建老宅时,特意将其起名为"后乐堂"。他身体力行,将全部积蓄用于建造上源闸和兴办的"红十字会"慈善机构,以自己的积德行善,为子女立典树范。范寿康先生出生在这样一个家庭里,从小受到老一辈的言传身教,在家庭日常生活中耳濡目染,"先天下之忧而忧,后天下之乐而乐"的精神自然成了他立身的精神支柱、血液中的文化基因。由是观之,他的爱国情怀,既源自民族文化的传承,又属于自身修养的造就。

1982 年 4 月,范寿康从中国台湾经美国辗转回北京定居,积极致力于祖国统一大业。同年在北京,又先后受到党和国家领导人邓小平、邓颖超、廖承志、胡愈之、杨静仁以及民革、民盟中央负责人等领导的接见与宴请,并被增补为全国政协委员和常委,出席了全国政协第五届全国委员会第五次会议,列席了同期召开的第五届全国人民代表大会第五次会议、中国共产党十二大开幕会。在 1982 年年底召开的第五届全国人民代表大会第五次会议上通过了新的《宪法》，范老先生在会议上参与了对《宪法》的讨论。他对《宪法》第 31 条中"国家在必要时得设立特别行政区"的规定，认为特别重要。尤其对中国台湾这个特区，实行高度的自治，这对台湾回归祖国、实现和平统一，开辟了广阔的道路。范老先生对新闻界表示，"国家、政府和人民这么看得起我，使我非常感激，同时我也感到责任的重大。我将竭尽绵薄，报效人民和国家"。1983 年 2 月，范寿康因心力衰竭而溘然长逝，享年 88 岁。

范寿康教授，作为当代知名学者、著名教育学家、图书馆学专家，心底怀着对祖国对人民的热爱，一生勤勤恳恳，默默奉献着自己。他为祖国革命事业作出的贡献和为祖国统一事业所做的努力，印证了一个知识分子的开阔胸襟和崇高信念。

住过第4栋的经济学家陶因

刘国涛

法学院教授陶因

陶因教授字环中，祖籍安徽，中等身材，清瘦，精神矍铄。他是清末安徽维新派代表人物陶镕次子，17岁赴日本留学，毕业于日本帝国大学。随后，他又前往欧洲，在德国获得法兰克福大学经济学博士学位。1924年从欧洲学成归国。后来他与马寅初齐名。

陶因授课，思路清晰，条理清楚，语言简洁，简述各家学说，至为精辟。他讲课不用教材，用的是自编讲义。讲义的文字量不大，约十万字，却言简意赅，涉及的内容很丰富，撷取各家学说之精华。陶因的本意在提纲挈领，指点迷津，所以学生拿着他的讲义按图索骥，能够轻松地扩充知识面。

陶因注重营造自由的学术空气。乐山时期，武大师生生活艰苦，但是学术空气浓厚。这与武大校长和陶因教授等培养学术自由氛围、用人讲究兼收并蓄的校政举措有直接关系。陶因的经济学讲义中，博采各家学说，全面阐述了马克思从商品出发研究《资本论》的各项基本观点。他对马克思的劳动价值学说，尤为推崇。陶因也鼓励学生独立思考，主动钻研。这在当时政治气候下是很不容易的。陶因在延聘教师问题上，讲究只要有真才实学，能够教书育人、为人师表，就不管他们信仰什么主义，更不分学术流派，一概兼容并蓄。当时的"左"派教授，如彭迪先、陈家芷等，都在经济系任教。这样用人，需要有胆有识；在当时环境下，还需顶住多方压力。

陶因关心和爱护学生。由于陶因等人提倡学术自由，所以武大校园学术氛围活跃，当时校内学术团体的数量高达一百六七十个之多。陶因对有志青年，关爱备至，如对经济系同学组织的"珞珈经济学社"非常关照，还有当时"左"派色彩比较明显的"岷江读书社"，也是以经济系"左"派同学康宏镕、黄云高、熊毅芩等为主组织的。陶因对他们都很关心和爱护。

陶因律己很严。抗战时期的大后方物价飞涨，物质生活条件极差，教授生活极为清苦，真是"教授教授，越教越瘦"！而陶因却拒绝一切额外进项，清贫自守、刻苦治学。他对课上的同学要求也非常严格。有同学上课如不用心听讲，或提问时答不出，陶因就当场批评，不留情面。陶因主持考试也很严格，如果学生不用功学习，就难以及格。"严师出高徒"，武大经济系毕业的校友中，出了很多著名经济学家、著名教授和学者。例如国际上公认的发展经济学创始人之一的张培刚教授，已被英国剑桥"国际传记中心"列入"国际知识分子名人录"；潜心研究凯恩斯主义已达半个多世纪的刘涤源教授，已成为我国研究凯恩斯主义的权威，现已八十多岁，还在为主编十四卷本"凯恩斯主义研究丛书"而不懈努力。其他如北大经济学院名誉院长胡代光教授、武大经济与管理学院名誉院长谭崇台教授等，以及散居海外的许多经济学家，不可胜数。陶因师为培养这些人才，倾注了许多心血。

陶因为官清廉，一身正气。陶因应当时教育部长的邀请，担任教育部督导室主任。他任职期间经常回武大视察工作，给师生作报告。每次返校，他都轻装简从、衣着朴素，只是由过去当教授时穿的长袍子，换成了一套绛色中山服，质量一般，也不是什么毛料的。他不像有些人一当了官就西装革履。他作报告也谈及官场中的一些不正之风。他一身正气，坚决抗击官场的歪风邪气。

陶因师后来又出任安徽大学校长；对安徽大学的建设付出了辛勤劳动，作出了显著成绩。1952 年陶因肺病复发，病逝于南京，终年 58 岁。

住过第 4 栋的植物学家钟心煊

李 虹

武汉大学樱花大道尽头，曾经有一座历史悠久的武大标本馆，在人们眼中，它一直保持着既神秘又让人向往的形象。标本馆中植物标本馆的创始人就是国立武汉大学生物系教授钟心煊，他曾经居住在珞珈山十八栋别墅的第 4 栋。

理学院教授钟心煊

钟心煊于 1892 年出生于江西南昌，1910 年，他以优异成绩考入清华大学庚款留美预备班，1913 年赴美国伊利诺伊大学留学，1914 年转入哈佛大学攻读植物学，在该校阿诺德树木园从事研究。在攻读硕士学位期间，钟心煊以该植物园中来自中国的树种为主要对象，结合从中国采集的标本，写出了他的硕士论文《中国木本植物名录》(*A Catalogue of Trees and Shrubs of China*)。

1920 年，钟心煊学成回国，先后任南开大学、厦门大学教授。

1931 年 10 月，钟心煊被聘为国立武汉大学理学院生物系教授，直至 1961 年去世，他在武大执教 30 年。

一、中国植物学界的先驱

20 世纪中叶以前，细菌、真菌等都被生物学家归属在植物界中，因而微生物成为钟心煊的主要研究方向。

1916 年开始，钟心煊即在我国早期科学启蒙刊物《科学》杂志上积极介绍科学知识,是该刊物的特约撰稿人。在这些文章中,有多篇与现代微生物学有关的文章。在《食物保存与微生物之关系》译文中,他首次向国人系统地介绍了食品防腐的原理和方法。《裂殖菌通论》一文中,证明他是最先向国人系统介绍细菌知识的科学家之一,在该篇近万字的文章中,他将 bacteria 一词译为"裂殖菌",并认为日本通行使用的"细菌"一词国人不必沿用,但应熟识其含义。在该文中,钟心煊介绍了细菌的发现史、细菌的分布、形态、繁殖方式、分类、营养与生理,以及细菌与人类的关系。在谈及裂殖菌与人类关系时,他指出:"盖裂殖菌之能致病者,最占少数……多数之裂殖菌,均直接或间接有益于人类,向使世界无裂殖菌,则人类与他种生物之能生存与否,是一大可疑之问题也。"在该文中,钟心煊使用"微生物"一词作为裂殖菌的同义词,且认为"裂殖菌又常误作霉菌。按霉菌属于藻菌类(Phycomycete)之霉菌科(Mucoraceae),与裂殖菌无涉"。这是 20 世纪初将细菌与微生物等同视之的西方科学界的普遍看法。从现有资料看,钟心煊可能是最先使用"微生物"一词的科学家。

钟心煊主要从事与微生物有关的科学研究,据资料记载,包括"武汉水生真菌研究""松树和栎树的菌根研究""曲霉属菌研究""几种熟悉的四川植物菌根研究""中国产青霉菌产生抗细菌物质的研究""非豆科植物之共生固氮细菌之研究"等。除此以外,他还利用武汉大学附近东湖的自然条件开展武汉水生真菌研究,这是我国在该领域的开创性工作,可惜没有正式发表文章。

1918 年,钟心煊还在《东方杂志》上发表了《下等动物与人类疾病之关系》的研究论文。

另外,钟心煊还结合自己对本木植物的专长,分别于 1944 年和1955 年指导学生李良凰、欧惠春研究菌根,1942 年他指导学生胡玉连对非豆科植物之共生固氮细菌的研究,是我国开展相关领域研究的先驱。抗战期间,国立武汉大学西迁乐山,为解决战时的物质匮乏,他指导学生施有光研究当地的食品发酵用真菌,利用真菌酿造出了优质醇香的酱油，深得当地消费者之好评。1935 年，他与戴芳澜一起，成为荷兰菌种保藏中心国际赞助委员会委员。

二、淡泊名利潜心育人

在国立武汉大学任教期间，他先后开设了种子植物分类学、普通植物学、孢子植物学、生物学技术等课程；并于 1929 年在全国生物学界率先开设了藻类学课程。据当时的学生回忆，钟先生眼睛近视，戴的眼镜镜片是圆形的，大、厚、重。"他整日坐在研究室里，谈起研究室，他的研究室才好看哪，大大小小的试管，玻璃盆，里面装的是从各地采来的草根、树皮、牛粪、马粪以及羊、鸡、犬、豕的粪。这些粪，用各种方法处理，保持相当的湿度和温度，上边自然会生出各种菌类（Fungi）来。研究这些菌类（自然还有其他的）钟先生花去了他的精力，和整日整年的时光。"

武汉大学生命科学学院周进等撰写的《中国植物学界的先驱者之一——钟心煊教授传略》中提到："认识钟心煊的人都记得，钟老瘦高个儿，戴一副黑框眼镜，喜着一袭长衫。他表情严肃，目光坚毅，除酷爱读书外，别无爱好。他严谨治学，尽管他亲自完成的，或在他指导下由他的学生完成的研究成果并不少，但他自认为水准不高，所以他公开发表的论文不多，晚年在学术界的知名度并不高，然而公开发表的著作却绝少疏漏，经得起时间的检验。他专心从事教学和科研，淡泊名利，曾毫不犹豫地谢绝了吴佩孚以及他在哈佛大学同学时的宋子文等政要的封官许愿"。

作为受过七年西方顶尖大学高等教育严格训练的精英，钟心煊在教学方法上推崇启发式教育，注重培养学生的独立思考能力和科学探索精神，为国家培养了多名优秀的植物学家，曾呈奎、杨弘远等中国科学院院士都曾受教于他。

三、上书国联调查团

抗战初期，钟心煊等四位国立武汉大学教授向国联调查团上书的故事在教育界一时传为佳话。

1931 年 9 月，日本军国主义者在中国东北悍然发动了九一八事变，继而侵占了东北全境。当时的南京国民政府无力抵抗，只能向国际联盟提出控告，将解决问题的希望寄托在国联的干涉上。应中国政府的一再要求，国联理事会在当年年底最终决定派遣一个代表团到远东实地调查九一八事变的基本情况。1932 年 1 月，由英、美、法、德、意五国代表组成，并以英国人李顿爵士为团长的国联调查团正式成立，随后，该团先后访问了日本东京、大阪以及中国上海、南京、汉口、北平、沈阳、长春、吉林、哈尔滨等地。

当时，华中地区的最高学府——国立武汉大学正在兴建珞珈山新校舍，全校上下团结一心、克服重重困难，终于在 1932 年顺利完成了珞珈山新校舍的一期工程，并迁入新校舍开学上课。"珞珈既盛誉日隆，自引起国内外的重视。其著者为当时国际联盟调查团之远来珞珈考察"。

1932 年 4 月 5 日，国联调查团参观武汉大学时，一向以学者自居、不过问政治的钟心煊与工学院教授赵师梅、法学院教授梅汝璈、文学院教授高君珊一起作为学校代表，向他们提交了一封英文公开信，表达了武汉大学的教授们反对侵略、维护国家主权的严正立场，体现了钟心煊在国家和民族危难之际强烈的主人翁精神和爱国情怀。

四、筹建武大植物标本室

钟心煊也是国内最早开展调查、采集藻类植物标本的学者。他在任教国立武汉大学的第二年，即开始着手调查、采集武昌地区的植物，随后，还组织人员赴咸宁、武陵源、武夷山、峨眉山等地采集标本，并与哈佛大学、英国皇家爱丁堡植物园等外国科研机构交换植物种子和标本。

1933 年 8 月 20 日，中国植物学会在重庆北碚中国西部科学院召开成立大会，钟心煊与胡先骕、钱崇澍、陈焕镛一起作为中国植物学会的发起人之一，被推选为学会评议员和新创办的《中国植物学会杂志》编辑员，其后还担任了中国植物学会武汉分会主席。当年，在钟心煊发起下，开始筹建国立武汉大学植物标本室，它是现在的武汉大学标本馆植物标本馆的前身。至今已有 85 年历史的武汉大学植物标本馆，馆藏蜡叶标本 23 万份，其中蕨类植物 37 科、裸子植物 6 科、被子植物 227 科，共约两万种，且水生植物标本收藏最为集中。此外还有干制或浸制标本各数千件，并拥有一批模式标本及珍稀植物标本。模式标本照片约 5000 张。有陈列室、展厅和工作室近 600 平方米，是中国十大植物标本馆之一。钟心煊为武汉大学植物标本馆的建立和发展做了许多开创性的工作，功不可没。

抗战胜利后，学校复员珞珈山，钟心煊、孙祥钟、叶雅各等亲自规划、引种、选种，重建学校植物园。在钟心煊等教授的指导下，学校从峨眉山、黄山、庐山、神农架等地及英、美、日等国引进大量种苗，其中驰名中外的水杉就是他们最早从湖北利川引进武大并繁育种苗扩散到国内外的。正是这些先驱者们博大的智慧、深远的眼光、艰苦的创业，才将当年林木稀少、乱石丛生、坟冢遍地、遗世独立的"落驾山"，变成了如今林木葱茏、花草畅茂、桃红樱粉、鸟语花香的"物外桃源"，它们与中西合璧的宫殿式建筑群的古朴典雅、巍峨壮观相得益彰，使得武汉大学享有"世界上最美丽的大学之一"的盛誉。

1951 年，钟心煊参与主持制定了《武汉大学调查湖北省植物计划书》，倡议在武汉建立植物园，并组织人员分赴湖北各地调查三个月，采集蜡叶标本及种子、苗木 3300 份。1956 年，武汉植物园建成，经过半个多世纪的建设和发展，该园已成为中国亚热带植物种质资源保存地和科研基地。

住过第5栋的机械工程专家郭霖

吴　骁

郭霖（1894—1942），亦名景祥，字泽五，湖北当阳郭家畈人，著名机械工程专家，中国第一个研究潜水艇的学者。

工学院教授郭霖

早年就读于外祖父所办私塾，21岁始接受正规中学教育，入湖北省立第三师范学校就读，两年后即以同等学力考入北京工业专科学校。1921年考取湖北省官费留学，入英国格拉斯哥大学学习，专攻机械造船，1925年获海军建筑学士学位，毕业后留在该校研究院任潜艇研究员，成为中国第一代潜艇专家。在留英期间，因解决了数学上的一大难题而名震全球，英国政府为此特电贺当时的段祺瑞政府。1926年，任英国维克斯造船公司工程师。1927年回国，任福建马尾船政局工程师。1928年任上海江南造船厂机械设计师。

1929年8月回到湖北，担任国立武汉大学工学院（当时仅设有土木工程学系）教授，一个月后，他在学校的开学典礼向全校学生发出强烈呼吁：

就现状论，中国工业界本呈一种黑暗的景象，但是从今天起，中国工业界却又添了一线曙光。这一线的曙光，就是武汉大学新添的工学院。安知这一线的曙光将来不发扬光大变成一种熊熊烈烈的日光，照得大地通明咧！若果如此，那么这种光的"发光体"是谁呢？不消说，其中的一部分就是我们"武大"同学。明显一点说，就是我唯愿"武

89

大"同学，人人都变成一个"发光体"。

可是，话又说回来了。现在这种发光体还在播种时期，所以工业界的黑暗仍不稍减。不说别的，只说中国的建设。现在许多党国要人，总是苦口婆心地说要建设；做下层工作的人，也大声疾呼地说从事建设。但是，一直到于今，建设在哪里咧？几乎可以说"等于零"！这是什么缘故呢？未必是当局无建设的诚意吗？我想这决不然。我以为，最大原因之一，就是工业界的人才太少。换句话说，就是上面所说的那种"发光体"太少！因其如此，所以不得不借用外人。例如聘请美国顾问、德国工程师等等，这也可以说是"借光"。只是我们不能常常借人家的光啊！若是天长地久地借别人的光，中国也就不能天长地久了！所以我们还是自己来造这种"发光体"的好。那么，此次武汉大学添设工学院，就是自造这种发光体的。所以，我希望工学院的同学，从今天起，就拿出决心来，以将来的发光体自期！

但是，这也不限定工学院的同学，别学院也是一样。譬如文学院同学，可以开发民智，在国人思想上作一种建设事业的领导。法学院的同学，更不必说了，他们可以借法律的势力来扶助中国工业的发展，即如关税及条约等问题，对于一国工业之发展，是有绝大效力的！理学院的同学，尤其不必说了，他们在科学上，可以扶助中国工业之进步；中国工业落后，实由科学落后而起。这样说来，岂不人人都可以做中国工业的发光体，把一个黑暗的工业界照成一片琉璃世界吗？到那时，不但中国工业界有无限的光明；凡是我们做中国人的，觉得与外国比较，不致相形见绌，也实在有无上的光荣呢！

在武汉大学任教期间，郭霖教授主要讲授"机械工程设计""材料力学""船用机械""航空工程""应用力学""材料试验""汽机设计""机车工程""图解静力学""工厂实习""机械画""飞机工程""飞机学""机械原理"等十多门课程，有不少讲义被四川大学等校用作教材，其中尤以材料力学为当时工学院的"王牌课"。

郭霖于 1933 年参与筹建机械工程学系，1934 年任系主任，他聘请了多位知名教授来校任教，充实了材料力学试验室及实习工厂的设备，并增设蒸气透平发电厂、热工试验室、机械厂等，奠定了武大机械工程系的基础。其间，还曾兼任《国立武汉大学工科年刊》编委会主任以及建筑设备、《国立武汉大学理科季刊》、图书、仪器、出版、公共经济、免费及公费学额、研究生论文及工作审查等委员会委员之职。著有《潜行艇》《巡岸艇与国防》《建阳轮及其主机设计概要》等。1934 年，为武昌造船厂设计了一艘美观大方、安全舒适、载重量大、航速快、能耗低的"建阳轮"客船，行驶于武昌与汉口之间，为当时公认最好的一艘渡轮，并一直使用到 20 世纪 50 年代。

值得一提的是，作为一名"能诗词歌赋"的工科教授，郭霖"教学认真，待人仁慈"，"平时上课，总是座无虚席，因旁听者非常踊跃，每逢假日，学生至其家中请益者，总是来来往往，川流不息，而其师生情谊，亦甚融洽"。

1937 年，全面抗战爆发后，郭霖教授在经济并不宽裕的情况下，以其父亲的名义向国家捐献了 1000 银元，以支援抗日。此外，还亲自设计压机，烧制活性炭炉，由学校工厂较快地制造出钢盔、防毒面具等，以供前方抗战使用。他还积极设计并提出了《轻快水雷艇计划书》，投送国民政府海军部，惜未被采纳。

1938 年，郭霖任国立武汉大学迁校委员会委员，协助学校西迁至四川乐山。当时，乐山文庙校本部大门前所悬挂的"国立武汉大学"校牌，即是由郭霖教授用仿张裕钊体手书的。随后，郭霖还在文庙后的老宵顶下亲自设计建造了一座大礼堂，用料节省，横向跨度大，中间不用一根柱子。1940 年，他还为四川乐西公路局设计了大渡河上专用的汽车渡船。

1942 年 2 月 20 日，郭霖在乐山病逝，年仅 48 岁。在其短暂的一生中，为国家培养了大量栋梁之材——原中南军政委员会高教处处长、机械工业部富拉尔基和太原重型机床厂总工程师、西安陕西机械学院副院长蔡心耜，上海机电设计院副院长叶自伟，上海机械局局长张尊敬，水电部科委主任陈尚文，北京汽车工业公司副总经理、总工程师李克佐，纺织工业部总工程师李度，华中工学院教授、机械工程研究所所长路亚衡，华中工学院教授、机械一系主任陈日耀，长春吉林工业大学教授、副校长方传流，美国波士顿大学航空机械系教授陈明茂、美国底特律韦恩大学机械系教授李如佩……

住过第 5 栋的法学家蒋思道

钟　崴

蒋思道（1899—1975），别号心澄，江西清江县（今樟树市）人。日本东京帝国大学法学士，长期在武汉大学法学院任教，当过律师，是中国早期的刑法学家。1939 年 12 月当选为校务会议的教授代表，是 1943 年第二届部聘教授候选人、1947 年国立中央研究院院士候选人。

蒋思道 1918 年考入北京大学，一年后转赴日本留学，毕业于日本东京帝国大学法律系国际刑法专业，获法学学士学位。由于其学业

法学院教授蒋思道

优良，德才兼备，被时任江西省议会副议长的颜丙临看中，颜丙临就把女儿颜蕴庄许配与他为妻。颜蕴庄"亦谙诗文，娴淑窈窕。闺阁藏娇，追求者众，其中不乏家财丰厚或权势显赫者。而丙临不为财势所动，特重德才，他看中了当时留学日本帝国大学的高材生蒋思道，蒋颜两家珠联璧合"。

一、执教武大，近现代刑法学的发端

1929 年，蒋思道回国，开始在南京国民政府警官学校任教，1930 年 9 月到武汉大学法学院任法律系教授，为法律学系、政治学系学生上课。根据 1930—1938 年度的《国立武汉大学一览》记载，这期间蒋思道为法律系学生开设过四门课程。为一年级学生开设了刑法总则，为二年级学生开设了刑事诉讼法，为四年级学生开设过行政法，1935 年开始为四年级学生开设监狱学课程。1938 年，行政法改为三年级课程。为政治学系学生开设过刑法总则和行政法课程。1938 年西迁乐山以后为经济系的学生开过行政法的课程。根据馆藏情况，蒋思道讲课所用教材，基本上都是自己编制（如表 1）。由此推断，民国时期我国刑法学并没有相应的教材，刑法学在中国也是从 20 世纪 30 年代开始发端，蒋思道在一定程度上可以称为中国近现代刑法学开创者的代表人物。

表 1 　　　　　　　　馆藏蒋思道教授编写的教材和讲义

序号	年度	案卷题名	总页数	备注
1	1931	国立武汉大学讲义《刑法总则》（蒋思道编）	216	
2	1932	国立武汉大学讲义《行政法》（蒋思道著）	108	
3	1938	国立武汉大学讲义《刑事诉讼法讲义》（蒋思道编）	103	
4	1939	国立武汉大学讲义《行政法讲义》（蒋思道著）	107	
5	1941	国立武汉大学讲义《刑法总则》（蒋思道著）	196	
6	1943	国立武汉大学讲义《刑事诉讼法要论》（蒋思道著）	84	
7	1947	国立武汉大学讲义《刑事诉讼法要论》（蒋思道著）	84	
8	1947	国立武汉大学讲义《刑事审查实务》（蒋思道著）	31	
9	1949	国立武汉大学讲义《刑法总则》（蒋思道编著）	87	
10	1949	国立武汉大学讲义《刑法分则》（蒋思道编著）	145	

续表

序号	年度	案卷题名	总页数	备注
11	1935	《新〈刑法〉之理论的基础》（蒋思道 1935 年撰写，《国立武汉大学社会科学季刊》第 5 卷第 1 期）	43	期刊论文有单独抽印本

蒋思道的论文《新〈刑法〉之理论的基础》是当时对中国宪政制度、法律发展模式与基本法律进行探讨的代表性论文之一。另外，蒋思道 1935 年还曾撰写了《监狱学》教材，可惜并无存本。蒋思道编著的教材以现行的刑法和刑事诉讼法为基础，基础理论紧密结合社会实际，针对时弊敢于发表自己的见解。他在课堂上曾直言不讳地说："我国根本无宪法可言，因委员长（指蒋介石）之手令可以干涉任何事情。"对蒋介石假民主、真独裁和一党专政的法西斯本质进行揭露。1944 年秋考入武大法律系司法组的张孝烈回忆："他讲课幽默，风趣生动，能吸引同学的学习注意力，对问题分析深入透彻，层次分明清楚，教学效果较好。"

二、西迁乐山，困难中坚守

蒋思道在武汉大学期间，作为教授，被安排住在珞珈山十八栋中的第 5 栋。抗日战争爆发后，蒋思道一家随武汉大学迁往四川乐山，住在月呀塘附近。根据所查到的资料，蒋思道在乐山时期教学任务并没有丝毫减轻，但是生活却比较艰难。战时的中国生活物资匮乏，物价飞涨，教授薪资也比较低，教职员工生活普遍困难。再加上日寇多次轰炸，毁坏财物，使教职工的生活更是雪上加霜。1939 年日寇出动 36 架飞机对乐山进行轰炸时，武汉大学叶圣陶、周鲠生、杨端六等 30 多名教授的家产全部毁于战火，叶雅各、蒋思道等 20 多名教授的财产大部分损失。蒋思道夫人的头部也受了伤。1941 年，武汉大学教授委员会推举涂允成、蒋思道两人作为代表赴重庆，请求教育部重视武大教职员的生活问题，设法予以解决，然而没有什么结果。因经济拮据蒋思道曾让上小学四年级的女儿辍学一年。

为了维持生计，蒋思道和武大法律系另一位教授胡元义共同开办了一家"道义律师事务所"，亲自挂牌担任律师，在当时的乐山小县城确实引起了不少的轰动。上门来进行法律求助、咨询、打官司聘请律师的人络绎不绝。"道义律师事务所"也在成功经办了几个案子后打响了名气。武汉大学学生张孝烈曾到法院旁听蒋思道、刘经旺等武大教授为当事人进行辩护的情况，他描述道，"他们态度从容严肃，能抓住诉讼争议焦点，摆事实、举证据、引法律、辩是非、明责任、提要求，论证充分，法理透晰，依法维护当事人的合法权益，我们旁听后算是上了一堂生动的法律实习课"。

蒋思道当律师打官司，打出了名气，改善了生活，但是不得不放弃了十多年专职教授的身份。按照当时的规定，1942 年蒋思道改为兼任教员，保留教授名义，按讲师办法支薪。

蒋思道先生在乐山的另一事件就是接替涂允成成为私立乐嘉中学校长。武大附中于 1941 年开办，1945 年抗战胜利后，国立武汉大学复员武汉。再加上时任校长的土木工程系教授涂允成调任长江水利委员会下辖的江汉工程局局长。武大附中面临着能否存续的问题。1942 年毕业于武汉大学的乐山籍学生唐叔庆接受委托接办附中。在他的提议下，在获得了蒋思道的首肯后，私立乐嘉中学董事会于 1945 年 9 月 17 日向学校致函推荐蒋思道继任校长。蒋思道出任私立乐嘉中学的时间大约有一年的时间，挽救了这所学校，成为这所风雨飘摇的学校得以存续的重要因素。

三、救亡图存，朴实的爱国情怀

蒋思道是刑法学的教授，又是一名律师，他的职业让他有着敏锐的眼光，能够看透国民党的本质。作为一个进步的教育者，他有着朴素的爱国情怀，参与了很多爱国活动，很多言行是爱国情感自然而然的流露。抗日战争时期国立武汉大学成立了防护团，主要负责组织师生学习防空知识和演习，购置器材，修建防空设施，防止日寇的侵略。著名的电机学家、辛亥革命老人赵师梅教授任防护团团长，普施泽、蒋思道、李国鼎、高尚荫、涂允成、熊国藻、丁景香、缪恩钊等任干事。

1947 年六一惨案发生后，学校对于武汉各报在武汉当局的指使下报道的经济系教授陈家芷为共党分子一事除进行公开抗议以外，还集体为其证明，要求武汉各报纠正事实，还其名誉。《武汉日报》特别刊出此事："陈家芷先生在武汉大学经济系任教已 5 年，平日治学极勤，研究亦深，并翻译波那之名著《哲学与经济学》一书，为士林所钦佩……近见报上（1947 年 6 月 2 日武汉各报导）目为共产党，并有私藏军械等语，此项消息全非事实，事关名誉，特为证明。"参加集体证明的有刘乘麟、桂质廷、葛扬焕、陈鼎铭、蒋思道等 30 多名教授。蒋思道还对于国民党政府政治干预学术的行径，提出"学术自由法案"。

1948 年 8 月，为在法律上救助被拘捕的学生，学校组织成立法律顾问委员会，蒋思道和韩德培、刘经旺、姚梅镇、葛杨焕、吴绪等几位教授被聘为国立武汉大学法律顾问委员会委员，多次与武汉警备司令部交涉释放被捕学生事宜。

住过第6栋的土木工程学家缪恩钊

高志全

土木工程系教授缪恩钊

缪恩钊（1893—1959），江苏常州人，武汉大学土木工程系教授。

缪恩钊曾就读于上海圣约翰大学，后在清华大学土木系毕业，考取庚款留美，获麻省理工学院、哈佛大学土木工程系学士学位。1919年回国后，历任上海路矿学校教授、湖北华洋义赈会堤工工程师、湖南大学土木工程系教授兼系主任、汉口亚细亚工程部及美孚洋行建筑部工程师。1929年3月，应国立武汉大学建筑设备委员会邀请担任珞珈山新校舍监造工程师、工程处负责人，负责施工技术监督及部分结构、水暖设计。3月18日，带领助手沈中清及另外4名测工开始新校舍的测量绘图工作。其时珞珈山荆棘丛生，坟冢遍地，经过5个月艰苦努力，按时完成勘测任务。新校舍工程从1930年3月开工一直持续到1938年3月学校西迁四川乐山，共完成图书馆、文学院、法学院、工学院、理学院、男女学生宿舍、教工宿舍、食堂、体育馆、工厂、道路等大小工程30多项。在图书馆工程施工中，由于墙体砌砖方法不对，承重力达不到设计要求，他要求施工单位采取补强措施，在大阅览室四角增加四对钢筋混凝土柱子才达到承重要求，这一补强措施使施工单位增加造价2万元。缪恩钊在监理工程上一丝不苟，非常认真。据说，施工单位在施工时，有不符合设计要求或偷工减料的，他都不讲情面，严格把关，积极采取补救措施，有的甚至推倒重来。当时的施工单位，主要是汉口汉协盛营造厂。据说该营造厂为建设武汉大学亏了本，但质量上乘，赢得了信誉。在他严格认真的技术监督下，保证了这些工程的施工质量，经过 80 多年的风雨，主体结构仍坚固如初。武汉大学西迁四川后，缪恩钊任土木工程系教授并兼任学校工程委员会委员。抗日战争胜利后学校迁回珞珈山，他兼任复校委员会委员及医学院筹备委员会委员。1953 年全国高等学校院系调整时随武汉大学工学院土木工程系调到长沙新成立的中南土建学院（后并入湖南大学）任教。

1959 年 11 月`，因肺癌在长沙去世，终年 68 岁。

住过第6栋的哲学家高翰

吴　骁

文学院教授高翰

高翰（1904—1996），字公翰，福建长乐人，著名哲学家、教育学家。

幼时家境富裕，饱读诗书，诸子百家阅后每能成诵；思路敏捷，悟性极强，喜好问，常出惊人之见解，所发问题常令教师语结，许为天才型儿童。

早年毕业于清华学校，后赴美国留学，先后获科罗拉多大学哲学学士、斯坦福大学心理学硕士学位，加利福尼亚大学哲学博士考试及格，后在康奈尔大学心理研究院从事研究工作。

回国后，于1929年9月在上海应国立武汉大学校长王世杰之聘来校担任文学院教授，1932年10月至1942年6月任哲学教育系主任，1939年11月至1942年1月任文学院院长，此外，还曾兼任《国立武汉大学文哲季刊》编委、出版委员会委员等职务。

在武汉大学执教期间，高翰主讲"教育学史""普通心理学""教育心理学""哲学教育选读""近代哲学""西洋哲学史""伦理学""心理学实验""比较心理学""心理学""社会学""希腊哲学研究""现代心理学""儿童心理学"等14门课程。他讲课口若悬河，字字珠玑，旁征博引，言之有物，无论多深奥的理论，经他道来，无不令人心领神会。各系学生旁听者众，每令教室座无虚席。

1930年5月12日，高翰在国立武汉大学"总理纪念周"上发表了题为"大学应注重人文教育"的演讲，他指出，"大学教育的使命很多，人文教育不过是诸使命之一"，"人文教育是以人为中心。因为世界一切学问，都是人对于外界的解释"，"人文教育又以为智识是整个的，并不是局部的……人文教育以'整个'的眼光研究学问，它所研究的是真的，不是假的；是活泼的，不是死板板的"，至于"我们武汉大学有无课程，达到人文教育的目的呢"，高翰指出，主要有以下五类：

（一）哲学　人生到底是为什么，除了食饭养儿子以外，还有别的目的没有？何谓生？何谓人？人生行为哪一件最有价值？人是有智识的，到底智识的限制如何？研究这些究竟的问题是哲学探讨。所以要知道人，非懂得哲学不可。

（二）社会科学　人不是一人而已。我们一生出来，就在社会里。社会的思想、习惯、风尚、制度，皆足以左右人生的过程与形式。要知道人，非懂得社会科学不可。

（三）自然科学　人不只是住在人的社会里而已。我们以外还有自然界，这就是我们的环境。我们的动作，大半是适应这些环境，而受其支配。所以要知道人，非懂得自然科学不可。

（四）历史　人类的经验不是生下来才有。我们过去的经验，记载在历史上的，影响我们的行为甚大。所谓社会的遗传，无非是已往的事件、习惯、风尚、制度，而影响于现在的。所以要知道人，非懂得历史不可。

（五）文学　人是富于情感的，这情感的表现与传达，实有赖乎文学，或与文学相近的东西，如美术、音乐等等。不特情感藉乎它们，我们的思想也与它们发生关系。所以要知道人，非懂得文学、美术、音乐不可。

接下来，高翰又继续指出："要研究上列五门的学问。我们应先有工具的智识，这就是：（一）数学与逻辑；（二）文字"；最终，"人文教育的精神，是在教我们养成两种态度：（一）同情或了解的态度；（二）批评的态度。有了这两种态度，做人容易做，学问容易求，那时候才配得上求职业的训练"。

对于当时的武大图书馆，高翰晚年时曾有如下回忆：

> 文学院本来以图书馆最为重要，各种参考图书，是学生们的精神食粮和知识宝库。而买书最要内行，知所选择。老一辈真正读过书的，都深明此理。当时中国旧文学方面书籍，大多为任凯南先生所买，他本是经济学家，但对中国版本、目录之学，也极有研究。周鲠生先生精通政治学，他对政治方面丛书，买得最多。这几位先生，对学校图书馆贡献很大，后学者不可不知。

在珞珈山时代，高翰与武大外文系主任方重、生物系教授汤佩松二位教授来往较多，平日服装整洁，都是西装革履，大多数周末也是结伴出游，人称"三公子"。学校西迁乐山之后，据某些校友回忆，与一般教授们"衣着极为简朴，大都是一袭布衣，一双布鞋"很不一样的是，高翰教授"总是衣冠楚楚，仪表非凡"，"丰神飘逸，衣履光鲜，服饰整洁，有时是西装革履，有时是长袍马褂，儒雅潇洒，俨然一派佳公子模样也"。

在乐山时期，很多校友对高翰教授为文、法学院大一学生讲授的哲学概论课印象极深，数十年过后，他们还对高翰的绝妙口才津津乐道："哲学是一门深奥的学科，以概念解释概念，听起来是枯燥无味。然而高翰老师的讲课却不这样，他能深入浅出，以通俗的讲解引导同学进入哲学的殿堂，使同学感到兴味无穷。高老师是语言大师，尤擅长讲笑话，常常是一些见惯不惊的事，通过高老师语言的包装、点石成金便成笑品，令人忍禁不住……"哲学概论是文法学院的必修课，集中在一间大教室上课，常常是满座，有时还要爆满，课堂上是笑声不断"，"他的哲学课采取美国式教授法，妙趣横生，把枯燥的费尔巴哈哲学和逻辑学讲得生动而有趣"。

当时，除了武大学生之外，乐山当地的老百姓亦曾有幸聆听过高翰教授的讲演，对此，某位校友曾回忆道：

高翰原为哲学系主任，后来改任文学院长，为人极其风趣，辩才无碍，口若悬河。武大初迁四川乐山时，当地的县立民众教育馆曾经洽商武大教授作一系列的演讲。用意相当谦虚，好像是区区小地方，忽然有了一座大学堂，来了这么多大学者，就请开导一番，启迪一下民智如何？记得高公翰先生的讲题是"笑"，谁不曾笑过？那是并不怎么费事的事情。可是唯有哲学家心理学家才说得出那么多大道理，而且他深入浅出，谈笑风生，并未存心卖弄学问，而处处显出博学。我想武大能在当地民众间建立学术地位，高公的一"笑"之功不可没也。

作为当时的文学院院长，高翰对于学院下设的史学系曾有过如此回忆：

各系之中，以史学系最难办，尤其以中国史最难请到理想良师……以手执笔记事，必须力求中正，不偏不倚，不阿不私，始符良史之才。抗战期间，我接长文学院后，还会不惮跋涉，特地到成都去，礼聘顾颉刚先生和钱穆先生等，到嘉定来讲学。虽然只是一个短时期，但可谓极一时之选。

对于当时的武大学生，高翰的评价也非常高："我认为武大学生，品质很高，成绩优异。得天下英才而教育之，诚人生一乐也……我希望武大校友们，能将母校精神，承先启后，发扬光大，向社会国家作出崭新而不朽的贡献，那才不负兴学创校者的初衷。"

1942 年 7 月，高翰改任国立重庆大学教授。抗战胜利后，历任行政院善后救济总署台湾分署副署长，经济部渔业善后物资管理处处长、中国渔业公司董事。嗣去中国台湾任政治大学、私立辅仁大学、东吴大学、淡江文理学院教授。

　　高翰善书法，一笔小欧字体，秀劲天成，堪称国宝极品。1981 年，前国立武汉大学校长王世杰在中国台湾去世后，其墓志铭即为高翰所书（苏雪林撰文）。高翰对武大感情很深，在中国台湾生活的几十年里，他平时接触最多的朋友群体便是武汉大学的师生校友，其在世期间，武大旅台校友会每年 10 月所举行的校庆会，他从来都没有缺席过，直到 1996 年以 92 岁的高龄与世长辞。

住过第 7 栋的化学家陶延桥

李 娜

陶延桥是我国制革界的老前辈，1985 年 1 月 26 日因病在上海逝世。《皮革科技》发布消息："陶延桥教授的逝世是我国皮革界的损失。"

陶延桥出生于 1898 年，安徽芜湖人。1922 年毕业于南京金陵大学，1925 年获美国康奈尔大学工业化学硕士学位，同年底又赴英国利治大学继续学习。曾任厦门大学、南京金陵大学教授，武汉大学教授兼化学系系主任，同时任中华化学会武汉分会理事长，原华东化工学院二级教授、工业化学教研组主任。

一、两进武汉大学

1933 年陶延桥应邀到武汉大学任教，任化学系教授及系主任，其时，在珞珈山东南面山腰上一共修建了十八栋错落有致的英式洋楼，作为知名教授住宅区，统称珞珈山"十八栋"。在当时，这是"教授中的教授"所住的，只有大师级别的教授才能居于此，陶延桥先生曾住过第 7 栋，可见陶延桥先生的学术水平。

在抗战期间，陶延桥因国家需要离开武汉大学，去往航空研究所等单位工作，1940 年，时任校长王星拱求贤若渴，再次诚邀先生返校工作，并让桂质廷先生和邬保良先生具体负责磋商陶延桥先生返校各项事宜。

桂质廷和邬保良致陶延桥函稿写道：

一、校长及弟等甚希吾兄能返校继续专任工作。

二、如前不可能值此抗战时间在其他国立机关服务亦属大义，校长表示欢迎先生在校任特约讲师，月薪按钟点致送，如先生欲收此款交还航空委员会亦无不可。

三、台端研究计划可否示其概要所需药品，请先拟一预算并请航委会先交校方，年底由系主任与先生共同算清，多退少补。

四、此函并非正式函，待校长接到航委会公函后再作答复。

学校请陶延桥返校工作

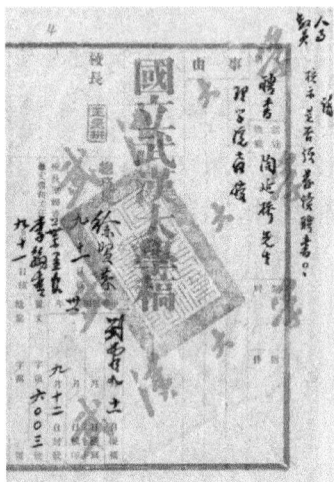

学校给陶延桥的聘函

书信言语恳切，求贤之心溢于言表，陶延桥深受感动，同年他重新回到武汉大学并被聘为理学院特约讲师，后聘为理学院教授。

二、治学严谨　关心学生

陶延桥治学严谨，我国幅员广大，植物丰富，陶延桥于1930—1935年收集植物样品四五十种，并依照国际标准方法，用皮粉 C3 进行分析，为我国皮革工艺化学作出了巨大的贡献。

1954年，陶延桥在《化学世界》发表文章，阐述了皮革产生白斑和黑斑的原因，并给出了解决方法，皮革工业者至感烦恼的问题迎刃而解，大大推动了我国皮革界的发展。

在几十年的教学生涯中，陶延桥认真负责，一丝不苟，同时他又是一个对学生处处关爱的人，1937年，大四学生童传端投考南京建设委员会化学工程部，陶延桥先生亲自致信南京建设委员会化学工程部予以推荐。

三、国家危难　挺身而出

陶延桥先生关心国家，九一八事变以后，民族危难之际，武汉大学教师们纷纷利用星期一总理纪念周的演讲，对日本的侵略行径大肆揭露，警醒国人，对于帮助国人客观清晰地判断战争局势、鼓舞同仇敌忾之士气起到了重要作用。陶延桥亦积极参加活动，于1936年5月作《活性炭》的报告。抗战期间，因国家需要，毫无怨言，听候调遣，去往航空所等单位工作。

中华人民共和国成立后，陶延桥历任复旦大学教授，上海市委顾问、华东化工学院二级教授，著有《工业化学分析》《皮革工艺检验手册》《皮革技术手册》（英文版）等。

住过第 7 栋的英语语言文学专家李儒勉

肖文瑶

文学院教授李儒勉

李儒勉（1900—1956），男，名贵诚，江西鄱阳县人。曾任国立武汉大学外国文学系教授。

李儒勉年幼时，随时任九江县知事的父亲李奎汉在九江读小学及初中。1920 年考入南京金陵大学，攻读心理学。1924 年毕业后，先后在东南大学（现南京大学前身）附中及中南大学教授英语语音学，并编著《实用英汉汉英词典》，1929 年由上海中华书局出版初版，1934 年再版。

1931 年，经武汉大学文学院院长闻一多教授推荐，受聘为武汉大学英语系副教授、教授。据中文系学生宋光迻（1935 年 9 月从清华转入武大）回忆说："李儒勉教授教英文，对于一段英译不知译自何书，我下堂后低声告诉他，那是译自《礼记·礼运》篇。因我读过《礼记》，熟悉"天下为公"这一段。想不到李老师第二天一上课，首先重讲这段译文，并声明这是我告知出自何处的。我佩服李老师的坦诚作风和求是的精神。"另有 1936 年考入武大的王达津则说，在珞珈山时教其大一英语的是李儒勉先生，他是个很温和的老师。

1938 年李儒勉回到武汉大学。之后武汉大学西迁四川后，先后在四川大学、国立女子师范学院兼任英语语音教学工作。起初，李儒勉和朱光潜在乐山半边街合租了一栋住宅，有厅堂、有正房、有侧屋，是相当大的。进大门就是一个大的堂屋，两侧就是厢房，前前后后有不少的房间，所以钱歌川 1939 年夏天到武大任教，他们夫妇加入暂住，也不觉得拥挤。

1943 年，李儒勉受聘于英国驻华大使馆新闻处，负责编辑《中英周刊》。1945 年重庆谈判时，他以教育界知名人士的身份受到毛泽东和周恩来的接见。其时武汉大学发生六一惨案，他和其他主持正义的老师一起，主动掩护进步学生，国民党特务扬言要对他们进行迫害。1948 年年初他再次赴英国剑桥大学讲学。次年经香港抵达北平，任职于中央对外文化联络局。抗美援朝期间，他负责反对细菌战方面的文字编译工作，兼任北京辅仁大学英语系主任。

李儒勉在杂志发表文章《美国人民要求和平》《一本揭露美李匪军暴行的新书——费尔顿夫人著〈我为什么到朝鲜去〉》。译著有《英国小说概论》（J. B. Priestly 著，出版地不详）、《来登小学的一班新生》（小说）。

1935—1939 年，李儒勉编写了大量英语教材，主要有：《基础英语》《基本英文论文》《基本英文成语》《基本英文练习》《英文作文（一）》《一年级英语教材》《举例说明英语惯用法》《基础英语练习》《基础英语》《一年级英语阅读》。还编写了英文版的英语教材：《英文新生写作讲义》《一年级英文作文》《基本英文》《标准英文选读》《英文教义》《英文》《基本英文论文》《声音学》等。

1956 年 8 月 2 日，李儒勉在北京应邀参加知识分子座谈会，发言时，突发脑出血，猝然去世。他的追悼会由当时的文化部长周扬同志主祭，遗体安葬在北京八宝山革命烈士公墓。

住过第8栋的化学家王星拱

罗伟昌

王星拱（1888—1949），字抚五，安徽安庆人，是中国近代历史上著名的教育家、哲学家和科学家。他先后任教于北京大学，主讲"科学方法论""化学"等课程，著有《哲学方法与科学方法》《科学与人生观》《物和我》《环境改造之根据》及《农业与工业》等。早在1912年，他与丁绪贤、石瑛等人就在伦敦发起成立了中国科学社，从事科学普及工作，是第一个向国人介绍马赫主义和科学方法论，并在玄学和科学的论战中明确倡导"科学万能"的人，堪称"科学先驱"。参与创办国立广东大学、国立武汉大学，并出任省立安徽大学、国立武汉大学、国立中山大学校长，45岁开始担任国立武汉大学校长长达12年之久（1933—1945），通过他多年不懈努力，克服战乱、迁校等种种困难，将武汉大学发展成为民国时期知名的"五大名校"之一。1949年10月病逝时，被时任上海市长陈毅誉为"一代完人"，王星拱校长近乎完美的人格魅力一直为后人敬仰。本文撷取二三事以飨读者。

一、王星拱先生注重清正廉洁，道德垂范的典范

作为一名国立大学校长，他有着良好的工作和生活作风，清正廉洁，无私奉献，不畏权贵，处处为人师表，受到全校师生的由衷敬佩。据王星拱的女儿王焕葆回忆，武大在珞珈山建校时，从选址到建筑校区，王星拱即废寝忘食地全身心投入建校工作，同时严于律己、公私分明。她在武大附小读书时，有位熟人从学校里拿了一些办公用的笔记本和铅笔给她和姐姐使用，当父亲问清情况后，便批评女儿说公家的用品

不能拿回家来用。后来还明确地告诉家人，政府为校长配置的专用小车是办公用车，不能让家属使用，而他也从未用小汽车接送在武昌城内上中学的女儿。有一次，可能误了车，为了准时赶回学校，他的夫人让两个女儿坐了小车，事后，王星拱不仅严厉地批评了女儿，而且坚持向学校补交了车费，以严格区分公私用车。

据 1937 年毕业于武汉大学外文系的张恩寿校友回忆，在当时武大每年录取新生，均由校长负责，而每年录取新生前，校长都会召开全校教职员工大会，声明在录取新生期间，校长本人不听电话，不接受拆阅信件，以示公开、严明，不搞歪门邪道。因此，在公平、公开的招生环境下，武大录取新生的质量水平都比较高，而且家庭出生来源广泛，既有不少大地主、大资本家及大官僚子女，也有大量平民和工人子女。当时湖北省主席兼武汉行营主任何成睿（1882—1961）的儿子曾三次报考武汉大学均未被录取，托人找到王星拱说情，最后因为何成睿对武汉大学珞珈山新校舍的建设曾热情赞助，只同意其子旁听，但没有学籍。据首任校长王世杰回忆，在武大建校之初，当他亲自去向何成睿筹措建设经费时，何成睿当即找来财政厅长落实了经费，并特别表示："无论省政经费如何困难，此款必须优先筹措。"何成睿对武大建校的"热忱赞助"，也令王世杰"终生为之感谢"。但即使是面对着这样一位曾有大恩于武汉大学的重要权贵人物，王星拱也照常坚持原则，绝不滥用职权，破坏原则，此事也很快在社会上传为美谈。

王星拱对待他人公正严明，对自己的家人也同样如此。据说，他曾严肃地对自己的子女说："不要以为我是校长，你们就可以读武大，必须与其他考生一样参加统考，成绩合格者才能入校。"据王焕葆回忆，1939 年夏，王星拱的两个女儿在乐嘉高中毕业，同时参加了武汉大学、中央大学、浙江大学和西南联合大学的四校联合招生考试，结果二女儿王焕葆成绩合格，被武大生物系录取，而大女儿王焕理则不幸落榜。据王焕葆所言，"如果按'走后门'的做法，父亲以一校之长去疏通关系，大概姐姐也能入学，但父亲让姐姐去白沙念了一年大学先修补习功课，次年才正式考入武大，因此姐姐比我晚一年大学毕业。这些小事使父亲无愧于心，名声清白，对我们的教导也十分深刻，在我们的人生的旅程中指导我们走上正确的道路。""大学里有公费生，但他的儿子却在工厂上班，他的女儿虽然也是大学的学生，但是却不拿公费，自己在一个私立小学教书，拿钱供自己。"

令人难以置信的是，当王焕理于 1945 年从国立武汉大学生物系毕业时，她的毕业证书上竟标注有"历年积欠贷金总数叁万零叁佰捌拾捌元捌角"的字样，从而未能领取毕业证书。后来，在王星拱担任国立中山大学校长期间，王焕理于 1947 年 3 月 7 日被该校聘为生物系助教，受聘之际，王焕理却拿不出国立武汉大学的毕业证书，王星拱清正廉洁程度，由此可见一斑。该毕业证书直到半个多世纪后的 2003 年 12 月初，在武汉大学 110 周年校庆期间，由武汉大学校友总会办公室从武汉大学档案馆代为领取，并转交给王焕理的后人，此时王焕理本人已去世 20 多年了。

在武大西迁乐山办学期间，王星拱一家住在自己盖的一排茅草屋里，位于乐山县城北郊岷江边一个叫"石乌龟"的路边，房屋内陈设极其简陋：简单的家具、没有玻璃、只用皮纸糊上的窗户、点有一个灯芯的菜油灯……为了维持最低的生活开支，他们先后变卖了家中的几个古物、值钱的衣物、两个宝贵的樟木箱子……衣食方面，王星拱全家每月靠劣质的平价米（掺有多种杂物）生活，为了弥补粮食不足，他的夫人在自家门前的篱笆外开辟了一亩荒地，养猪种菜。平时王星拱总是穿一件灰色长衫、一双旧皮鞋、一顶旧呢帽。他的子女穿的衣物，大多数是他们的母亲亲手缝制的，很少花钱购买。抗战时期，汽油紧张，平时上下班，王星拱总是坐一辆黄包车，极少乘坐政府为大学校长配置的汽车。乐山大轰炸后，学校许多青年教职工的经济生活越发困苦，他毅然将自己的专用小汽车变卖，所得款用来补贴学校青年教师的生活费用。1941 年 7 月，国立西南联大的梅贻琦、罗常培、郑毅生三位教授来乐山看望了王星拱校长后，罗常培这样回忆道："抚五（王星拱字）穿着一件灰色罗衫，头发全白了，脸下还有好些黑痣；回想 20 年前，我在北平花园的红楼里听他讲科学方法论的时候，他西装革履，精神饱满，那是何等少壮英俊！几年没见就变成这样。"

王星拱先生逝世后，武汉大学师生无比悲痛。他一生节俭廉洁，为中国的科学和高等教育事业殚精竭虑、奉献一生后，竟然没有给家人留下一点积蓄，去世后连安葬的钱都拿不出。武大众多师生感念他的无私奉献，纷纷慷慨相助，他的家人才能够雇得一条木船，将他的遗体沿江运送到老家安庆与其先逝的夫人合葬在一起。

二、王星拱先生注重尊爱师生，君子之风的表率

在抗战期间，王星拱一方面清正廉洁，与广大师生同甘共苦，另一方面总是想办法改善全校师生的生活条件。用他自己的话说："学校方面，在经费紧缩之下，还是极力替各人打算着。总使各人能维持最低生活，使日常课务不致因生活不安而受到坏的影响。例如学生，除领受教育部伙食贷金外，校中另筹的款，办理特别救济以补贷金之不足，对于教职员一再加薪，借以提高待遇。"不仅如此，王星拱校长对全校师生的关爱，绝不只是表现在物质生活上，更表现在精神上的高度尊重中。

据武大校友顾焕敏回忆："抚公礼贤下士，屈己爱才，所聘教授多名儒硕彦。凡新聘教授到校，他都不分名望大小，过去识与不识，居处远近，必躬亲前去教授住所回访，以示尊重。除教授聘约期满自愿离校或个别玩忽职守外，他决不轻易解聘，使教师们安心教学，无后顾之忧。"抗战期间，因生活困顿、环境恶劣，有的教师提出辞职，他经劝慰无效后，就送至校门口，还躬身还礼，让教师深受感动。正因为王星拱尊师重教，坚持学术自由，抗战期间武汉大学聘请到了叶圣陶、苏雪林、朱光潜、吴宓、桂质廷、杨端六等大批著名学者。对于王星拱校长的尊师重教，中文系毕业生胡守仁曾回忆道："予之回母校任教，系先生与刘弘度师之力，时迁校在乐山，予每逢春节，登门祝贺，尽弟子之谊，先生无不回礼，具见长者风度，人所难能也。"

王星拱校长对教师的尊重，是不分职务高低与年龄长幼的。据当时的机械系讲师赵学田回忆，他曾在 1939 年向王校长汇报实习工厂的工

作情况，汇报完毕告别时，王校长已先其躬身为礼。对此，赵学田不禁感慨道："当时我仅是一名普通讲师，受到王校长如此礼遇，殊出意外。晚年，每当我送客人出门时，常被婉辞。我必讲王校长当年送客时的情景，以求得客人理解。"

王星拱校长对教职员关心备至，对学生亦同样如此。他不仅关心学生在学校的生活、学习上的问题，还关心他们的就业问题，甚至连毕业多年的校友在社会上的再就业问题也能给予力所能及的支持和帮助。据武汉大学校友汪达庆回忆："王校长进校或走经大操场，每每找一二学生谈话，他总是满面笑容，轻言细语地问长问短，有时也邀请学生到他办公室里去长谈。"他书法写得好，不少人请他赐字，他总有求必应。

王星拱校长对学生的关爱，还体现在他坚决地维护学生的权益上。在乐山时期，一位化学系的学生与军训教官发生冲突，尽管学生并不亏理，但教官气势汹汹，觉得非常没有面子，训导处想用记过的处分来平息教官的怒火，可教官声称不开除这个学生，自己就卷铺走人。而学校开除一个学生必须由校务会研究决定，会上王星拱校长了解真相后，严肃地说："那我宁愿换一个教官！"学生们听闻此事后，都称赞说大学校长就应当如此。

另据龙彻渊校友回忆，"1942年冬，有十几位学生突然患软骨瘫痪症——'火巴病'（'火巴病'是当时乐山特有的地方病，初发时手足麻木，渐渐至头部、全身，轻者时发时愈，重者片刻死亡）"。王星拱校长立即请校医和化学系教授取病人胃液、血液化验，发现食盐中有过量氯化钡，是致病主要原因。对此，除对症抢救患者外，还通知地方政府令制作食盐的厂商作食盐的除钡处理，"结束了死亡人数，其余都幸免于难，渐渐恢复了健康"。

王校长保护爱国青年、爱护人才的良苦用心，至今为武大同学称颂。早在武大西迁乐山之初，王星拱校长就与当地的军管司令韩文源约定："学生有失当言行，由学校教育，地方军警不得过问，在任何情况下，军警不得到学校抓人。"后来，军警在没有告知学校的情况下，在校外宿舍逮捕了十几人，过了几天才放出来。王星拱校长获悉后，非常愤怒，上书辞职，在得到保证"今后不再发生"后才撤回辞职书。

正是王星拱校长对广大学子的关爱备至，使其得到了学生的信任和敬仰。1943 年毕业于武大矿冶系和哲学系的孔和庚和曹苏洪，在重庆结婚时还邀请了王星拱校长充当证婚人。王星拱校长非常融洽和亲密的师生关系，与他的君子之风，堪为世之表率。

住过第 8 栋的经济学家皮宗石

李亚楠

教务长皮宗石

皮宗石先生生于 1887 年，1967 年去世，湖南长沙人，是我国著名的法学家、政治经济学家，也是著名的教育行政专家。先生 15 岁时进入长沙武备学堂学习，后转入城南书院。1903 年赴日本，先读中学，后入东京帝国大学攻读政治经济学。1905 年加入同盟会。1913 年受黄兴资助，前往英国留学。1920 年回国后，在湖南法政专门学校、湖南商业专门学校任教。1921 年，应蔡元培邀请任北京大学教授，讲授财政学。1927 年调往南京国民政府大学院。1928 年参与筹建国立武汉大学，为国立武汉大学的建立作出了重要贡献，其后长期于武汉大学法学院任教。1936 年返回湖南就任湖南大学校长。中华人民共和国成立后，担任中南军政委员会财政经济委员会委员，后历任中南行政委员会参事、湖北省人民委员会参事、湖北省政协常委、民革中央团结委员、民革湖北省委委员等职。

一、早年赴日　投身革命

皮宗石先生幼年在乡间读私塾，15 岁时进入长沙武备学堂学习，后来转入城南书院。清末的中国深受帝国主义的压迫，加之清王朝的腐败，使得不少青年纷纷出国探求救国之路。先生也于 1903 年前往日本公费留学，经过中学阶段后，最终考入东京帝国大学，攻读政治经济学。而早在1904年，由于革命志趣相投又系湖南同乡，先生与黄兴、宋教仁等一见如故，并同汪精卫、蔡元培、吴稚晖等人建立了来往，开始走上革命的道路。1905年，先生加入了在东京成立的中国同盟会。

1911年辛亥革命爆发，1912年中华民国建立，清王朝被推翻。先生同年回国，当同盟会改组为国民党时，决定创办机关报，先生即与曾毅、杨端六等人参加筹备。1913年年初，在宋教仁的授意下，先生与杨端六、任凯南、周鲠生等人创办《民国日报》，宣传民主革命。袁世凯窃夺革命果实后，先生即在《民国日报》上参与讨袁斗争，遭到了袁世凯政府的强力弹压。后得黄兴资助，先生经日本前往英国留学。

1919年，中国国内爆发了反帝反封建的五四运动。先生当时仍身在英国，受到运动的鼓舞后，自发地来到巴黎，与当时的留欧学生、华工一起，包围了出席巴黎和会的中国代表团的寓所，要求中国代表陆征祥、顾维钧、王正廷等拒绝签字。

先生早年作为清末为数众多的留学生中的一员，不仅凭借自己的努力考入了日本的名门学府——东京帝国大学，而且在学成后积极投身于推翻专制、维护民主的革命运动中，为近代中国的民主自由作出了重要贡献。

二、致力教育　不畏强权

1920年，先生自英国回国，在长沙的湖南法政专门学校任教。当时的湖南赵恒惕搞联省自治，成立了所谓的"省根本法筹备处"，聘请皮宗石及王正廷、蒋百里、李剑农等13人为省宪起草委员。先生意识到了这其中包含着军阀妄图割据、以"自治"求自保的深层意图，因此不愿置身其中。不久恰逢蔡元培聘请先生担任北京大学教授，先生即欣然应允，前往北大任教，讲授财政学，同时兼任北大图书馆馆长。在北京时，先生与李大钊、王世杰、周鲠生等，为反对北洋政府的独裁专制，发起组织了民权运动大同盟，进行广泛的争取民权运动。

1928年先生来到国立武汉大学后，被聘为法学院院长，长期从事研究与教育工作。先生在武汉时，曾一再拒绝汪精卫、蒋介石的笼络，对国民党内部的派系斗争非常反感，蒋介石经常来汉，常常借机约见在武大任教的国民党元老，蓄意拉拢，先生总是设法回避，坚决不和蒋介石见面，只专心从事教育事业，在国立武汉大学任教政治经济学和财政学等课程，长达九年的时间。

1936年，先生回到湖南，任湖南大学校长。不久后，陈立夫当选为教育部长。南京于1937年12月沦陷前，国民政府西迁重庆，陈立夫到长沙，暗示要先生加入以陈立夫为首的CC系，先生不同意，引起了陈立夫的不满。由于先生追随蔡元培多年，深受蔡元培教育思想的影响，认为在学术上不应该党同伐异，主张兼容并包，因此在湖南大学主政时，先生坚持这一办学方针，如经济学各派理论，包括马克思主义经济学说，都同时给学生讲授，引起部分保守派的不满。结果，1939年陈立夫通过其嫡系训导长李寿雍，策划了一场"驱皮运动"，然最终以失败告终。1941年，又制造了"对调"事件，要求先生调任西北大学校长，先生以刚直的性格，不愿服从强权，拒不赴任，遂坚决辞职。1947年，王世杰曾建议先生在长沙竞选立法委员，先生对此也未予理会。

皮宗石先生一生曾在多所大学任教，声望极高，但面对强权时，却始终能保持学者独立自由的精神，不为时势所动摇，堪为楷模。

三、兼容并包　鼓励学术

先生主政湖南大学时，贯彻了兼容并包的教育理念。先生完全执行了蔡元培的"思想自由""兼容并包"的办学方针，容纳各种学术和思想流派，不搞党同伐异，让各种思想互相争鸣，自由发展，使学生有选择的余地。他给学生讲授经济学各流派理论，古典经济学由任凯南讲授，奥地利学派经济学由周德伟讲授，马克思主义经济学由樊弘讲授。当时国立大学能为马克思主义提供合法讲坛，是要冒很大风险的，也是国内罕见的。其他各系也如此，如政治学有以伍薏农、唐德昌等为代表的老学派观点，有以吴世英、曹绍濂、邹文海、翟楚等中青年教授为代表的新学派观念，有以哲学系教授蔡乐生为代表的芝加哥心理学学派。

先生还鼓励学生从事学术研究，支持学生参加社团活动。湖南大学各系有学会，有国民党的"健行学会"，有三青团的"力行学会"，还有与党团无关的"赫曦文艺社""现代文艺译社"，分别在沅陵某报上辟有"赫曦"副刊，在贵阳《中央日报》辟有"现代文译"副刊。芷江《中央日报》的"政治研究""战时法制""科学月刊"分别由湖南大学的政治学会、法律学会和致知社主办。经济学会则在《抗战日报》《力报》上刊载多个附刊专刊。理工科的学会也有不少书刊出版。当时湖大的报告会、讲演会很多，校内班级学会多办有墙报。例如经济系学生江友三曾登台作《论私有财产制》的报告，中文系学生徐志豪写的《近卫文麿的失眠》均在校内引起较大反响。湖南大学师生的戏剧、歌咏活动也很活跃，曾经在校内和沅陵县公演话剧多次，宣传抗日救国，如《好小子上战场》《放下你的鞭子》《凤凰城》等剧目。先生对学生们的这次活动十分支持，有时还亲自去观看。

四、筹建武大　尽心尽责

先生在教育岗位上尽心尽责，培养了许多杰出的学生，也为任教的学校的发展作出了重要的贡献。先生早先任教武大时，即作为校务委员会委员，鞠躬尽瘁地为武大的建设出谋划策，先后协助王世杰、王星拱两任校长把武大办成了全国著名学府，与北大、清华、中央大学（南京大学前身）、浙江大学齐名。先生认为考试不严格，就难以用来选拔优秀的学生，考试就失去了它本身的作用。因此湖南大学第一次招收新生时，一律改用密封卷子，只认分，不认人，即便是亲侄儿来投考，先生也一视同仁。有时一个系只录取一个学生，宁缺毋滥。学生进校后也订立了严格的制度，三分之一学分不及格者，留级；二分之一学分不及格者，除名。

除在教学、教务方面尽心尽力外，先生对武大的建设筹款，也尽量设法。法学院的教学楼是以先生为首的湘籍教授向当时湖南省政府，争取了十二万元的捐款。理、工学院的部分仪器设备也是先生等人联系中华文化基金会捐赠的。

1932年3月，武汉大学珞珈山新校舍一期工程建成。武大由武昌城内迁至珞珈山开课。武大珞珈山校区依山傍水，为当时国内少有的风景优美的大学校区。北大著名教授胡适也应邀于1932年11月来武大讲学，先生等陪同胡适在武大参观、演讲。胡适在日记中说："……雪艇诸人在几年之中造成这样一个大学，校址之佳，计划之大，风景之胜，均可谓全国学校所无。人说他们是'平地起楼台'；其实是披荆榛，拓荒野，化荒郊为学府，其毅力真可佩服"。胡适又说："看这种建设，使我们精神一振，使我们感觉中国事尚可为"。武汉大学珞珈山校区成为当时国内标志性建筑。甚至于有人说，要看中国的建设，就要到武汉大学去看看。

在武汉大学的成立与建设过程中，先生始终鞠躬尽瘁，发挥了十分重要的作用。

五、学识渊博　刊文广泛

先生主要攻读政治经济学，学识丰富，早年的作品主要散见于《太平洋》《现代评论》等杂志上。《太平洋》杂志上发表的《税制与产业》《剑桥大学图书馆》《经济上之万国联盟观》《苏俄经济政策的演化》等文章都是先生留学时期的研究成果。关于《经济上之万国联盟观》一文，先生从积极和消极两方面分析了当时成立的"国联"对于中国经济的作用，联系到现代WTO的概念和发展，可见先生在理论上有相当的超前意识。

《现代评论》编委会的编辑工作由王世杰负责，该刊曾经产生过较大的社会影响。先生作为编者之一，主要发表一些时事短评，展现他对国际政治经济的真知灼见，反应快速，文笔犀利，几乎期期见刊。文章标题一般短小精悍，立场鲜明，如《上海日本纱厂的工潮》《庚子俄款

的用途》《各国现行关税制度概论》等。先生在《武汉大学学报》上的
文章，则更加具有学术性，如《金的移动与国际清算银行》《德国消费
合作运动》《近十年来的日本对外贸易》《英帝国金融组织的新趋势》
等。这些文章反映出了先生对国际国内政治经济的敏感度和洞察力。

住过第 8 栋的数学家刘正经

刘 琳

理学院教授刘正经

刘正经，字乙阁，1900 年 3 月 19 日出生在江西省新建县，是家中的第三个儿子。他的父亲是农村私塾的教书先生，刘正经小时候由父亲启蒙，后来和哥哥一起来到南昌的师范学校就读。16 岁考取了北京大学的预科，19 岁进入北大数学系学习。由于家境贫寒，在北京读书期间，他通过课余时间从事家教工作，赚取自己的生活费用。

1922 年，22 岁的刘正经以优秀的成绩从北大数学系本科毕业，来到天津的南开中学担任中学数学老师。当时的中学数学教育开始借鉴西方的体制和方法，正处在向混合数学教学模式转型的过程中，缺少相关的教材。商务印书馆策划出版了一套新的数学教材，刘正经承担了其中教科书《三角术》的编写任务，1923 年初次发行就广受欢迎，到 1930 年已经再版至第 54 版。

南开大学数学系主任姜立夫看中了刘正经的数学教学能力，邀请他到大学部任教。1928 年刘正经前往东北大学任教授，九一八事变后被迫流亡。1932 年，刘正经来到武汉大学，成为武汉大学数学系最年轻的教授。

当时的武汉大学学术氛围浓厚，大家都钻研学问，争相发表论文。很多高校也开始兴办数学方面的期刊，如武大理学院的《国立武汉大学理科季刊》，北师大的《数学季刊》。刘正经也期望自己能够一展所长。他注意到这些期刊多属于研究性质，大多面向大学里的师生，而广大的中学师生却缺少适宜的中等数学刊物。结合自身的教学经历，刘正经想要填补这一方面的空白。他认为中等算学是其他学术的基础，而通过教学问题的讨论，可以找到改良的方法和途径，进而促进国内的科学技术发展，最终实现中华民族的复兴。

在数学系组织的一次会议中，刘正经向大家表露了想创办中等数学杂志的心愿。这很快被数学系三位四年级的学生余潜修、王雍绍和王元吉知道了，他们主动登门拜访了刘正经教授，一起商量合作创办一种中等程度的算学杂志。办刊的第一步就是找寻更多有相同志愿的合作者，武大数学系的助教管瘦桐，省立师范教员夏伯初，省立女师教员吴酒樾，武大数学系毕业生赵家鹏，及在校数学系同学艾华志、方烈、夏振东等也加入进来，总共 11 人，成立了《中等算学月刊》社，以武大数学室为社址。

刘正经主持创办的《中等算学月刊》

月刊社的所有成员都是年轻人，除了刘正经一人是教授外，其余都是武汉大学的青年教师、高年级学生以及武汉地区中等学校的数学教师，他们都有自己的本职工作，对月刊的主要义务是出经费、写稿和宣传。作为月刊社领头人的刘正经一人承担了月刊的编辑、出版和发行工作，审稿、改稿、抄稿是他，校对也是他。常常是白天在学校给学生上课，晚上还要处理月刊事务，经常会工作到深夜。

尽管日常事务繁忙，刘正经仍然坚持在文章选题和文字上严格要求，为提高中学师生的教学素质，刊载的文章选材起点较高，文字通俗易懂。虽然是数学的专业期刊，里面的文章却深入浅出，生动活泼，让读者没有枯燥乏味的感觉。刘正经自己也翻译了一部有趣的数学小说《世外奇谈》在月刊中连载。书中都假借二元世界中一位正方形先生所说，用滑稽的文字向读者阐述了四元空间的概念。

《中等算学月刊》于 1933 年 1 月正式出版发行，但是第一年的发行状况并不理想。1934 年，刘正经一方面继续出版《中等算学月刊》第二卷。另一方面他积极联系他方力量，争取合作办刊者。1935 年元月起，中等算学研究会和初等算学杂志社加入了月刊社，三方共同合作，扩大月刊的影响范围，并由南京中央书局负责发行，将月刊的发行遍及全国。刘正经仍然继续担任月刊的编辑主任，负责月刊的主要事务。从 1933 年到 1937 年，《中等算学月刊》共出版四十多期，是我国 1949 年前出刊期数最多的中等数学杂志。

刘正经不仅出版发行《中等算学月刊》，而且通过办刊发现、培养数学人才。中国泛函微分方程研究的开拓者，应用数学系教授、博士生导师李森林就是其一。月刊创办不久，收到武大一年级学生李森林的投稿，题目是《关于圆内接四边形之一定理》，并向刘正经老师询问该定理是否已被证明。刘正经发表了这篇文章，又特地写信给北京大学的傅种孙教授请教这个问题。傅教授专门用 8 页的篇幅进行推导，指出李森林的发现只是一个特例。这一过程不仅使李森林的知识得到提高，而且增加了他对数学的兴趣。

1934 年，专门奖励新进的中国青年学者的"高（君韦）女士纪念奖金"轮到颁发数学奖，该奖将颁发给一名获优秀论文的在校大学生。

刘正经动员李森林应征，为他介绍参考书籍。经过认真钻研，李森林完成了论文《双曲线之特性》。经数学家姜立夫、熊庆来、汪泽涵等专家评审，李森林战胜全国其他参赛者，雄居榜首，获 100 元银元及金质奖章一枚。该论文载入《科学》第 19 卷第 17 期专著栏首篇。这无疑更激发了李森林学习研究的兴趣。临近毕业前，他又完成一篇论文，文前特别加以说明："本文之成，吾师刘正经教授指导之处特多，并承其详细改削，特此致谢!"

住过第9栋的土木工程学家余炽昌

罗伟昌

土木工程学家余炽昌

余炽昌（1899—1976），浙江绍兴人。历任武汉大学教授、工学院院长，训导长、教务长、校务委员。

1923年毕业于国立唐山交通大学（现西南交通大学）土木工程系，获工学学士学位。在校期间，参加过"五四""二七""五卅"等运动。大学毕业后，在北宁铁路工务段任实习工程师。1925年赴美国留学，1926年获美国康奈尔大学工程硕士学位。在美国桥梁公司工作一年后，又在美国费城麦克兰钢铁建筑公司任设计师。1928年回国任东北大学教授。1931年任北洋工学院教授。1933年受聘为武汉大学教授。1937年任山东大学教授兼土木工程系主任。1938年7月受教育部之聘，任国立编译馆特约编译，年底回到武汉大学，先后任训导长、教务长、校务委员、工学院院长等职。中华人民共和国成立后，历任武汉大学工学院院长、长沙铁道学院副院长等。1953年全国院系调整，调湖南长沙任中南土木建筑学院筹备委员会副主任委员，湖南大学副校长等职。

中华人民共和国成立后，余炽昌积极参加三大改造、院系调整和教育改革。余炽昌专长于桥梁和铁道工程研究，专于桥梁工程木结构，学术造诣较深，曾讲授过"结构设计""钢结构""木结构""工程契约及规范"等课程。余炽昌还精通英文，懂俄、法语，翻译了不少文献和资料。他在中南土建学院、湖南工学院和长沙铁道学院工作期间，虽担任副院长职务仍坚持教学，亲自给学生讲授课程，工作认真负责，出版有《双枢拱桥应力研究》《工程契约及规范》《电焊法》等著作。

1950 年，余炽昌被任命为武汉市人民监察委员会监察委员。1951 年当选为武汉市人大代表，同年 5 月参加民主建国会。1953 年被聘为武汉长江大桥技术顾问委员会委员。1954 年当选为第一届湖南省人大代表。1955 年后历任第一届湖南省政协委员，第二届、第三届湖南省政协常委，民主建国会长沙市委常务委员，湖南省科学普及协会常委等职，1959 年后任长沙铁道学院副院长、武汉长江大桥技术顾问委员会委员，中国民主建国会会员。

余炽昌从事教育四十余年，为国家培养了不少人才，在桥梁、教育界有一定影响和威望，与群众同甘共苦、艰苦奋斗，为武汉大学的建设和发展以及我国教育事业的发展作出了贡献。

住过第9栋的数学家吴维清

涂上飙

理学院教授吴维清

吴维清，理学院教授，号缉熙，江苏吴县人，国立北京大学毕业，曾任国立北京大学教授，1928年10月到国立武汉大学。

1929年7月6日，武汉大学临时校务会议通过了《国立武汉大学教员聘任规则》，对聘任教师的资格、程序及期限等都进行了规定：规定聘任教授须具有下列资格之一：在学术上有创作或发明；曾在国立大学或本大学承认之国内外大学担任教授二年以上。从他的条件来看完全符合聘任资格。

从1929年起，在数学系，吴维清与曾琢益、叶志、汤璪真、萧君绛等几位教授一起，为数学系的发展壮大而努力奋斗。1932年数学系增加了刘正经教授。1938年学校西迁，吴维清离开了数学系，只剩下曾琢益、叶志、汤璪真、萧君绛、刘正经、吴大任等几位教授。

在教学工作中，他先后为学生讲过"微积分"（每周4学时）、"复函数论"（每周3学时）等课程。吴维清很早就有科研论文发表，如1919年2月就在《北京大学月刊》第1卷第2期上发表题为"积分方程"的论文，1919年3月在《北京大学月刊》第1卷第3期上连续发表题为"积分方程"的论文。

住过第9栋的古典文学研究专家席鲁思

刘红松

席鲁思（1896—1966），即席启炯，字鲁思，湖南省永州市东安县人。著名古典文学研究专家，武汉大学"五老"之一，人称"鲁老"。

一、教 育 经 历

1896年，席鲁思出生于老屋席家。老屋席家，在现在芦洪市的溪源村，从芦洪市中学老校门前面那条小路走进去大概五里路左右，就是溪源村。

中国文学系教授席鲁思

席家算是书香世家，席鲁思的父亲席业是前清秀才。父亲非常热爱读书，因此，在父亲的耳濡目染之下，席鲁思从小跟随父亲读书，养成了阅读的习惯。席鲁思从小勤学刻苦，博览群书，每每读到自己喜爱的书时，竟会废寝忘食。

辛亥革命后的第二年，席鲁思与六弟席启骐（字六如）一同进入长沙明德学校求学，在那里完成了四年的学业。当时，席鲁思曾师从长沙名流叶德辉，在思想上受到了其很大的影响。

民国初年，因父亲在北京任国会议员，席鲁思跟随全家北上。席鲁思到北京后，继续他的学业。他一方面搜集各种书籍，努力研习；另一方面广交朋友，曾与北京的名流学者陈垣、杨树达、吴承仕、高步瀛、尹炎武、孙人和等人成立思辨学社，共同切磋。那时，席鲁思才26岁，是思辨社中最年轻的社员。他思维敏捷，对中国古代文学颇有研究，因此得到许多长辈的称赞。

后来，父亲携眷南归。全家在回去的途中到汉口稍作停留。经吴承仕的介绍，席鲁思到武昌高等师范学校谒见了文字学大师黄侃，两人畅谈竟日。黄侃对他的学识很表钦佩，当即表示想留他在武昌高等师范学院任教。席鲁思想和家人一起回家，因而婉言谢绝了黄侃的邀请，其后便与家人一同回到了湖南老家。

回家后不久，县人雷铸寰在衡阳创办船山中学，席鲁思应聘成功，在那里讲学数年。之后，船山中学遭遇停办，席鲁思不得不另谋生路，在一番努力后，他得以到湖南大学中文系任教，在那里度过了将近十年的教育生涯。在此期间，席鲁思也曾经在长沙周南女子学校担任古文讲师。他讲解文章时信手拈来，善于化深邃为平易，滔滔不绝，文采飞扬，使周南女校的许多学生对古文学产生了很大的兴趣。

后来，因抗日战起，避寇南归，大专院校纷纷西迁。席鲁思到贵州安化国立师范学院担任教授，讲授国文。在抗日战争期间，席鲁思还致力于方志的编修。他与名家徐桢立受郑际旦等宁远县名流的邀请，共同修撰《宁远县志》，同时与父亲一起续修了家乡的地方志《东安县志》。

抗战胜利后，席鲁思到武汉大学任教，在武大度过了二十年的教学时光。当时武汉大学中文系有五位老教授声望很高，人称为"五老"，包括刘永济、刘博平、陈登恪、席鲁思、黄焯（后有所变化，包括徐天闵）。席鲁思对荀子、《史记》研究颇深，因而被武大人亲切地称为"鲁老"。因学识渊博，自成体系，席鲁思成为中国古典文学界有名的研究专家和荀学专家。

二、治 学 风 骨

席鲁思平生治学严谨。在治学思想上，席鲁思以经、史为基础，博览诸子及名家诗文集。此外，他很不赞成对一字一名一事一物作繁琐的考证，而主张讲明大义，考证源流。席鲁思特别精于小学，对许慎的《说文解字》造诣尤深，先后在各高等院校讲授文字学，得到了广大师生的赞誉。席鲁思少时精研《文选》，主张"辞必己出，陈言务去。为文典雅，文采斐然，散文骈俪，两体俱精"。

席鲁思记忆力惊人。他在给学生讲课时，引经据典从不翻书，口讲指画，深入浅出。学生们因此都非常敬佩席鲁思的渊博学识。据一位武大学生回忆："席鲁思老师去世已经 40 多年了，然而他的遭遇较少为人们提及，其生平事迹也不大为人们所了解。1966 年'文革'开始的时候，我正是武汉大学中文系学生。席鲁思个子不高，清癯的面容，蓄着翘起的小胡子，平时不苟言笑，但也并不显得特别严厉。他穿戴十分平常，毫无大学教授的做派，简直更像是一个乡下的私塾先生。"这是席鲁思晚年的形象，仍然是一派书生的气息。

在武汉大学工作期间，席鲁思与刘永济教授的交谊很深。有五古《读诵帚自定词集叙书其后》曰："我友诵帚翁，风神夙高迈。文心追古贤，词律媲宋代。晚定甲乙编，取精绝瑕颣。岂徒孕名理，亦且丛感慨。自弁语千百，凡例起蔚荟。往往窥本原，一一区流派。此中如有人，呼之冀相对。……留待作郑笺，赏析共侪辈。"席鲁思在读刘永济《云巢诗存》后又有绝句二首，其一曰："把君诗卷沁心脾，雅韵欲流句自奇。唐宋何曾分畛域，从知功夫见炉锤。"其二曰："世变难辞慷慨多，新声新国最堪歌。词赌尧章诗匹敌，肯将闲远换蹉跎?"意思说：刘永济教授的诗能打通唐宋的藩篱，其诗词的成就则都可以与宋代的姜夔（字尧章）相媲美。席鲁思诗的格调苍劲，风骨凛然。

席鲁思虽然满肚子学问，但是平生惜墨如金，其著述尤其不肯轻易刊布示人，所以不以著作名世。席鲁思平日里应人之请，所作的碑传、墓志、序跋等文，都不留底稿，因此很难寻得他的笔墨真迹。目前，席鲁思存世的著作只有《文选学》讲义、《世说中当时语释》，以及《诵帚龛词集序》、《中国古代教育史》、《目录学要略》、《宁远县志八册》（石印本）、《东安县志编纂条例》（油印本）、《通鉴胡注纂例稿本》、《古籍导论讲稿》（未印）等数种。

席鲁思的治学风骨，值得我们每一位学子铭记。

住过第 10 栋的植物生理学家汤佩松

刘春弟

汤佩松先生（1903—2001）是享誉国际的植物生理学家，生物化学家，是中国植物生理学的主要奠基人之一。他是中央研究院和中国科学院院士、国际植物学会名誉副主席、美国植物学会和植物生理学会终身荣誉会员，先后荣获国家自然科学二等奖、陈嘉庚奖、何梁何利奖、中国科学院科学奖等。

汤佩松

一、优秀的学习经历和早期的创新科研成果

1903 年 11 月 12 日，汤佩松出生于湖北浠水的一个书香门第，小时候读过私塾，文笔很好，1948 年 4 月他在《清华旬刊》上发表的一篇散文赢得了朱自清先生的高度赞扬。1917 年考进清华（留美预备）学校。他爱好体育，在足球、棒球和田径方面表现突出，《清华大学史料选编》中还记录有他的若干比赛成绩，1924 年曾获得代表华北区参加第三次全国运动会的资格。他能文能武、多才多艺，是当时清华学校少数几个获得"全能奖"的体育运动员之一，喜爱运动也让他在以后的学习和工作中能够保持"优良运动竞赛作风"。

1925 年，汤佩松到美国明尼苏达大学留学。先在农学院，后转到文理学院，主修植物学，辅修物理、化学，两年内修完了三个系毕业所

必修的全部课程。这期间汤佩松对当时新兴的普通生理学表现出了浓厚的兴趣。1927 年冬汤佩松以全校第一名的成绩毕业于植物系，获得学校最高毕业生奖——两个最高荣誉学会的金钥匙。1928 年夏至 1930 年，汤佩松师从约翰斯·霍普金斯大学植物生理学家利文斯顿教授，研究种子萌发过程中的环境因子影响。他在博士论文中首次提出"多功能多因子间相互关系相互制约"的概念，这一观点明显不同于当时的单因子分析。这是后来他关于呼吸代谢多条路线及其与其他生理过程相互作用关系（代谢多条路线）观点的萌芽。1930 年 6 月获得哲学博士学位。

1930 年和 1931 年两个暑假，汤佩松在伍兹·霍尔海洋生物研究所进修，对海胆及海星卵受精前后呼吸强度变化情况进行研究，发现海胆卵在受精后的几分钟内，呼吸强度可提高四五倍，甚至十几倍。其首创性的研究成果相继被李约瑟（J. Needham）和拉谢夫斯基（R. Rashevsky）等科学家在著作中引用。在这里他还确定了将细胞与植物的呼吸与光合作用的生物能学作为他毕生的研究方向。1930 年 9 月至 1933 年 8 月，汤佩松在哈佛大学克罗泽（W. J. Crozier）的"普通生理学研究室"工作，在这里独立做出了两项开创性研究成果：一是用CO（一氧化碳）抑制和光恢复方法首次证明了在植物中存在着"呼吸酶"也就是细胞色素氧化酶，并指出该酶不能被 CO 完全抑制（实际上提出了在植物细胞中存在抗氰途径），他被公认为第一个发现植物细胞色素氧化酶的人；二是提出氧分压对各种生物（动物、植物、微生物）的组织及细胞呼吸强度或速率的影响的关系公式：$Q = Q_0 KP/1 + KP$。这一公式在当时及以后的普通生理学及生物化学教科书中常被引用。

二、在国立武汉大学时期的教学与科研

1933 年秋，汤佩松应国立武汉大学理学院院长查谦教授的邀请，回国受聘为武汉大学生物学系教授。武汉大学是汤佩松回国工作的第一站，他首次在我国开设了"普通生理学"课程，从 1933 年夏到 1937 年

年底，先后主讲过生物生理学、生物生理学实验、普通生物学、普通生物学实验、普通生理学、普通生理学实验、生物化学等课程，编写了《生物化学》《生物学》等教材及我国第一部《普通生理学》讲义。1934年他组织国内各校的生理学家，以"专题文集"的方式分别在各自专长的领域撰写教材或论文，并利用《武汉大学季刊》增刊方式，于1936年出版第一册，非常成功。后来因战乱影响，没能继续出版。

到武汉大学后不久，汤佩松与美国哈佛大学的弗伦奇（C. S. French）在当时有国际声望的《中国生理学杂志》（*Chinese Journal of Physiology*）上合作发表了《温度和氧分压对小球藻耗氧速率的影响》一文，该文除指出在一个活细胞中，与分离提取的酶的活性一样，可表现出在一般纯化学反应中出现的规律（如质量作用规律），还指出各级反应的两个主要计算方法：一是将阿伦尼乌斯公式与汤佩松自己总结出来的 PO_2/QO_2 公式以数学方式连接成为一个双因素（2-function）公式；二是从 PO_2/QO_2 关系公式取得了 K ——即在正在进行呼吸作用的活细胞中底物和细胞色素氧化酶的亲和力。这篇论文是关于光合作用方面的经典文献，1974年，我国第一次派"光合作用访美代表团"访问弗伦奇的光合研究室时，弗伦奇曾将这篇具有历史意义和两国友好意义的文章放大摆放在招待室的显著位置，欢迎中国客人，而在当时，这篇文章为即将建立的普通（细胞）生理学研究室所要树立的研究体系揭开了序幕。

汤佩松对武汉大学作的另一贡献就是建立了我国最早以研究普通生理学为内容的研究室——细胞生理学及普通生理学研究室。研究室从建立之初一个人一个房间的规模迅速发展壮大。从1934年开始，林春猷、高尚荫、吴懋仪和胡笃敬等陆续来到研究室工作，同时还增加了以殷宏章、张信诚、沈其益为代表的众多"访问人员"，这些"访问人员"均作为"见习生"分别在研究室工作一年。人手的增加有力地推动了研究室工作的迅速有效开展，短短几年时间，研究室在国内就已具有很高的声誉，成为国内生理学界的一面旗帜。汤佩松离开武汉大学后，研究室由高尚荫接手继续维持，并发展成后来的武汉大学病毒学系和病毒研究所两个机构。

实验室成立后，汤佩松开展了大量的研究工作。他独树一帜，首次以"细胞呼吸作用动力学"为研究主题，以完整的活着的生物及化学（和物理）系统（如酵母、小球藻、卵细胞、植物幼苗等单细胞生物）为对象，以生物化学、生物物理学及数学等手段研究一个完整的，同时又在进行正常生命活动的生物（细胞或组织，如萌发中的种子、分裂中的受精卵）中物质形态化和能量间的关系。这种研究既可以发挥进行生命活动（生理功能）的整体生物的好处，也避免了以研磨粉碎之后抽提的匀浆反应物（酶、底物、"提取物"等）"非生理"的纯生物化学实验。从 1936 年到 1938 年，汤佩松先后和林春猷、吴懋仪发表了7 篇有关细胞呼吸动力学的论文，基本上形成了自成一家的独立体系。

在进行主题工作的同时，汤佩松还开展了以绿色植物（小球藻）为对象的光合作用机制的研究；和高尚荫一起从"靶子学说"出发开展"细胞致死机制"研究，并发表了几篇论文；在应用方面，和曾呈奎合作发表了几篇应用生物化学（植物化学）的文章，报道了几种中国沿海海藻的含碘量。

三、离开武汉大学之后的工作和科研

1938 年 3 月，汤佩松借调到贵阳负责贵阳医学院的筹建工作，从此离开武汉大学。9 月完成医学院的筹建工作后，应邀到南迁昆明的清华大学农业研究所工作，负责组建了植物生理研究室，任研究室主任，在坚持科研的同时，也为国家储备培养了一大批植物生理学、动物生理学、生物化学等方面的人才。抗战结束后，清华大学迁回北平，成立农学院，汤佩松任院长，确立办一个学术水平很高的农业生物学教学和研究场所，把农学院办成中国农学界的 PUMC 的办学目标。中华人民共和国成立后，院系调整，清华大学农学院并入新成立的北京农业大学，汤佩松任副校长。1952 年调任中国科学院上海植物生理研究所研究员兼复旦大学生物系教授，1954 年，担任北京大学生物系植物生理教研

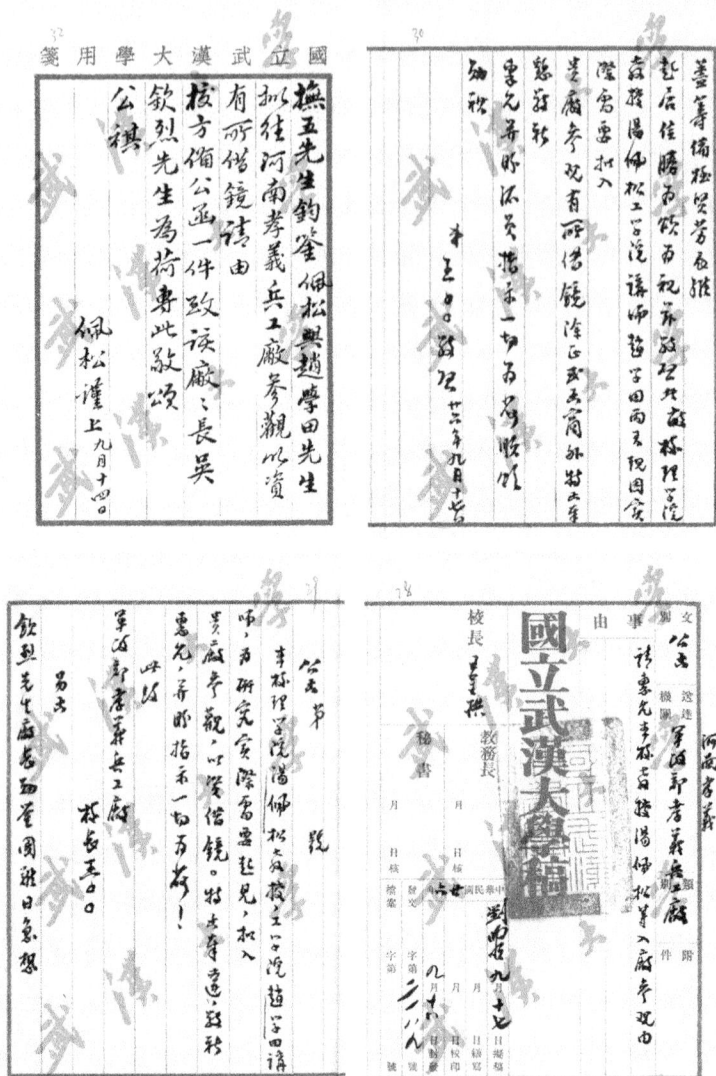

汤佩松在国立武汉大学任教期间调查研究的文书材料

室主任，在北京大学建立了中国第一个植物生理学专业。1956 年筹建北京植物生理学研究室并担任研究室主任（1956—1962）。以后历任中国科学院植物研究所副所长（1962—1978）、所长（1978—1983）、名誉所长（1983—2001）等职。1956 年组织了影响深远的第一届植物生理学教学讨论会，1951 年主持创办了《植物生理学通讯》杂志。

他在离开武汉大学之后的科研成就主要有以下几个方面：1941 年与理论物理学家王竹溪合作发表论文《活细胞吸水的热力学处理》，首次针对植物细胞的水分关系采用热力学解释的方法，这一先驱性论文距离国际上正式提出细胞水势这一热力学概念提前了 20 多年；1946 年用绿色小球藻证明光合作用的氧化还原电位势在光暗下的差异从而确证了 Van Niel 学说；1948 年和阎龙飞在绿色植物叶绿体中首次发现了碳酸酐酶，结束了当时对植物是否存在碳酸酐酶的争议。1956 年和吴相钰最早在水稻幼苗中发现了适应酶（诱导酶），研究结果发表在 1957 年的《自然》杂志上，并首次报道了植物体内适应酶的形成；1956 年在系统研究了高等植物水稻幼苗的呼吸代谢及其调控机理后，首次提出了"呼吸代谢多条路线"的论点；1979 年最早提出完整的植物呼吸代谢控制与被控制理论；1983 年提出"创新植物学"，结合分子生物学和经典植物学的方法，以新的思路综合地研究植物学中的重大问题。

汤佩松毕生从事植物学、植物生理学、细胞生理学、生物化学和生物力能学研究，执着追求科学真理，始终站在世界科学前沿，一生共发表过 300 余篇论文，出版多本专著，在世界植物生理学领域独树一帜，在细胞呼吸作用和光合作用、酶的发现、生物力能学等方面作出了许多首创性贡献。

四、重视科研成果的实际应用

汤佩松的科研成果的一个显著特点就是超前，但同时也是很接地气的。他很注重结合实际，为社会服务，为当前服务，为生产服务。抗日战争爆发后，汤佩松将自己的实验室转而生产活性炭以用于制造防毒面具，利用自己的知识和经验力所能及地支持国家抗战；在 20 世纪 40 年代，他首先在高等植物荸荠中发现了抗生素并命名为 Pucchiin。同时期他带领和指导助手研制润滑油和无水酒精，利用蓖麻油和乌桕蜡等云南植物资源研制出石蜡、蜡烛、无水酒精等代用品的配方和生产工艺，并生产出了合格的产品。"国产"的蜡烛、"土产"的石蜡、无水酒精，经标本切片试验，其质量可以与进口货媲美。这解决了当时科研、生活所面临的困难。"国产"的蜡烛还获得国民政府经济部颁发的专利。他和助手一起对中国农村膳食结构和营养成分进行深入调查，了解农民和士兵的营养状况，提出了改善营养状况的设计方案，大力提倡和推广食用豆浆和豆制品。

20 世纪 50—60 年代，根据"呼吸代谢多条路线"的理论，与崔澂教授和梁峥等提出"湿润秧田"和"塑料薄膜保温育秧"技术，首次提出在农业上使用大棚（塑料薄膜）倡议；指导解决了防止烂秧、培育壮秧和高产水稻栽培的理论和技术问题；指导了矮壮素的引进、合成和防倒伏研究，对小麦和玉米高产作出了贡献；根据光合作用原理，计算出农作物最高产量，与今天的吨粮田相吻合；70 年代指导了蔬菜贮藏保鲜研究。英国著名生物化学家李约瑟称他为世界粮食合理调配享用倡议者。

五、谦逊而受世人敬仰的科学家

由于在科学上的突出贡献，汤佩松在国内外学术界受到了普遍的尊敬，得到了党和人民政府的肯定。他 1948 年就当选为中央研究院院士，1955 年又当选为中国科学院院士。1987 年荣获国家自然科学二等奖，1995 年获陈嘉庚科学奖、1997 年获何梁何利奖，并先后多次荣获中国科学院科学奖。曾被选为第三届全国人民代表大会代表、第四届和第五届全国政治协商会议委员和第七届北京市人民代表大会代表。

在国际上，他 1959 年被聘为国际植物学会副主席、1975 年被选为美国植物生理学会通讯会员、1979 年成为美国植物学会终身制的荣誉通讯会员，成为第一位获得此项荣誉的中国科学家。他担任过国际著名刊物《光生物化学及光生物物理学》的编委，1983 年受国际著名刊物《植物生理学年评》之约，写了题名为《抱负、现实与境遇》的自传性文章，发表在刊物之首。这是此刊第一次破例同时也是唯一的一次在开头发表一位植物生理学家的回忆录而不是一篇科学论文。李约瑟在他写的《中国科学技术史》第 5 卷第 2 分册的扉页上特别注明：谨将此卷献给汤佩松和伯纳尔。1979 年，汤佩松率领中国植物学代表团访问美国，作"中国植物生理学 50 年"的报告，全场起立致敬。1981 年他率团到澳大利亚参加第 13 届国际植物学会的年会，被特约作"中国植物学概况"的报告，会场报以长时间的热烈掌声，汤佩松不得不多次谢幕。

他又是谦逊的，虚怀若谷的。他曾说："切勿认为你无所不知。不论人家如何赞扬你，你应当有勇气对你自己说——我是无知的。"他认为"科学就是积累、继承、突破和演进的过程。它来自个人，却属于全人类"。他将自己的成就归功于客观条件，"在有利条件下，任何人都可以完成这些使命。个人的作用只是偶然的机遇"。面对荣誉和受到的尊敬，他归功于"祖国国际地位的蒸蒸日上"。汤佩松留给世人的，不仅仅是他在科学研究和人才培养上的贡献，还有他青年时就具备且伴随终生的竞赛道德、团队精神、瞄准目标执着奋进的不朽形象。

住过第 10 栋的经济学家刘秉麟

柳 兰

法学院教授刘秉麟

刘秉麟（1891—1956），亦名炳麟，字南陔，笔名刘陔，湖南长沙人。曾任吴淞革命军司令部秘书、上海商务印书馆编辑部主任，中国经济学社理事，上海会计师公会会员，中国公学大学部教授、教务长、商学院院长，上海交通大学教授，国立第四中山大学教授兼会计系主任，上海大同大学教授兼商科主任，武汉大学教授兼法学院院长、经济系主任、政治系主任、代理乐山武汉大学校长，兼任《国立武汉大学社会科学季刊》、出版、聘任、学生团体生活指导、特种法规审议、公共经济等委员会委员，教育部部聘教授，中华人民共和国成立后，任中南军政委员会财经委员会委员、中苏友好协会武大支会副主席。

刘秉麟出生于湖南长沙，8 岁进入私塾读书，1909 年进入上海中国公学中学部，后转入大学预科，1913 年考入北京大学经济系，1917 年毕业，随后在湖南高等商业学校任教，1918 年到北京大学担任图书馆馆员，1919 年担任上海中国公学大学部教务长，1920 年赴欧洲留学，获英国爱丁堡大学商学学士学位，后入伦敦大学经济学院研究生班和德国柏林大学经济系研究生班学习，1925 年回国效力，为国家作出很大贡献。

一、与时俱进，成就斐然

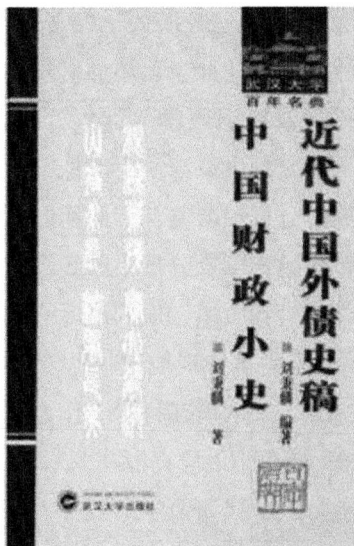

《武汉大学百年名典》再版刘秉麟的著作

刘秉麟从欧洲留学归国后，进入商务印书馆工作，这期间凭借其坚实的研究基础与学术地位，成为"大学丛书编委会"委员，这个委员会是当时最具权威性的半官方最高学术领导与决策机构，聚集了一大批在文、法、理、工、农、医等各类学科领域中颇有造诣的知名人士，共计64人，形成一个名副其实的科学巅峰群体。后来抗日战争爆发，商务印书馆在"一·二八"淞沪抗战中被日本侵略军轰炸毁灭，不得不解雇全部职工，刘秉麟只得另谋出处。恰逢此时，国立武汉大学在教育部长蔡元培的指导下在珞珈山兴建，蔡元培胸有大志，立志将国立武汉大学办成一流的国立大学，而非普通的地方性大学，为此他从北京大学调来一批著名学者组成筹建委员会，并进行教学，这些学者中有我们熟知的李四光、王世杰、王星拱、皮宗石、周鲠生、任凯南等人，这些人与刘秉麟有很密切的关系，是他的好友或曾经的同事，以此为桥梁，刘秉麟于 1932 年 8 月进入武汉大学从事教学、科研和行政工作，将后半生的心血全部贡献给了武汉大学，促进了武汉大学经济学科的蓬勃发展。

1932 年 8 月，刘秉麟到国立武汉大学经济系任教授，主要讲授经济学、货币银行学、社会主义及社会运动、财政学、中国财政史、银行学、近代中国经济财政、高级财政学等课程，他讲课重视引导学生思考，经常将自己的学术研究拿出来与学生讨论，引导他们对中国经济的现实问题进行更加深刻的分析和研究，因此他的教学质量很高，而且教会学生用辩证的眼光看问题，以及分析中国经济的现实问题需要理论联系实际，借鉴西方学说，为我所用，他的最后一本公开出版的著作——《近代中国外债史稿》就是一本体现他这些思想的教科书。

除了站在教学第一线，刘秉麟在科研工作方面也是成就斐然。他在五四运动时期就开始学习、研究马克思主义，发表了《马克思传略》《劳动问题是什么》等文，在欧洲留学的五年时间里，更是收获颇丰，学习了西方资产阶级的经济学知识及其代表人物的经济学著作，从中发现中西之间的差异，取其精华，理论联系实际，将其运用到研究中国经济的现实问题当中，这是他教学时主张洋为中用的渊源。此外他还有意识地涉猎了世界历史及各国社会主义运动史，为他之后的学术研究积累了扎实的理论基础。他的学术成果很丰富，出版了《各国社会运动史》《世界各国无产政党史》《李嘉图经济学说及传记》《亚当·斯密经济学说及传记》《李士特经济学说及传记》《经济学原理》《经济学》《近代中国外债史稿》等专著，撰写了《中国古代财政小史》《亚当·斯密》《理嘉图》《公民经济》等小册子，翻译出版了英国马沙所著的《分配论》和苏联《俄罗斯经济状况》等书籍，他的著述特点是将对外文原著的阅读、翻译和评论融会贯通，齐头并进，所以他的著述风格跟严复的译著风格有相似之处。他的这些著作体现了其进步思想，著作内容分为三大部分，一是宣传马克思主义的唯物史观、阶级斗争、剩余价值理论和无产阶级社会主义运动，刘秉麟算得上是中国最早宣传马克思主义学说和国际无产阶级社会主义运动的学者之一；二是通过自己在德国留学的亲身经历和体会，介绍当时德国的主流经济学家李斯特及其经济学说，当时的德国相当于今天的发展中国家，经济方面比较落后，照搬英国的政治经济学解决国内经济问题行不通，必须理论联系实际，客观分析德国国情和德国的历史发展情况，因此以李斯特为代表的德国历史学派应运而生，这对刘秉麟触动很大，他认为要解决中国经济中的现实问题，可以向德国学习；三是介绍英国剑桥的马歇尔理论，当时是一个"马歇尔就是经济学，而经济学等同于马歇尔"的年代，在经济学领域，大家都比较推崇马歇尔，但是国内经济学家对他进行介绍的不多，所以刘秉麟的介绍具有经济学的前沿意义。除了论著以外，刘秉麟还发表了许多研究经济学原理、国家财政和人口问题的论文，在国内引起很大反响，产生了深远的影响。所以综合说来，刘秉麟的论著代表了当时的进步思潮，促进了马克思主义学说在中国的传播，推动了无产阶级社会主义运动在中国的发展，他对外国经济学和社会学理论的介绍开拓了中国经济学的研究，为武汉大学经济学科的发展奠定了基础。刘秉麟理论功底深厚，在实践方面也有所作为，在任武汉大学法科研究所经济学部的研究所所长期间，刘秉麟用他的学术研究指导研究所开展了对嘉定丝绸业及盐场的情况调查，还对嘉定其他工业经济的情况进行了调查。他在1928年任中国经济学社理事，以专家身份出席了国民政府财政会议，1929年加入国民政府工商部工商法规委员会，参与制定民国工商法。

在教学、科研工作之外，刘秉麟还承担了一些行政工作，抗日战争爆发后，武汉大学西迁四川乐山，在那里办学八年，抗战胜利后，校长周鲠生回武昌主持复校事宜，由刘秉麟于1946年2月至1947年1月代理乐山武汉大学校长，当时物价暴涨、交通不便，而且政府当局克扣教育经费，在这些困难面前，刘秉麟没有畏难情绪，他将全校进步师生组织起来，发动可以发动的力量共渡难关，使迁校工作进行得有条不紊。他是一位思想进步的校长，不反对进步师生的进步活动，为进步学生补课、补考，在他们有难时还多方奔走，设法营救。此外努力筹集经费，修复被日军破坏的珞珈山校舍，恢复教学工作，为武汉大学顺利迁回珞珈山作出了极大的贡献。

据不完全统计,刘秉麟的论文及著作有:

1. 论文

《国际银会议》,《外交评论》(南京),第 1 卷第 3 期,1932 年 8 月

《如何支付战费(书评)》,《星期评论》(重庆),第 17 期,1941 年 3 月

《思海微浪》,《申报自由谈》(上海),第 193 册,292 页,1923 年

《我之"最难"观》,《申报自由谈》,第 194 册,669 页,1923 年

《寒浣离筵琐录》,《申报自由谈》,第 198 册,370 页,1923 年

《目前粮食问题》,《新时代半月刊》(武昌),第 3 卷第 5 期,1932 年

《本年度的一个经济报告》,《新时代半月刊》,第 4 卷第 1~2 期

《源头活水》,《经济学会会刊》(乐山),创刊号,1941 年 3 月

《回顾与展望》,《经济学会会刊》,第 3 期,1942 年 3 月

《物价与囤积》,《经济学会会刊》,第 6 期,1943 年 1 月

《敬告同学》,《经济学会会刊》,第 9 期,1946 年 3 月

《中国税制之研究》,《经济学季刊》(上海),第 1 卷第 3 期,1930 年 10 月

《对于读经问题的意见》,《教育杂志》,第 25 卷第 5 期,1935 年 5 月

《英德俄三国战时经济状况比较》,《黄埔季刊》(成都),第 3 卷第 3~4 期,1942 年

《闲来》,《甲寅》(周刊)(北京),第 1 卷第 18 期,1925 年 11 月

《马克思传略》,《新青年》(月刊),第 6 卷第 5 期,1919 年 5 月

《劳动问题是些什么?》,《新青年》(月刊),第 7 卷第 6 期,1920 年 5 月

《金融问题》,《砥柱周刊》(长沙),第 4 卷第 16 期,1935 年 5 月

《怎样应付战时书荒》,《读书通讯》(重庆),第 2 卷第 29 期,1941 年 7 月

《社会主义之真诠》，《东方杂志》，第 16 卷第 7 期，1919 年 7 月

《战后之人口问题》，《东方杂志》，第 21 卷第 14 期，1924 年 7 月

《淞沪宅地税平议》，《东方杂志》，第 23 卷第 14 期，1926 年 7 月

《国联巴黎决议案的批评及国民对于调查委员团应取的态度》，《东方杂志》，第 29 卷第 3 期，1932 年

《多买好书多读好书》，《东方杂志》，第 32 卷第 1 期，1935 年 1 月

《废除不平等条约与中国经济上新纪元》，《东方杂志》，第 39 卷第 3 期，1943 年 4 月

《中国租税史略》，《太平洋杂志》（上海），第 2 卷第 8 期及第 9 卷第 10 期，1920 年

《战后经济问题座谈会》，《当代评论》（周刊）（昆明），第 3 卷第 15~16 期，1943 年

《闲话官僚化的中国政治》，《现代评论》（上海），第 8 卷第 183 期，1928 年 6 月

《日本无产政党合并后的感想》，《现代评论》，第 7 卷第 169 期，1928 年 3 月

《发展中国经济的路线问题》，《经济年刊》（武昌），第 1 期，1937 年 9 月

《经济政策与各方面之关系》，《珞珈月刊》（武昌），第 2 卷第 8 期，1935 年

《中国古代财政研究》，《国立武汉大学社会科学季刊》，第 1 卷第 1 期，1930 年

《经济学之最近趋势》，《国立武汉大学社会科学季刊》，第 1 卷第 4 期，1930 年

《苏俄之设计经济》，《国立武汉大学社会科学季刊》，第 2 卷第 4 期，1932 年

《苏俄信用制度》，《国立武汉大学社会科学季刊》，第 3 卷第 3 期，1933 年

《七十五年来之中国新工业》，《国立武汉大学社会科学季刊》，第

7 卷第 4 期

《孙科氏辞职与浙江财政》，《现代评论》，第 7 卷第 162 期，1928 年 1 月

《中外财政的比较》，《现代评论》，第 6 卷第 154 期，1927 年 11 月

《道威斯计划实行后第三年》，《现代评论》，第 6 卷第 150 期，1927 年 10 月

《目前的财政》，《现代评论》，第 6 卷第 147 期，1927 年 10 月

《发行钞票与挤兑》，《现代评论》，第 6 卷第 143 期

《苏俄经济法》，《现代评论》，第 6 卷第 141 期

《中国的盐税与外国的稽核》，《现代评论》，第 7 卷第 171 期，1928 年 3 月

《经济学上之新学说》，《新潮》（北京），第 1 卷第 3 期，1919 年 3 月

《分配问题》，《新潮》（北京），第 1 卷第 4 期，1919 年 4 月

《〈申报〉中刘南陔的有关资料》，《申报影印本》，第 168 册，398 页，1921 年

《各国社会运动史》，《武汉大学讲义》，国立武汉大学印，1934 年

2. 著作

刘秉麟编述：《经济学原理》，商务印书馆，民国 15 年版

刘秉麟著：《各国社会运动史》上，商务印书馆，民国 16 年版

刘秉麟编：《经济学》，商务印书馆，民国 18 年版

刘秉麟著，吴敬恒校：《世界各国无产政党史》，商务印书馆，民国 18 年版

黄菩生著，刘秉麟校：《社会进化史》，商务印书馆，民国 19 年版

刘秉麟著：《理嘉图》，商务印书馆，民国 19 年版

刘秉麟著：《亚丹·斯密》，商务印书馆，民国 19 年版

刘秉麟著：《李士特》，商务印书馆，民国 19 年版

刘秉麟著：《中国财政小史》，商务印书馆，民国 20 年版

亚当士著，刘秉麟译：《财政学大纲》，商务印书馆，民国 22 年版

马沙著，刘秉麟译：《分配论》，商务印书馆，民国 22 年版

刘秉麟、潘源来著：《世界倾销问题》，商务印书馆，民国 24 年版

刘秉麟编著：《经济学》，商务印书馆，民国 36 年版

林子英撰，刘秉麟校：《实业革命史》，商务印书馆，出版年不详

二、关爱师生，节俭朴素

刘秉麟在武汉大学执教 24 年，传道授业，桃李满天下，深受广大师生的尊敬和喜爱，他的学生曾为他写了一篇文章，赞扬他的为人处世，他既是学识渊博、著述等身的学者，又是传道授业的师者，还是老者和长者，为人和蔼可亲，平易近人，心胸坦荡。他支持学校进步师生的活动，不仅为进步学生补课、补考，而且愿意自掏腰包，拿出自己微薄的工资资助他们奔赴革命圣地延安，其中有他的侄子刘西尧以及中华人民共和国成立后任驻外大使的康矛召、陈家康等人，他的帮助都是默默进行的，没有告诉任何人，1949 年后，一些得到过他帮助的人在偶然的情况下说了出来才为人所知。他对所有学生都关怀备至，会为毕业学生介绍工作，但是不接受受惠者的馈赠，他认为学生是他的责任，能帮一把就帮一把，在当时那个动荡的年代，他的这些帮助远没有今天想的这么简单，一不小心甚至会有生命危险，所以他的行为足以体现他对学生的情谊。

刘秉麟始终心系武汉大学和武大师生，总是竭尽全力保护他们。在震惊中外的"六一惨案"事件中，刘秉麟出了很大的力，没有置身事外。1947 年，国民党湖北警备区军警闯入武汉大学枪杀了三个手无寸铁的青年学生，并无理逮捕朱君允、刘颖、缪朗山等进步教授和十多名进步学生，行为猖狂，性质恶劣。刘秉麟时任代理校长，事件发生后，他立马安排后续事宜，安抚全校师生，并留下多数师生保护学校，他带领一部分师生亲自赶赴省市各单位向各界人士与社会团体、社会贤达奔走呼吁，让社会了解惨案真相，促进学生运动，直到周鲠生返校。在中华人民共和国成立之前，国立武汉大学没有被迫南迁，没有一个教授去

南京当官，没有损失丝毫校产，学校和师生得到了很好的保护，除了党的领导和周鲠生的努力外，还有刘秉麟的功劳，他为了保护武汉大学全校师生的安全与校产的完整无损，亲自与别人周旋，进行明争暗斗，并且利用了他侄子刘西尧的力量，因此得以完好无损地由国立武汉大学转变成今天的武汉大学。

生活中的刘秉麟非常节俭朴素，一辈子从来没有接受过同事及其学生为他举行的生日寿宴，因为他认为这会造成铺张浪费，为了一个生日，实在不必如此大费周章，其次他的生日是他母亲的祭日，按照湖南的习俗，在父母的祭日，儿女不能举办生日寿宴，虽然他曾留学欧洲，思想进步，但依然尊重习俗，坚持不办寿宴。

刘秉麟的病逝对武汉大学和国家来说都是一大损失，但他生前所作的贡献已经足够让我们永远铭记他。

住过第 10 栋的英语语言文学专家方重

张　丰

方重（1902—1992），字芦浪，男，汉族，江苏武进人，我国著名文学家、英语学专家、乔叟研究专家、翻译家、中古英语专家、比较文学家。1902 年重阳节出生在江苏武进的一个书香世家。因家境清贫，自幼寄养于江苏常州外祖父家。1916 年方重考入北京清华学校（现清华大学），插班入中等科二年级。1919 年，在五四运动热潮中，主修英国语言文学。

文学院教授方重

1923 年，方重从清华大学毕业之后，以优异的成绩进入美国斯坦福大学继续深造，随当时的著名学者、乔叟研究专家塔特洛克（Tatlock）教授攻读英国中世纪文学，同时研究中国文化对英国的影响，在学习过程中极大地拓展了自身的眼界和学识，获学士学位。1925 年，方重进入美国加州大学伯克利分校学习，攻读英美文学专业，1926 年获加利福尼亚大学文学硕士学位。1927 年冬，方重教授心萦民族命运，国家前途，听闻北伐战争胜利，方重兴奋不已，乃谋归计，于是加紧完成博士学位论文，未及修饰便提前回国。自此便投身于祖国的教育事业，奉献终生。

1931 年，方重经清华同窗好友闻一多介绍，到南京第四中山大学（即中央大学之前身）执教英国文学。此后任南京中山大学系主任、教授。后来，方重教授应聘赴武汉大学。当时的武汉大学正当草创时期，文学院长闻一多先生因故去职，坚请方重教授任外文系主任。在闻一多先生的多次游说之下，方重于1932—1944年出任武汉大学文学院教授兼外文系主任，由此开启了他武汉大学13年的教书生涯。

在武汉大学13年，方重惨淡经营，精心筹划，提倡学术钻研，为武大的外语教育事业作出重要贡献，培育了大量人才，该系成绩斐然，驰誉学界。当时，方重本人主讲过"文学批评""希腊悲剧""英国文学史""高级英文及作文""英诗""英诗选读""近代诗""散文"等课程，在武汉大学期间著有《十八世纪的英国文学与中国》《邓与布朗宁对于人生的解答》《诗歌集中的可罗列奇》《英国诗文研究集》《乔叟论》等著作。

不仅如此，方重还在文学院院长闻一多先生的鼎力支持下，对外文系的课程进行了合理的调整和改革，倡导中外兼修，并亲自组织编写教材、组织师资，当时朱光潜、戴镏龄、陈源、陈方恪等都受聘于武大外文系，此外每年还聘请外籍专家到系里担任主要课程。几年间，武大学生的水平逐渐提升，武大的名声也日益远扬。方重先生在武大的13年里，外文系培养众多的杰出人才，其中包括叶君健、刘佛年、章振邦、廖可兑，等等。

1944年，李约瑟等人受英国文化委员会之命前来中国，邀请方重赴欧讲学。应英国文化协会之聘，方重教授遂与范存忠、殷宏章教授等人，先后在英国剑桥大学、伦敦大学、爱丁堡大学以及比利时布鲁塞尔大学讲学、研究、考察。方重力求研究西方文化、传播中国文化，成为中外文化交流的使者。同时方重兼任剑桥大学三一学院客座教授。在此期间，方重利用讲学之余，继续悉心研究乔叟，同时翻译我国古代诗人陶渊明的诗文，为中英文化交流作出贡献。

1947年年底，方重教授回国，应聘在浙江大学执教。中华人民共和国成立后，因院系调整，方重教授先后在安徽大学（1952）、华东师范大学（1953）、复旦大学（1954—1956）执教。在经历了国家对高等教育的几次调整调任之后，1956年，方重被评为二级教授并调入上海外国语学院（现上海外国语大学）。1957年起，历任上海外国语学院西方语言文学系（英、德、法语）系主任、英语系系主任，与章振邦、杨小石等人，组织筹建上海外国语学院的英语学科，筚路蓝缕，开创基业。此后又担任外国文学研究所所长、中国译协理事、上海外国文学会会长、中国外国文学学会理事、中国作家协会上海分会理事、上海翻译家协会理事等职。

方重擅长英美文学，对英国文学及中英文学比较颇有研究，一生致力于英国近代诗创始人乔叟的研究与英语的教学与翻译，是海内外享有盛誉的中古英语专家、乔叟研究专家、陶渊明诗歌翻译家和比较文学研究学者。方重于 20 世纪 80 年代初率先在国内开展比较文学研究，提出了颇具"中国风格、中国特色"的研究理念。

方重的著述有：《十八世纪的英国文学与中国》《邓与布朗宁对于人生的解答》《诗歌集中的可罗列奇》《英国诗文研究集》《大学近代英文散文选》（上、下册)、《乔叟论》等；译有《近代英文散文选》《坎特伯雷故事》《乔叟文集》《理查三世》之诗体及散文体译本，《陶渊明诗文选译》以及《莎士比亚全集》汉译初版中多种剧本之增补和校订。

方重早期的研究成果有：1939 年写就的《现代英国散文集》（2 卷本）（*Book of Modern English Prose*)、《英国诗歌与散文研究》（*Studies in English Prose & Poetry*) 等。方重对于英国中世纪诗人乔叟及其作品的研究有很深的造诣，是国内研究乔叟的第一人，也是国内外公认的乔叟研究学者。他翻译的《乔叟文集》于 1962 年出版，1979 年再版。方重先生对莎士比亚也颇有研究，他翻译的莎士比亚名剧《理查三世》被选入人民文学出版社 1978 年出版的《莎士比亚全集》中文版（11 卷本)。更难得的是，方先生用诗歌体翻译的《理查三世》被印成单行本出版。

由于在翻译、研究乔叟的作品上所取得的成就，英国编辑出版的《名人传》自 20 世纪 60 年代起每年都有介绍方重先生的生平及其学术研究的传略。1977 年，美国学术学会主席、乔叟研究专家罗明斯基访问中国，专程拜访了方重，称方重"为中西文化的交流作出了卓越的贡献"。

1986年，方重教授成为上海外国语大学第一位博士生导师。他一如既往地埋头于教学工作之中。在上海外国语大学这片沃土上，方重先生为国家培养了不计其数的优秀人才，他所倡导的外语教学思想和方法，在今天看来仍有重要的指导和借鉴意义。方重先生在外语人才的培养上坚持"博雅之士、通才教育"的理念。他主张外语专业应注重将人类优秀文化成果通过知识传授、环境熏陶及自身实践，转化为学生的人格、气质、修养。为此，在英语系的课程设置上，中外的文、史、哲的课程都占有相当的比例；倡导师生阅读经典，从中汲取营养；提倡启发式、讨论式、发现式、研究式的教学方法，发挥学生的能动性和创造性。方重先生担任上海外国语大学西语系主任、英语系主任期间，上海外国语大学涌现了大量的名师学者，例如许天福、陆佩弦、董任坚、章振邦、杨小石、戚雨村、李观仪、秦小孟、王德春等。

方重先生常说自己毕生只做了两件事：教学、翻译。在教学上取得了杰出的成就之外，他将满腔热血贡献给了中古时期的文学研究和译介事业。

方重先生是国内第一个完整研究并译介英国伟大文学家乔叟作品的人；也是最早研究并翻译英国伟大文学家莎士比亚作品的学者之一，校对过朱生豪先生所译莎士比亚作品8篇；还是国内最早提出比较文学概念的少数几位研究专家之一。他为英美优秀文化及早地、全面地被国人所了解、更为中国伟大文化华彩熠熠地走向世界作出了突出贡献。

我国古代诗人陶渊明也是方重先生长期研究的课题之一。方重先生最早将东晋诗人、文学家陶渊明的全部诗文翻译成英文。他之所以要研究陶渊明，用他自己的话来说是，"我在英期间，为了使英国人士对我国文化有深入了解，曾对照我国古代诗歌的许多英译本，发现不少译文不甚确切，深感这类汉译英工作之重要不亚于英译汉。因此，我在研究乔叟之余，倾力翻译陶的诗文，为中英文化交流作些努力"。1944年以来，方重先生把陶渊明的大部分诗文译成英文，并撰写了这方面的学术论文多篇。1980年香港"商务印书馆"出版了他的《陶渊明诗文选译》（*Gleanings from Tao Yuanming*, *Prose & Poetry*），那是他"一生努力之成果"。

1988 年，方重教授届满执教六十周年之际，上海外国语大学举行了隆重的庆祝活动，表彰他六十余年来严谨治学，培育了大批外语人才以及在外语教学中取得的丰硕成果。方重先生教书育人 60 年，其中 34 年的时光留在上海外国语大学。时光荏苒，方重先生已经成为上海外国语大学的一个精神符号，引导着一届又一届学子见贤思齐、发扬蹈厉。为了纪念方重先生，2011 年，上海外国语大学英语学院设立"方重翻译奖"，院长查明建教授还亲自赋诗《我们的方重》，并在每年的颁奖典礼上朗诵。"方重翻译奖"迄今已举办了五届，在校内外引起广泛关注，已成为上海外国语大学校园文化的品牌活动，不仅推动了同学们翻译水平的提升，而且能重温和感悟上外的人文传统，以传承方重先生的人文精神，薪火相传，继往开来。

1981 年美国《华侨日报》专文介绍方重教授，其标题是《乔叟·陶潜·方重》，这是对方重先生一生学术成就的重要概括。方重先生学贯中西而虚怀若谷，成就卓著而内敛低调，一生淡泊名利而孜孜于教书育人、钻研学问，其道德文章和为人为学深为后学推崇。

1991 年 3 月 27 日，方重先生因突发心脏病，不幸在上海逝世。享年 90 岁。

住过第 10 栋的化学家陈鼎铭

雷 虹

理学院教授陈鼎铭

在武汉大学珞珈山东南、东湖之北，绿树掩蔽中错落有致地分布着十八栋英式别墅，这些别墅巧借山势而建，彼此青石相连，这就是武汉大学著名的"十八栋"，它见证了珞珈百年的风雨。化学系的陈鼎铭教授曾住过这里人气最旺的第 10 栋，第 10 栋先后还住过汤佩松、方重、吴于廑以及刘炳麟和查谦。

陈鼎铭别号象岩，湖北汉川人，在日本京都帝国大学获得理学学士学位后，回到当时的国立武昌高等师范学校数学理化部从事教育工作，开设了化学课。

1923 年国立武昌高等师范学校升格为国立武昌师范大学，设立了八个系，化学设在理化系里，系主任由陈鼎铭担任，周毓萃、纪育祥、朱昊飞、吴正谊、宋文政等化学家曾先后任教。到武昌中山大学时期，化学系就已经独立建系了。

1926 年 12 月底到 1927 年 2 月中旬，武昌中山大学筹委会先后召开 9 次会议，对办学的宗旨、方向、机构、学科、师资、校舍、经费等问题进行了周密的计划安排。决定废除校长制，实行大学委员会制。大学正式委员须呈请中央执行委员、国民政府委员临时联席会议造选。决定全校设置文、法、商、理、医、预 6 科，各科分别成立委员会。当时的理科委员由陈鼎铭、吴道南、曾昭安、汤璪真、宋文政、张资平等担任。

1928 年，学校几经变革更名为国立武汉大学。1929 年 3 月，王世杰就任武汉大学校长，云集了闻一多、汤佩松、汤璪真等国内顶尖学者来校讲学，武汉大学成为名副其实的"中南科学重镇"。当时的武大教师不问出身、派别，强调"学术至上"，提倡"研究事实"，追求"不拘一格"。1930 年 9 月，由武汉大学创刊的《国立武汉大学理科季刊》（以下简称《理科季刊》），在中国现代科学传播史上有着颇为重要的学术价值，也是《武汉大学学报（自然科学版）》的前身。

《理科季刊》设有编辑委员会，由校长聘任本校教员若干人组成，并指定委员会一人为总编辑（编辑主任），编委（各系主任）若干人，陈鼎铭、潘祖武、查谦等都在其中担任编委。总编辑每期召集编委开会，负责稿件审查、稿费核查和审议其他关于季刊出版事宜。编委会委员除分期承担撰写论文外，每期有撰写书评的义务。《理科季刊》每期都有书评，其内容有教材也有专著，有中文书也有外文书，他们通过发表书评文章交流学术信息，了解国内外学术动态，促进了 20 世纪 30 年代大学教材本土化的发展。

从撰稿者的作者群体和自然科学传播研究情况来看，大部分作者曾有留学欧美或日本等的求学生涯或学术研究经历，具有国外理学、哲学博士学位，在国外著名导师的引领下有明确的研究领域，回国后继续从事国外的研究方向和科学前沿问题研究，在当时知识界和科学界的学术交流和科学交往中处于主导地位。陈鼎铭教授在前 2 期分别发表了《德国原子量委员会第九次报告》和《万国放射性元素参数表（1920）》两篇文章。

1936 年 11 月，为了慰劳绥远将士的抗战，学校教职工及学生救国会发起了捐款献物活动。全体教职员工捐集国币 2000 多元，通过汇寄交绥远省主席傅作义收转。

在献物的活动中，苏雪林、袁昌英两位珞珈山女杰最为典型。学校女教职工和教职工女家属亲手缝制衣服、棉背心 1016 件，购买毛巾 1200 条。陈鼎铭教授的夫人十分惦记东北义勇军将士们，也亲手缝制衣服 10 件以表慰问。

1937年7月7日，日本侵略者蓄意挑起了卢沟桥事变，中国军民奋勇反击，抗日战争全面爆发。1938年2月21日，学校召开了第322次校务会议，成立迁校委员会，议决迁校问题，最后认为四川省的乐山最为适宜。

乐山武大有文、法、理、工四个学院。位于乐山城区高西门的李公祠是武大理学院所在地，分数学、物理、化学和生物四个系。化学系相对人数稍多一些，女生比例较大。那时一些学化学的学生认为，如毕业后实在找不到工作，也可以自己做点肥皂鞋油雪花膏之类去卖，聊以糊口。陈鼎铭教授担任当时化学系专业必修课——定量分析化学的课程，家住在乐山陕西街22号，经常要从城里快步出城赶到理工学院上课，途经高耸的西门，到校还须爬坡，常常不顾路途艰辛和疲劳，准时准点地去给学生上课，对学生严谨教学、一丝不苟，抗战时期虽然条件艰苦，但是仪器设备、药品齐全，能开的实验项目多，保证学生能学到更多的知识和本领。

1939年8月19日中午，日寇出动36架飞机，对乐山进行狂轰滥炸，全商业区一片火海。学校龙神祠第二宿舍全被炸坏，部分学生、教员及其家属惨死在日寇炸弹之下，损失财产约10万元。这是日寇第三次直接对武大犯下的罪行。这次大轰炸中，陈鼎铭及丁景春、丁日华、钟季卿、邓光熙、叶圣陶等30余名教职员家庭财产损失殆尽。

1946年迁回珞珈山时的理学院

1945 年 8 月 15 日，日本宣布无条件投降，抗日战争以中国人民的胜利而结束。西迁乐山的国立武汉大学终于回到了美丽的珞珈山上。陈鼎铭教授也回到了他朝思暮想的校园里。

1949 年 12 月 7 日中华人民共和国成立不久，历经沧桑，把毕生的精力都献给了教育事业的陈鼎铭教授悄然离我们而去，但是他在长期教学实践活动中锤炼出来的无穷精神魅力仍深深地感染着无数武大学子。高山仰止，景行行止，虽不能至，然心向往之。

住过第 10 栋的历史学家吴于廑

秦　然

吴于廑

吴于廑（1913—1993），男，字沼越，原名吴保安，安徽休宁人。著名世界历史学家，世界近现代史博士生导师。

吴于廑1913年出生于江苏宝应，他出身贫寒，早年没有受到完整的中学教育，1931年高中毕业时，获所在中学唯一的升学奖学金，进入苏州东吴大学历史系学习，1935年大学毕业获文学学士，此后直至抗战爆发，在苏州东吴大学附属中学任教；1938年秋，在广西贺县中学任教；1939年，他以才思敏捷、卓尔不群在昆明受到西南联大法商学院院长兼南开大学经济研究所主任陈序经教授的举荐，作为免试研究生进入南开大学经济研究所攻读经济史。1941年以"特优成绩"考取了清华大学第五届留美公费生，赴美入哈佛大学文理科研究院深造，1944年和1946年在哈佛大学先后获文学硕士和哲学博士学位。1947年，应武大周鲠生校长的邀请，回国任武汉大学历史系教授，中华人民共和国成立后先后担任武汉大学历史系主任、训导委员会委员，武汉大学副教务长、副校长，武汉大学世界史研究所所长等职务。同时，他还担负多种社会工作，历任中国史学会主席团成员及世界史一些分支学科学会理事、理事长、名誉理事长，武汉市、湖北省及全国人民代表大会代表、湖北省政协副主席、国务院学位委员会学科评议组成员，等等。并担任苏州大学与华中师范大学兼职教授、湖北省社会科学联合会顾问、武汉市社会科学联合会顾问、中国大百科全书总编辑委员会委员及多种学术刊物的主编、编委，中国人民政治协商会议湖北省委员会副主席、九三学社中央参议委员会常务委员及湖北省委员会名誉主任委员、名誉主席等职。1979 年，经武汉大学党委批准加入中国共产党党员。

一、尽心竭力，为世界史教学和学科建设作出突出贡献

吴于廑长期从事世界历史的教学工作，为中国世界史学科建设作出了突出贡献。在武汉大学历史系任教期间，他担任世界通史古代部分和近代西方史学课程的教学。20 世纪 50 年代末，吴于廑与他人合作主持了两批中国性世界史大学教材的编纂，分别是吴于廑和北京大学周一良共同主编了 4 卷本《世界通史》（人民出版社 1962 年初版，1973 年、1980 年再版）以及配合此书的 4 卷本《世界通史资料选辑》（商务印书馆，1962 年初版，1974 年再版），以及与齐世荣合作编著 6 卷本《世界史》（高等教育出版社 1992—1994 年版）。4 卷本《世界通史》以时间的延续为经，以地区的分布为纬，比较系统地叙述了整个世界（中国部分略）从人类的起源到第一次世界大战结束的历史，是中华人民共和国成立以来第一部综合性的世界历史著作，它填补了当时我国高等学校世界通史教科书的空白，在我国世界史学科发展史上具有里程碑的意义，标志着我国世界史学科的正式建立。这部著作几次修订再版，受到各校历史系师生的欢迎，累计印数达到 40 余万册，1988 年曾获高等学校优秀教材一等奖，培育了全国高等学校一批又一批的历史专业学生，其学术权威 30 余年而不衰。为了适应高等学校历史专业外国史学名著选课程的教学需要，吴先生主编了《外国史学名著选》9 种（商务印书馆 1962—1964 年初版，1980 再版六种），选译了上自希腊古典时代下迄 19 世纪的西方史学名著十多种，吴先生本人担任其中普鲁塔克《传记集》和修罗底德《伯罗奔尼撒战史》的选译工作，这部选材精当、译文准确的《外国史学名著选》，对我国外国史学人才的培养和外

国史学史研究的深入开展，起到了建设性的积极作用，从而编写了一套完整的世界通史系列教材，为国内高等学校普遍采用。

他一贯追求真理，向往光明，留学回国后，就在中国共产党的影响下参加民主进步活动，同情并支持进步学生运动。他自觉地拥护中国共产党的领导，真诚地学习马克思主义并运用马克思主义指导教学和研究。武汉解放后，他以很高的热情在武汉大学历史系倡导学习马克思列宁主义、组织全系教师共同开设历史唯物论课程，深入领会唯物史观的基本原理，并把学习唯物史观同研究世界历史结合起来。吴于廑开创了15、16世纪世界历史研究，于1978年组建了"武汉大学15、16世纪世界历史研究室"，组织和带头进行了一系列的科学研究实践。特别是他对关系人类历史进程全局的若干问题的研究，取得了显著的成绩，主编《十五十六世纪东西方历史初学集》共三编（武汉大学出版社1985年、1990年版、湖南出版社1993年版）。他考虑到史学同社会的联系十分密切，认为研究世界历史应同中国革命和建设任务紧密联系，他把15、16世纪世界史的研究与我国发展商品经济、对外改革开放联系起来，从过去的历史行程中得到很多启迪，从而正确地解决了史学与时代的关系。

他爱护青年，奖掖后学，诲人不倦。他的教学具有很高学术水平，极富感染力。据1948年考入武大历史系、后任武汉大学历史系教授的李植枏回忆："吴于廑当时讲授西洋通史，选此课的除历史系学生外，还有文科各系和法、理、工科的不少学生，他讲课时武汉大学文学院最大的101教室座无虚席。"另外，"他的讲课、各种场合的发言和学术报告，都以渊博的学识、严密的论证、深刻的分析和令人折服的讲演才能，赢得听众的热烈掌声和高度赞誉。把他的讲课、发言和报告一字一句记录下来，不作任何修改就是一篇好文章"。他诲人不倦，他的学生和助手撰写的文章大多经过他的审阅和修改，很多书稿的编写大纲都请他提过意见。不仅在他身边的学生和助手受过他的教育，得到较快的提高，不少从不相识的年轻人写信或登门求教，他都热情相待。1979年在芜湖会议上南京教育学院一位姓周的女教师向他请教一个问题，他当时作了一般的回答，返校后虽然工作很忙，但他挤出时间查阅材料，进一步给予解答。1951 年，吴于廑被评为湖北省武汉市乙等模范教工和武汉大学甲等模范教工。

二、业精于勤，世界史研究有多方面建树

吴于廑先生的世界史研究有多方面建树，按学术类别有通史编纂、世界史资料汇编、世界上古中古史研究、15、16 世纪东西方历史综合比较、西方史学史研究及史学名著编译、中西文化比较等，并且在马克思主义唯物史观的指导下进行研究，先后发表了一系列具有独到见解的研究成果，受到史学界的高度重视。20 世纪 50 年代，他编纂出版了《古代希腊和罗马》专著（中国青年出版社 1957 年初版，1962 年、1979 再版）和若干篇论文。论文内容多属世界上古及中古史，其中涉及经济史的如《略论关于封建主义基本经济规律的几个问题》（《武汉大学人文科学学报》1956 年第 1 期）；涉及法制、政治制度史的如《从中世纪前期西欧的法律和君权说到日耳曼马克公社的残存》（《历史研究》1957 年第 6 期）、《希腊城邦的形成和特点》（《历史教学》1957 年第 6 期）等；涉及文化史的如《希腊化时期的文化》（《历史教学》1958 年第 2 期）、《埃及和巴比伦古代文化的世界历史意义》（《历史教学》1962 年第 3 期）。另有一些文章评论西方史学和某些有关世界史这门学科的学术观点，如《巴拉克劳的史学观点与对欧洲历史的末世感》《时代和世界历史——讨论不同时代关于世界历史中心的不同观点》等。20 世纪 70 年代起，吴于廑开始将主要精力用于研究和探索我国世界史学科独立发展的道路，为了探索摆脱传统史学观与史学体系束缚的新路，他发表了《时代和世界历史——试论不同时代关于世界中心的不同观点》《关于编纂世界史的意见》和《世界史学科前景杂说》等创见迭出的重要论文。他的一些著作多次荣获校级、省级、国家级奖励，主要论著集结于《吴于廑学术论著自选集》（首都师范大学出版社 1995 年版）。

他认为世界史是一门有特定限义和研究主题的历史学分支学科，既非把中国史除外的外国史，也非包罗一切国家的各国历史汇编，主张从关系世界全局的重大历史运动与变化着眼，研究人类怎样由分散、闭塞的人群逐步发展为全世界成一密切联系整体的全部过程。这一科学的整体世界史观突破了中外世界史研究的旧格局，具有高度的理论价值和学术创新价值。在中国史学界，其倡导的整体世界史观，被誉为"世界历史新理论在中国的兴起"。所撰《中国大百科全书·外国历史卷》卷前专文《世界历史》，以及4篇专论世界史整体进程的系列论文《世界历史上的农耕世界和游牧世界》《世界历史上的农本与重商》《历史上农耕世界对工业世界的孕育》《亚欧大陆传统农耕世界不同国家在新兴工业世界冲击下的反应》是对整体世界史观的系统阐述以及运用新史观对人类历史的宏观勾勒。诚如齐世荣先生所言，1978年以来中国学者对世界史体系的深入探讨，以吴于廑先生的成就"最为突出"。

三、治学严谨，为业界树立榜样

吴于廑先生治学勤奋刻苦，严谨求实，广涉精思，一丝不苟。据和吴于廑共同主编《世界通史》的北京大学周一良教授在吴先生去世后写的纪念文章称："全书论点之商榷，资料之核实，文字之打磨，以于廑同志出力为多"。据在周一良、吴于廑两位主编领导下参加《世界通史》教材中古分册编纂工作的厦门大学世界史教授朱寰回忆：在《世界通史》教材编纂过程中，吴先生要求从大纲的框架结构到内容的思想观点，从资料选择到文字表述，全都要仔细推敲，精雕细刻。哪怕有一点小小的疑窦，也要去大图书馆认真查对核实。有的需要查外文书，有的需要查中文古籍，有的需要检索中外文期刊。因而他们经常跑北京大学图书馆或国家图书馆。每次去图书馆，吴先生都不许给他搭出租车，而是主动去乘公共汽车。其勤俭刻苦朴实的作风，可见一斑。他们把需要解决的问题，事先写在笔记本上，进入图书馆后就争分夺秒，手不释卷。每次去图书馆大致总需要两三个小时。例如，在修改中古部分阿拉伯帝国一章时，对其极盛时期的租赋收入数字产生怀疑，为此曾专门跑北京大学图书馆解决。为了赶进度，主编组从来未休过星期日和节假日。当时适逢国家三年困难时期，粮食和蔬菜供应不足，早点常以菠菜根制成的咸菜佐餐。晚餐开得早，夜间工作时间长，就寝时已饥肠辘辘。生活虽比较艰苦，但无人叫苦。大家总是精神饱满，干劲十足，全身心地投入在《世界通史》的主编工作上。

四、潜心求索，才识为学界所敬仰

吴先生的大名为学界所敬仰。20 世纪 50 年代，郭守田先生在世界史的一次会议上说，1949 年前我国公费派遣出国留学生，多半都是去美国哈佛大学学习。"中国的哈佛大学留学生中历史学方面有'前三杰'和'后三杰'：20 年代的前三杰是陈寅恪、吴宓和汤用彤；40 年代的后三杰是吴于廑、杨联陞和任华。"吴先生哲学修养水平高，思维能力强，头脑清晰，思路敏捷，讨论问题，抓住关键，一语中的。其才、学、识为学界广泛称道，成就的取得源自长期的潜心求索所积淀的深厚学术底蕴。早在青年时代，其留学哈佛的同窗好友、后来驰誉海峡两岸的著名美籍华人学者杨联陞，就曾以一首归国诗送吴于廑先生："思能通贯学能副，舌有风雷笔有神，同辈贤豪虽不少，如君才调恐无伦。"1980 年 8 月，吴于廑作为中国代表团成员，赴罗马尼亚参加了第 15 届国际历史科学大会。1987 年 7 月，他作为中国历史学家代表团顾问，赴日本参加中日学术讨论会，并在东京会场作了"中日文化交流的历史回顾"的报告。鉴于他对历史学研究和历史学教育的杰出贡献，他被载入美国传记学会 1986 年编纂的《世界名人录》。

据武汉大学历史系教授萧致治回忆：20 世纪 70 年代末的一个夏天，他和吴先生一起参加接见一外国访华团，客人问起老教授的生活和心愿，吴先生即席作了一番感人肺腑的发言，他说："我愿做一头老黄牛。"他说："黄牛在生命的过程中，除了吃草和水，没有任何索取，对社会作出了最无私的奉献。我是一位大学教授，吃的是农民种的蔬菜，穿的是工人生产的衣服鞋袜，走的道路也是人们修筑的，是人们为我们提供了所有的一切。为了人们的幸福，国家的富强，我愿意像头老黄牛那样，忠心耿耿为人民贡献毕生的精力。"吴先生的为人和为师之道方面，据朱宸教授回忆："我认为先生在为人方面是爱国家，爱人民，思想道德高尚的人。在待人方面是与人为善，诲人不倦，为祖国教育事业尽心竭力，无怨无悔。吴先生做人处事，都是非常谦虚谨慎，表现出一位大学者的儒雅风范。"在担任全国人民代表期间，吴于廑积极发挥一个人民代表的作用。在各种学术职务和学术活动中，他发表意见，作学术报告，起着引路导航作用。他严以律己，宽以待人，豁达大度，顾全大局。在工资待遇、建立科研机构、申报科研成果奖等各种涉及个人利益的问题上，他都是先人后己，宁可委屈自己，决不亏待别人。

五、匠心独运，"学大汉武立国"名满天下

20 世纪 50 年代初，吴于廑先生参加中国人民赴朝慰问团，在朝鲜前线，他深入连队慰问中国人民志愿军和朝鲜人民军，回国后又热情地向中国人民介绍志愿军和人民军的可歌可泣的英雄事绩。1950 年，时任武汉大学副校长的吴于廑教授，在全校抗美援朝参军参干动员大会上，以"学大汉武立国"为题，作精彩演讲。他匠心独运，把"国立武汉大学"校牌由左至右倒过来读，变成"学大汉，武立国"，有学习汉朝以武立国之意，很是豪迈。当时社会背景是国家处于危难之际，他便巧妙运用了武汉大学的名字，既把武大校名和现实联系起来，又把历史和现实有机结合起来。他说，中国再一次面临生死存亡关头，为了保家卫国，振兴中华，我们必须学习大汉，以武立国，才能达到卫国保家、强兵富国的目的。师生员工听了他的讲演深受鼓舞。当时全校学生共计 2450 名，报名参军的达 1411 人，经过体检和评议，最后录取了302 人。"学大汉，武立国"从此名满天下。一个大学的名字倒过来读，也一样意味深长，磅礴大气，这在古今中外都是绝无仅有的。这也是武

大学子一直引以为豪的地方之一。

　　吴于廑数十年如一日，把毕生精力和卓越才能全部贡献给了我国的教育事业和世界史学科建设。他以高龄抱病之身为 6 卷本世界史巨著的撰写殚精竭虑，1993 年 4 月 9 日上午，他在主持这部巨著的编委会会议上突然发病去世。吴先生虽然远去，但其为人、为学、为师之道必将永远激励后人，他的无私奉献和开拓进取精神和建设我国世界史学科的丰功伟绩将永留人间。

住过第 11 栋的法学家周鲠生

涂上飙

周鲠生

走过了一百二十余年的武汉大学，如今成为一所中外闻名的高校学府。在其发展的过程中，有许多人为它作出了贡献，如国立武汉大学最后一任校长周鲠生对学校的贡献是应该永远为后人所牢记的。

周鲠生（1889—1971），原名周览，字荫松。湖南长沙人。早年赴日本早稻田大学留学，并参加了同盟会。1913 年转赴欧洲留学，先后获英国爱丁堡大学政治学硕士学位和法国巴黎大学法学博士学位。1921 年回国后，在上海商务印书馆经济部工作，并任主任。受蔡元培的邀请，不久担任北京大学教授。由于北方时局动荡不定，又到东南大学任教授兼政治系主任。1928 年 7 月，国民政府大学院决定建立国立武汉大学。周鲠生来到武汉大学，参与国立武汉大学的筹建工作。1929 年 9 月至 1939 年 6 月，先后担任过国立武汉大学法学院教授兼政治系主任、法律系主任，法科研究所所长、教务长。后赴美国从事讲学和研究。1945 年 7 月回国，任国立武汉大学校长。中华人民共和国成立后，曾任中南军政委员会委员兼文教部副主任、外交部顾问等职，是第一届至第三届全国人大代表，第三届全国人大法案委员会副主任委员。

一、合力筹建武汉大学

作为武大的一名有功之臣，他参与了学校的创办与基本建设。1928年7月，南京国民政府决定改组国立武昌中山大学，组建国立武汉大学。暂时以武昌东厂口原武昌中山大学一院为校址。其校舍纵横面积为四十余亩，建立一所国立大学显然不够条件。因此，寻找新校址势在必行。

7月，国民政府大学院决定聘请周鲠生以及刘树杞、王星拱、李四光、麦焕章、黄建中、涂允檀、曾昭安、任凯南9人为武汉大学筹备委员，并成立了新校舍建筑设备委员会。周鲠生与李四光、张难先、叶雅各、石瑛、刘树杞、王星拱、黄建中、曾昭安、王世杰等为新校舍建筑设备委员会委员。

经过考察，校舍建设最后决定东以东湖滨为界、西以茶叶港为界、北以郭郑湖为界、南面自东湖滨起至茶叶港桥头止。东西约三里，南北约二里半，共计三千多亩的山地上建立国立武汉大学。

从1930年起到学校迁到珞珈山时（1932）为止，陆续完成建设工程47项。包括：理学院共三栋；文学院一大栋；饭厅及礼堂一大栋；男生寄宿舍四大栋；工厂一大栋；电厂一栋；教职员第一住宅区住宅三十栋；运动场；自来水塔一座；自来水厂沉淀池及滤水机一座；实验小学校一大栋；建筑设备委员会会所（一名听松庐），一大栋；校址内及其附近马路，约四十华里；消费合作社邮政局洗衣所诊疗所及商店等零星房屋，若干栋；女生宿舍一大栋；教职员第二住宅区住宅三十栋。

1932年又完成了单身教员宿舍一大栋的建设。1933年完成了教职员第一区住宅二栋；教职员第二区住宅二大栋；教职员第三区住宅七双栋；农学院办公室二栋、花房一栋、农具室一栋、工房一大栋、种子储藏室一大栋等。1935年完成了教职员第三区住宅三双栋；教职员第三区住宅一大栋；图书馆一大栋；农学院羊房一栋、猪房一栋；电厂添建二大间；法学院一大栋；工学院五大栋；农学院劳作牛舍一栋、鸡房一栋；教职员第二区住宅二大栋；教职员第三区住宅一大栋；教职员第三区住宅四双栋；教职员共同宿舍二大栋；女生宿舍添建洗衣房一栋；实验小学添建教室四间；天文台二座。1936 年完成了农学院园艺室一大栋；体育馆一大栋；化学研究实验室一大栋；物理研究实验室一大栋；农学院乳牛舍一栋；农学院储青塔一座。1937 年完成了水工试验所一大栋；教职员三区住宅一双栋；改建大厨房一大栋；风雨操场一大栋。

此时，学校的主体建设基本完成。它的完成为学校发展奠定了坚实的物质基础，这里面就包含周鲠生的智力贡献和辛勤的汗水。目前学校仍以这些经典建筑为骄傲。

二、参与学校诸多管理活动

作为一名专家学者，周鲠生参与了学校的诸多管理活动。学校在召开校务会议讨论重大事项时，按要求，中央和地方政府还要派员参加。他还没到武汉大学时就作为上级的要员来校参加管理活动。如 1928 年 12 月 4 日学校的第 11 次校务会议会议，地方政府是派武汉政治分会秘书长翁敬棠参加，而中央是由教育部派时在中央大学任教授的周鲠生参加。

他到武汉大学后，曾作为学校的教授代表参加校务会议。按照规定，校务会议应该有教师代表。从实际情况来看，一般是选取 3 位。1929 年 9 月 27 日，学校举行第 5 次临时会议，以票数多少决定参会人员。经过投票，周鲠生 8 票、张珽 4 票、燕树棠 3 票，陈源、刘华瑞各 2 票，郭霖、汤璪真、叶雅各、周贞亮、王葆心、时昭瀛、吴南薰、曾昭安、陈鼎铭、高翰各 1 票。前 3 名当选。

校务会议主要负责审议决定下列事项：大学的预算、大学学院的设立及废止、大学的课程设置、大学内部各种规则的审定、学生实验事项、学生训育事项、全校纪律事项、校长交议事项等。可以说，一般关于学校层面比较重要的事，都会在校务会议上予以讨论决定。

他还是学校许多委员会的委员。1929 年 10 月 4 日，学校举行第 48

次校务会议。决议设立六个委员会，他被推选为财务委员会委员、出版委员会委员。

作为人才培养单位的负责人，他于 1930—1934 年任法学院政治学系主任，1934—1938 年任法学院法律学系主任，1936—1938 年任教务长。

1945 年 6 月，他担任校长以后领导恢复了农学院。1946 年 10 月，他主持设立了医学院。至 1948 年，学校设有文、法、理、工、农、医 6 个学院 20 个学系，成为民国武汉大学规模最大、学科最为齐全的时期。

三、潜心培育专业人才

为保证人才培养质量，他参与了法学院的人才培养方案的制订及学习课程的设置。法学院经过一系列的调整，1932 年最终设立法律学、政治学及经济学三系。

对法学院所设置的课程，他认为除了教授基本理论外，应该兼顾实际应用。各学系的课程安排，特别要注重学生将来服务社会所必要的实用科目。在教授方法上，他认为对于高年级学生，务求减少教课时间，鼓励其多读参考书，作自主的研习。

当时法律学系的课程有：三民主义、宪法、行政法、刑法总则、刑法分则、民法总则、民法债编（总论）、民法债编（各论）、民法物权、民法亲属编、民法继承编、民法概要、商事法（一）、商事法（二）、劳工法、法院组织法、刑事诉讼法、民事诉讼法、破产法、国际公法、国际私法、外国法、罗马法、法律哲学、监狱学。

政治学系的课程有：社会学、政治学、近代中国政治史、近代中国外交史、近代欧洲政治史、近代欧洲外交史、政治学英文名著选读、比较政治制度、中国政府、地方政府、市政学、行政学、国际政治、国际法研究。

经济学系的课程有：经济学、经济思想史、现代经济思想、社会主义社会运动、货币与银行、财政学、中国经济史、近代西洋经济史、近代中国财政经济、经济地理、经济财政、国际贸易及国外汇兑、关税实务、会计学（一）、会计学（二）、统计学（一）、统计学（二）、工商组织、经济学英文选读、毕业论文。

从上述课程设置来看，都有他的教育理念在里面。

他对教学认真负责的态度以及高超的演讲水平给学生留下了深刻的影响。一个学生回忆：他说不出笑话，这是他坦白的自白。他很负责任，从不无故缺课、迟到、早退。他讲课，总是那样卖力，声嘶力竭，还勉强支持，不肯借故偷懒，撒烂污。不但如此，他讲课，极有条理，决不前后紊乱，一句长到几十字的洋式语句，他可以重复到两三遍，一字不改。因此，他的讲课，极易笔记；但是他讲得太快，却令人叫苦，他的拿手好戏国际法已教过十多年了，宪法也授过好几年了，已经烂熟，但是据说在上课前，他必定预备数小时；有一次，他误国际法为宪法，错预备了，话说几句，便歉然退去课堂，不苟且的精神有如此者。

为砥砺学术、修养人格、联络感情，政治学系的学生于1931年成立了政治学会，他被聘请为顾问。他经常给学生以学术的演讲、疑难的解释、修养的指导以及精神的鼓励。当时的一位学生回忆，他讲演的声调十分洪亮，分析、综合、说明，平铺直叙，滔滔不绝，内容充实、论理精透。他不像宣传家纯然煽动，激人感情，令人兴奋，同时也令人感觉空虚、茫然。

他在培养本科生的同时，还进行了研究生的指导。20世纪30年代，武汉大学正式开始招收和培养研究生。法学院因有他及燕树棠、王世杰、皮宗石四位法学大家而开始招收研究生。根据研究所组织章程，1935年1月学校成立了法科研究所和工科研究所，周鲠生为法科研究所主任。学校研究生教育的正式开始，是武大高等教育发展的新纪元，它标志着武大正式步入研究型大学建设的轨道。

四、学术卓著成为武大首位院士

他的一生著述十分丰富，如《不平等条约十讲》《国际法大纲》《近代欧洲外交史》《近代欧洲政治史》《国际法新趋势》《现代国际法问题》《国际政治概论》《革命的外交》《法律》《万国联盟》《领事裁判权》《解放运动中之对外问题》《最近国际政治小史》《近代各国外交政策》等十多部，其中 8 部是在上海商务印书馆出版。《法律》《近代欧洲外交史》《领事裁判权》等著作被多次再版。他以刊登在本校《社会科学季刊》《东方杂志》《外交评论》《武汉日报》《时事月报》《太平洋杂志》上的论文近 200 篇，非常丰富。

2013 年商务印书馆再版的周鲠生《国际法大纲》著作

从质量上看，他的著述不但结构严密，而且引证宏博，一字一语，俱有来历。当时的学生说：读他的著述，如同啖甘蔗，必须细嚼，才能获得精华，津津有味。

当时的一个学生曾经回忆道：周先生给我印象最深的，还要推他的治学。他治学极其严谨，抱着彻底求真的精神、实事求是的态度，以科学方法，孜孜不倦地埋头苦干。这一点，值得我们后生青年效法，也是他最值得我们崇拜的地方。

由于他学术成果丰硕，中央研究院进行院士评选时，他被推选为候选人。武汉大学当时在校任教的教授中，有周鲠生、杨端六、燕树棠、李剑农等被推荐参加院士的评选，最后周鲠生教授当选。

中国的院士制度起源于民国。1928 年，作为中华民国的最高学术研究机关——中央研究院成立，蔡元培担任院长。为激励研究院、大学及其他学术机构中人员的潜心研究，1948 年 4 月进行了首批院士的评选。经民主推选，共有 81 人当选。其中数理组院士 28 人，生物组院士 25 人，人文组院士 28 人。

周鲠生之所以被评为院士，主要是因为他的学术地位。在民国他被认为是国际法界的权威，是著名的国际法研究专家。20 世纪 40 年代，国民政府进行了两批"部聘教授"的评选，总共评出 45 名，每个学科的第一名当选。周鲠生作为法学学科的代表当选。有人说"部聘教授"是院士中的院士，可见其学术水平之高。

在第一次院士评选中，曾在武大工作和任教且当选为首批院士的还有王世杰、李四光、竺可桢、郭沫若、杨树达、庄长恭、汤佩松、李宗恩、李先闻等。

五、作为校长办学理念前瞻

1945 年他担任武汉大学校长，在执掌武大期间，就大学的职能、大学的发展以及大学的科研等方面都提出了自己的见解。

对于大学教育的目的和使命是什么，他认为大学应该有三个重要的使命，即造就人才、提高学术和改造社会。

所谓造就人才，就是大学生经过学校教育的培养，成为掌握一定技能、并对社会有用的人才。如部分学生可以从事管理，甚至做领袖当官，等等。同时，他又认为，一个真正有用的人才，不但应有完备的学问知识，而且在道德品性上应有充分的修养。要保持中国固有的道德，比如守秩序、恳切、正直等。所谓提高学术，指大学教育应该注重培养学生的学术素养。他说，很多学生毕业之后可能专门从事学术研究，大学教育应对他们从事研究工作有所贡献。目前，这类人的需求量虽然不多，但又不能缺少，特别是对一些专门问题的研究，对社会国家的发展意义重大。所谓改造社会，就是大学要通过自己的所作所为影响社会，成为社会改造的动力。他说，法国的巴黎大学社会化程度很高，社会上的各种人都可以到教室里自由听课，巴黎大学几乎成为社会一般交际的场所。改造社会，就是要提高社会文化，要把优美的文化、高深的知识向社会传播，即知识的社会化。

他强调大学要向质与量并重的方向发展。在高校数量不断增长的时候，他主张在高校数量不断增长的同时，应该注重提高高校的质量。他说，高校的发展，数量的扩张和质量的提高是两个重要的方面。1945年，他在武汉大学开学典礼上演讲说，武汉大学原来的建筑只能容纳1000 人左右，在将来要办到能容纳 5000 人，甚至于 1 万人。美国许多小的大学或学院都有一两千学生，普通大学学生总数更是在 1 万人以上。在这里，他强调了数量的扩张。但他又说，从站在讲求学术的角度，高等教育不应该平均发展，而应该选择那些设备好、教员好、环境也好的学校来发展。到处开办学校的结果，反倒无助于好学校的发展。就学校内部的发展而言，既要讲求数量，又要讲求质量。

他认为大学要理论与应用并驾齐驱。在高校人才培养的模式上，是注重理论，还是注重应用？这在民国高等教育发展中是时常会引起争议的一个问题。可谓仁者见仁，智者见智。他主张理论与应用并重，对于理论还应多加注重。他说，两年前（1943）有人出国去研究原子理论，当时教育部认为此非抗战之急需而未获允许，等到最近（1945）原子弹打倒了日本，大家才恍然大悟，知道原子理论的重要。

他主张大学要有特色的自由发展。抗战胜利后，大学不断增加，省立、私立大学纷纷向国立大学转变。大学的增加，大学如何发展是一个有待思考的问题。民国时期的大学，政府通过制定一系列的法令法规，建立起了一套完整的大学教育制度，包括培养目标与学校的机构设置、日常管理、课程设置、教员聘用、研究机构与学位制度等，这对于完善办学体制、提高办学质量都是有益的。但是，这种整齐划一的高等教育，使大学失去了自由发展的机会。他在大学发展的方向上，主张大学的自由发展。他说，大学教育的整齐划一，妨害了大学教育的发展。为此，他主张在大学内部要弱化行政权力。他说，一个大学的学术工作是根本，学校的行政不过是辅助学术工作的进行。

六、积极参加抗日救亡活动

在民族危亡不断加深时，他与学校的老师们一道为挽救民族危亡鼓与呼。通过演讲宣传，让国人知晓这个民族的侵略本性；通过捐钱捐物，为抗战作出自己的贡献；通过成立抗战组织，为抗战呐喊助威。

1931年11月，他以"对日问题剖析"为题进行专题报告。他说，日本侵入中国，可能出现四种结果：日本屈服、中国屈服、中日开战和调停妥协。他希望通过国际法及国际组织来阻止日本的侵略，但又认为日本决不会放弃东三省。因此，他要求青年要有抗战的决心，要做抗战的多方面准备。1932年10月，他作了《东省事件之国际形势》的报告。报告通过各国对日态度的分析，认为应该靠自己来长期抵抗日本，但借助国际的干涉也是不应忽略的。1934年6月，他作了《对日外交》的报告。报告说，如何解决中日争端，有通过国际缔结和约说、有联俄对日说、有消极不承认说、有直接交涉说、有局部交涉说等。但这每一说都是有局限的，应该研究更为适当的办法。1935年3月，他作了《欧洲政局与远东和平》的报告。报告说，对于远东事件，有两种看法：一种认为远东有其特殊情形，应该特殊解决；另一种认为，远东与世界及欧洲是连为一体的，应该考虑远东以外的情形。他坚决主张远东问题一体解决。1936年12月，他作了

《中日问题外交史之一页》的报告。报告说，美国的远东政策是失败的，究其原因：一是英国的消极态度；二是中国外交缺乏多方面的活动。因此，今后美英两国在远东的政策应采取一致行动，彼此合作，否则徒予日本以侵略的机会而丧失其本国在华的利益；中国外交应多方面的活动，尤其是侧面交涉，不能完全依靠国联或其他一国的政府；中国应随时随地实行抵抗外力的侵略。

他除了通过演讲为抗战献计献策外，还积极捐钱献物。1932 年 1 月，为了支持马占山在东北的抗战，学校发起了募捐活动，他与师生一道共同捐款。当时与陈剑修、陈源、皮宗石、邵逸周等各捐款 60 元。在献物的活动中，他的夫人捐衣服 12 件。

1935 年 12 月，在华北危机日益严重的时刻，学校教职工于 24 日发起倡议，决定成立学校教职员救国会。27 日在文学院会议厅召开会议，在学校东省事件委员会的基础上成立了"武汉大学教职员救国会"。通过了教职员救国会章程，周鲠生与范寿康等九人为执行委员。救国会成立后他立即给南京中央政府发电，表达其对时局的意见：

现今外寇深入，谁无同仇敌忾之心，中央如有抵抗到底之决心，全国人心未死，必能分工合作，一致为政府后盾，以救危亡。否则中央政策必不见谅于国民，岂惟青年铤而走险，恐国事更不堪问矣。

以后，他领导教职员救国会又多次召开会议，不断发表国立武汉大学教职员救国会之意见。

中华人民共和国成立后，他担任了中南军政委员会委员、全国人大法案委员会副主任委员以及外交部顾问等职。为完成高校的顺利改造、为《宪法》的制定以及打通西方国家与中国的联系都作出了自己的贡献。

（原载《档案记忆》2019 年第 1 期）

◎ 附周鲠生先生的文章及著作目录：

文章：

《从英意妥协想到远东问题》，《新民族》（重庆）第 1 卷第 12 期，1938 年 5 月。

《所望于本届国联大会者》，《新民族》第 2 卷第 9 期，1938 年 9 月。

《地方政治与大学教育》，《新民族》第 3 卷第 15 期，1939 年 3 月。

《英照会以后之日本外交动向》，《新民族》第 3 卷第 9 期，1939 年 1 月。

《局外中立条规平议》，《甲寅杂志》（上海）第 1 卷第 8 期，1915 年 8 月。

《共和政治论》，《甲寅杂志》第 1 卷第 10 期，1915 年。

《中俄交涉评》，《甲寅杂志》第 1 卷第 10 期，1915 年。

《外蒙议员问题》，《太平洋》（上海）第 1 卷第 1 期，1917 年。

《日俄新协约》（篇上），《太平洋》第 1 卷第 2 期，1917 年。

《法南西第三共和制宪史论》，《太平洋》第 1 卷第 2 期，1917 年。

《日俄新协约》（篇下），《太平洋》第 1 卷第 3 期，1917 年。

《外交使节与国会同意权》，《太平洋》第 1 卷第 3 期，1917 年。

《责任内阁与元首》，《太平洋》第 1 卷第 4 期，1917 年。

《法理上之中德绝交观》，《太平洋》第 1 卷第 5 期，1917 年。

《狄骥法学评》，《太平洋》第 1 卷第 5 期，1917 年。

《俄国革命与日俄新协约》，《太平洋》第 1 卷第 6 期，1917 年。

《伦敦不单独讲和宣言论》，《太平洋》第 1 卷第 6 期，1917 年。

《万国同盟之三大意义》，《太平洋》第 2 卷第 1 期，1919 年。

《万国联盟问题之历史的观察》，《太平洋》第 2 卷第 2 期，1920 年。

《万国联盟与强制仲裁》，《太平洋》第 2 卷第 2 期，1920 年。

《战前战后之国际政局》，《太平洋》第 2 卷第 5 期，1920 年。

《对于万国联盟约法修正之意见》，《太平洋》第 2 卷第 5 期，1920 年。

《和局告成与万国联盟》，《太平洋》第 2 卷第 5 期，1920 年。

《战争与割地条约》，《太平洋》第 2 卷第 6 期，1920 年。

《万国联盟与强制和解》，《太平洋》第 2 卷第 9 期，1920 年。

《国际裁判院草案评议》，《太平洋》第 2 卷第 10 期，1921 年。

《修正后之国际裁判院组案》，《太平洋》第 3 卷第 2 期，192? 年。

《读狄骥宪法学（一）（二）》，《太平洋》第 3 卷第 2~3 期，192? 年。

《万国联盟之组织及职务》，《太平洋》第 3 卷第 4 期，192? 年。

《华盛顿会议结果》，《太平洋》第 3 卷第 5 期，192? 年。

《湖南大学组织令及说明书》，《太平洋》第 3 卷第 5 期，192? 年。

《政治哲学（一）》，《太平洋》第 3 卷第 6 期，192? 年。

《省宪与国宪》，《太平洋》第 3 卷第 7 期，192? 年。

《万国联盟与委托治理》，《太平洋》第 3 卷第 8 期，192? 年。

《读狄骥宪法学（三）》，《太平洋》第 3 卷第 9 期，192? 年。

《国会与外交》，《太平洋》第 4 卷第 1 期，1923 年 5 月。

《时局之根本的解决》，《太平洋》第 4 卷第 2 期，1923 年 9 月。

《关于国际法院的实用之观察》，《太平洋》第 4 卷第 3 期，1923 年 10 月。

《国宪与省自治法》，《太平洋》第 4 卷第 5 期，1924 年 3 月。

《民族主义与国际主义》，《太平洋》第 4 卷第 8 期，1924 年 9 月。

《英国国际法年报（评介）》，《北京大学社会科学季刊》第 1 卷第 1 期，1922 年 11 月。

《常任国际裁判法院组织法评议》，《北京大学社会科学季刊》第 1 卷第 1 期，1922 年。

《缔约权之限制》，《北京大学社会科学季刊》第 1 卷第 2 期，1923 年 2 月。

《书刊评介》，《北京大学社会科学季刊》第 1 卷第 2~3 期，1923 年。

《常任国际裁判法院》，《北京大学社会科学季刊》第 1 卷第 3 期，

1923 年 5 月。

《国际条约成立之条件（旅大问题之法律的观察）》，《北京大学社会科学季刊》第 1 卷第 3 期，1923 年 5 月。

《国际争议及其解决方法》，《北京大学社会科学季刊》第 1 卷第 4 期，1923 年 8 月。

《新书刊评介》，《北京大学社会科学季刊》第 1 卷第 4 期，1923 年 8 月。

《租借地之法律的性质》，《北京大学社会科学季刊》第 2 卷第 1 期，1923 年 11 月。

《新书刊评介》，《北京大学社会科学季刊》第 2 卷第 1 期，1923 年 11 月。

《委托治理地之性质》，《北京大学社会科学季刊》第 2 卷第 2 期，1924 年 2 月。

《书刊评介》，《北京大学社会科学季刊》第 2 卷第 2 期，1924 年 2 月。

《书刊评介》，《北京大学社会科学季刊》第 2 卷第 3 期，1924 年 5 月。

《英属自治殖民地的国际地位》，《北京大学社会科学季刊》第 2 卷第 3 期，1924 年 8 月。

《书刊评介》，《北京大学社会科学季刊》第 2 卷第 4 期，1924 年 8 月。

《领事裁判权撤废问题》，《北京大学社会科学季刊》第 3 卷第 1 期，1924 年 10—12 月。

《法学专著评介》，《北京大学社会科学季刊》第 3 卷第 1 期，1924 年。

《国际联盟与国际法》，《北京大学社会科学季刊》第 3 卷第 3 期，1925 年［本馆缺］。

《国际仲裁与国际司法》，《北京大学社会科学季刊》第 3 卷第 4 期，1925 年［本馆缺］。

《学术专著评介》，《北京大学社会科学季刊》第 4 卷第 1~2 期，1925—1926 年。

《列强在华势力范围之条约的根据》，《北京大学社会科学季刊》第 4 卷第 1~2 期，1925—1926 年。

《读广东省宪法草案》，《东方杂志》第 19 卷第 6 期，1922 年 3 月。

《领事裁判权问题》，《东方杂志》第 19 卷第 8 期，1922 年 4 月。

《国宪上之外交权问题》，《东方杂志》第 19 卷第 21 期，1922 年 11 月。

《中俄关系论》，《东方杂志》第 21 卷第 1 期，1924 年 1 月。

《俄罗斯的政治改造》，《东方杂志》第 22 卷第 5 期，1925 年 3 月。

《中国的国际地位》，《东方杂志》第 23 卷第 1 期，1926 年 1 月。

《现代日本的政治》，《东方杂志》第 24 卷第 7 期，1927 年 4 月。

《国联巴黎决议案的批评及国民对于调查委员团应取的态度》（之十八），《东方杂志》第 29 卷第 3 期，1932 年 2 月。

《宪法草案评》，《东方杂志》第 31 卷第 8 期，1934 年 4 月。

《国联的前途》，《东方杂志》第 32 卷第 1 期，1935 年 1 月。

《苏彝士运河之国际地位》，《东方杂志》第 33 卷第 1 期，1936 年 1 月。

《清室优待条例》，《现代评论》第 1 卷第 1 期，1924 年 12 月。

《中山北上》，《现代评论》第 1 卷第 1 期，1924 年 12 月。

《我们所要的一个善后会议》，《现代评论》第 1 卷第 2 期，1924 年 12 月。

《约法问题的解决》，《现代评论》第 1 卷第 3 期，1925 年 1 月。

《南开大学的风潮》，《现代评论》第 1 卷第 4 期，1925 年 1 月。

《善后会议是否应当参加?》，《现代评论》第 1 卷第 6 期，1925 年 1 月。

《段政府的政策如此!》，《现代评论》第 1 卷第 7 期，1925 年 1 月。

《中山的主张不能容纳吗?》，《现代评论》第 1 卷第 8 期，1925 年 1 月。

《教会学校的教育》,《现代评论》第 1 卷第 10 期,1925 年 2 月。

《段政府的军事善后就是这样的吗?》,《现代评论》第 1 卷第 12 期,1925 年 2 月。

《时局的危机》,《现代评论》第 1 卷第 13 期,1925 年 3 月。

《段政府专靠会议来撑持门面吗?》,《现代评论》第 1 卷第 14 期,1925 年 3 月。

《又是教育风潮》,《现代评论》第 1 卷第 15 期,1925 年 3 月。

《外人还要供给政府大批军火吗?》,《现代评论》第 1 卷第 15 期,1925 年 3 月。

《德国总统的选举》,《现代评论》第 1 卷第 16 期,1925 年 3 月。

《善后会议的最后二十天》,《现代评论》第 1 卷第 17 期,1925 年 4 月。

《好一个临时参政院》,《现代评论》第 1 卷第 18 期,1925 年 4 月。

《从善后会议到国民代表会议》,《现代评论》第 1 卷第 20 期,1925 年 4 月。

《法国新内阁人物》,《现代评论》第 1 卷第 20 期,1925 年 4 月。

《青年学生的政治运动》,《现代评论》第 1 卷第 22 期,1925 年 5 月。

《民众势力的组织》,《现代评论》第 1 卷第 24 期,1925 年 5 月。

《还要添上俄国兵》,《现代评论》第 1 卷第 25 期,1925 年 5 月。

《上海租界的杀气》,《现代评论》第 1 卷第 26 期,1925 年 6 月。

《上海租界的性质及组织》,《现代评论》第 2 卷第 27 期,1925 年 6 月。

《政府对沪案的外交》,《现代评论》第 2 卷第 28 期,1925 年 6 月。

《要求政府对英日单独交涉》,《现代评论》第 2 卷第 29 期,1925 年 6 月。

《要纠正政府的外交步骤》,《现代评论》第 2 卷第 30 期,1925 年 7 月。

《沪案交涉的步骤》，《现代评论》第 2 卷第 31 期，1925 年 7 月。

《国民现在要注意的两件事》，《现代评论》第 2 卷第 33 期，1925 年 7 月。

《沪案的外交》，《现代评论》第 2 卷第 35 期，1925 年 8 月。

《沪案杂评》，《现代评论》第 2 卷第 36 期，1925 年 8 月。

《女师大风潮与教育界》，《现代评论》第 2 卷第 37 期，1925 年 8 月。

《因循的沪案交涉》，《现代评论》第 2 卷第 38 期，1925 年 8 月。

《沪案真快要开议了吗?》，《现代评论》第 2 卷第 39 期，1925 年 9 月。

《军阀的均势主义》，《现代评论》第 2 卷第 39 期，1925 年 9 月。

《沪案还要司法调查吗?》，《现代评论》第 2 卷第 41 期，1925 年 9 月。

《爱国运动》，《现代评论》第 2 卷第 45 期，1925 年 10 月。

《二十六日的北京示威游行》，《现代评论》第 2 卷第 47 期，1925 年 10 月。

《示威运动与警察》，《现代评论》第 2 卷第 51 期，1925 年 11 月。

《沪案的司法调查便如此吗?》，《现代评论》第 2 卷第 52 期，1925 年 12 月。

《东北战争与日本出兵南满》，《现代评论》第 3 卷第 55 期，1925 年 12 月。

《冯玉祥下野》，《现代评论》第 3 卷第 57 期，1926 年 1 月。

《法权会议与收回法权》，《现代评论》第 3 卷第 59 期，1926 年 1 月。

《中东路事件的解决》，《现代评论》第 3 卷第 60 期，1926 年 1 月。

《沪案就算了吗?》，《现代评论》第 3 卷第 61 期，1926 年 2 月。

《上海会审公廨还不能收回么?》，《现代评论》第 3 卷第 64 期，1926 年 2 月。

《外交团与粤海关事件》，《现代评论》第 3 卷第 65 期，1926 年 3 月。

《日本的政府及政党》，《现代评论》第 3 卷第 53 期，1925 年 12 月。

《鲁卡诺协约与国际联盟》，《现代评论》第 3 卷第 63 期，1926 年 2 月。

《沪公廨案的交涉》，《现代评论》第 3 卷第 79 期，1926 年 6 月 12 日。

《沪公廨案交涉的前途》，《现代评论》第 4 卷第 81 期，1926 年 6 月。

《法国新内阁的计划》，《现代评论》第 4 卷第 81 期，1926 年 6 月。

《法国蒲立央新内阁成立》，《现代评论》第 4 卷第 82 期，1926 年 7 月。

《中比商约争议可以交海牙法庭吗?》，《现代评论》第 4 卷第 91 期，1926 年 9 月。

《英军舰在广州侵犯我领土》，《现代评论》第 4 卷第 92 期，1926 年 9 月。

《英海军对华作战吗?》，《现代评论》第 4 卷第 93 期，1926 年。

《中国当选联盟理事》，《现代评论》第 4 卷第 94 期，1926 年 9 月。

《万县案的法律性质》，《现代评论》第 4 卷第 95 期，1926 年 10 月。

《修约运动》，《现代评论》第 4 卷第 97 期，1926 年 10 月。

《中日商约修改照会》，《现代评论》第 4 卷第 98 期，1926 年 10 月。

《万县惨案以抗议了事》，《现代评论》第 4 卷第 100 期，1926 年 11 月。

《美国对华态度的矛盾》，《现代评论》第 4 卷第 102 期，1926 年 11 月。

《再论沪公廨案的交涉》，《现代评论》第 4 卷第 82 期，1926 年 7 月。

《三论沪公廨案交涉》，《现代评论》第 4 卷第 7 期，1926 年 8 月。

《中比商约改订运动》，《现代评论》第 4 卷第 90 期，1926 年 8 月。

《民众运动与官僚外交》，《现代评论》第 4 卷第 94 期，1926 年 9 月。

《国内战争中的对外问题》，《现代评论》第 4 卷第 95 期，1926 年 10 月。

《国际联盟组织的变更》，《现代评论》第 4 卷第 96 期，1926 年 10 月。

《论中国对比宣告废约事》，《现代评论》第 4 卷第 101 期，1926 年 11 月。

《孙中山与中国解放》，《现代评论》第 4 卷第 102 期，1926 年 11 月。

《孙中山与中国解放运动（续）》，《现代评论》第 4 卷第 103 期，1926 年 11 月。

《论关于中比争议的外交步骤》，《现代评论》第 4 卷第 104 期，1926 年 12 月。

《比约案与中国法庭》，《现代评论》第 5 卷第 106 期，1926 年 12 月。

《海牙法庭与比约案》，《现代评论》第 5 卷第 108 期，1927 年 1 月。

《元旦收回沪廨》，《现代评论》第 5 卷第 109 期，1927 年 1 月。

《租借地的问题》，《现代评论》第 5 卷第 111 期，1927 年 1 月。

《法权调查报告书》，《现代评论》第 5 卷第 106 期，1926 年 12 月。

《从大正到昭和时代的日本政治》，《现代评论》第 5 卷第 108 期，1927 年 1 月。

《汉案的解决》，《现代评论》第 5 卷第 120 期，1927 年 3 月。

《撤销领事裁判权的第一步》，《现代评论》第 5 卷第 124 期，1927 年 4 月。

《内地杂居问题》，《现代评论》第 5 卷第 127 期，1927 年 5 月。

《上海租界的加捐风潮》，《现代评论》第 6 卷第 138 期，1927 年 7 月。

《汉口英侨决议与汉案协定》，《现代评论》第 6 卷第 150 期，1927 年 10 月。

《日本伪造印花税票案》，《现代评论》第 6 卷第 153 期，1927 年 11 月。

《日美与满铁外债》，《现代评论》第 6 卷第 155 期，1927 年 11 月。

《国民革命论》，《现代评论》第 6 卷第 138~139 期，1927 年 7 月。

《革命的外交》，《现代评论》第 6 卷第 140 期，1927 年 8 月。

《南京会议后的政治》，《现代评论》第 6 卷第 145 期，1927 年 9 月。

《失望与努力》，《现代评论》第 6 卷第 147 期，1927 年 10 月。

《国际联盟第八次大会成绩》，《现代评论》第 6 卷第 154 期，1927 年 11 月。

《时局与执监大会》，《现代评论》第 6 卷第 156 期，1927 年 12 月。

《徐州克复与日本书兵》，《现代评论》第 7 卷第 159 期，1927 年 12 月。

《山东事件》，《现代评论》第 7 卷第 181 期，1928 年 5 月。

《上海法租界的自由》，《现代评论》第 7 卷第 182 期，1928 年 6 月。

《塘吉尔问题之历史的背景》，《现代评论》第 7 卷第 157 期，1927 年 12 月。

《国民革命的前途》，《现代评论》第 7 卷第 160 期，1927 年 12 月。

《国民政府与易纨士的关税提案》，《现代评论》第 7 卷第 166 期，1928 年 2 月。

《国民革命与外交》，《现代评论》第 7 卷第 162、164、168、170 期，1928 年。

《国民党与国民会议》，《现代评论》第 7 卷第 174 期，1928 年 4 月。

《宁案的外交》，《现代评论》第 7 卷第 175 期，1928 年 4 月。

《日本出兵与我们的抵制手段》，《现代评论》第 7 卷第 177 期，

1928 年 4 月。

《今后的外交》,《现代评论》第 7 卷第 178 期, 1928 年 5 月。

《英日对废约的态度》,《现代评论》第 8 卷第 191 期, 1928 年 8 月。

《中国在国际联盟之理事地位》,《现代评论》第 8 卷第 197 期, 1928 年 9 月。

《来茵撤兵谈判》,《现代评论》第 8 卷第 198 期, 1928 年 9 月。

《中德新约不批准吗?》,《现代评论》第 8 卷第 199 期, 1928 年 9 月。

《对于中比中义两约之商榷》,《现代评论》第 8 卷第 209 期, 1928 年 12 月。

《非战公约》,《现代评论》第 8 卷第 199 期, 1928 年 9 月。

《山东事件的外交》,《现代评论》第 8 卷第 183 期, 1928 年 6 月。

《北京下了以后》,《现代评论》第 8 卷第 185 期, 1928 年 6 月。

《暹罗废除不平等条约的经过》,《现代评论》第 8 卷第 189 期, 1928 年 7 月。

《对外关系的新纪元》,《现代评论》第 8 卷第 195 期, 1928 年 9 月。

《所望于新国民政府者》,《现代评论》第 8 卷第 201 期, 1928 年 10 月。

《非战公约的失效》,《现代评论》第 8 卷第 202 期, 1928 年 10 月。

《英法海军协定》,《现代评论》第 8 卷第 203 期, 1928 年 10 月。

《塘吉尔问题与四国协定》,《现代评论》第 8 卷第 204 期, 1928 年 11 月。

《塘吉尔的混合裁判所》,《现代评论》第 8 卷第 205 期, 1928 年 11 月。

《修约的外交方针》,《现代评论》第 8 卷第 205 期, 1928 年 11 月。

《关税自主与关税会议》,《现代评论》特别增刊号, 1925 年 10 月 28 日。

《鲁卡诺保障协约与国际政局》，《现代评论》第一周年增刊，1926年1月。

《共管呢，解放呢?》，《现代评论》第二周年增刊，1927年。

《国民政府的地位》，《现代评论》第三周年增刊，1928年。

《常设国际裁判院的管辖权》，《国立武汉大学社会科学季刊》第1卷第1期，1930年。

《常设国际裁判院组织法的修正》，《国立武汉大学社会科学季刊》第1卷第2期，1930年。

《外交的民主化》，《国立武汉大学社会科学季刊》第1卷第3期，1930年。

《战争权之法律的限制》，《国立武汉大学社会科学季刊》第1卷第4期，1930年。

《中国不平等条约的现状》，《国立武汉大学社会科学季刊》第1卷第4期，1930年。

《新刊介绍与批评》，《国立武汉大学社会科学季刊》第2卷第1期，1930年。

《现代国际法的新趋势》，《国立武汉大学社会科学季刊》第2卷第2期，1931年。

《东省事件与国际联盟》，《国立武汉大学社会科学季刊》第2卷第2~4期，1930年。

《国联调查团报告书》，《国立武汉大学社会科学季刊》第3卷第1期，1932年。

《国际法与国内法》，《国立武汉大学社会科学季刊》第3卷第1期，1932年。

《世界公法学会概况》，《国立武汉大学社会科学季刊》第3卷第2期，1932年。

《东省事件与国际联盟》，《国立武汉大学社会科学季刊》第3卷第2期，1932年。

《宪法中之国际的趋势》，《国立武汉大学社会科学季刊》第3卷第

3 期，1933 年。

《东省事件与国际联盟》，《国立武汉大学社会科学季刊》第 3 卷第 3 期，1933 年。

《国人在国际法之地位》，《国立武汉大学社会科学季刊》第 3 卷第 4 期，1933 年。

《国际立法的发达》，《国立武汉大学社会科学季刊》第 4 卷第 2 期，1933 年。

《国际法学会》，《国立武汉大学社会科学季刊》第 4 卷第 2 期，1933 年。

《条约之国际的效力》，《国立武汉大学社会科学季刊》第 4 卷第 3 期，1934 年。

《国际法在国内法庭之地位》，《国立武汉大学社会科学季刊》第 4 卷第 3 期，1934 年。

《国联组织的发达》，《国立武汉大学社会科学季刊》第 4 卷第 4 期，1934 年。

《评宪法草案初稿审查修正案》，《国立武汉大学社会科学季刊》第 4 卷第 4 期，1934 年。

《所谓满洲国之承认问题》，《国立武汉大学社会科学季刊》第 5 卷第 1 期，1935 年。

《澳大利新宪法下之业团国家》，《国立武汉大学社会科学季刊》第 5 卷第 2 期，1935 年。

《现代独裁政治》，《国立武汉大学社会科学季刊》第 5 卷第 3 期，1935 年。

《宪法草案的修正与实施》，《国立武汉大学社会科学季刊》第 6 卷第 1 期，1936 年。

《中华民国宪法草案评》，《国立武汉大学社会科学季刊》第 6 卷第 4 期，1936 年。

《条约之"事态如恒"条款（一）（二）》，《国立武汉大学社会科学季刊》第 6 卷第 4 期，第 7 卷第 1 期。

《战争法问题》，《国立武汉大学社会科学季刊》第 7 卷第 2 期，1936 年。

《承认新国家及新政府之规则》，《国立武汉大学社会科学季刊》第 7 卷第 4 期，1937 年。

《战罪犯审判与国际法》，《国立武汉大学社会科学季刊》第 9 卷第 1 期，1948 年。

《新书刊评介（7 则）》，《国立武汉大学社会科学季刊》第 1 卷第 1~4 期，第 2 卷第 2 期，第 6 卷第 1 期。

《法权问题》，《新时代半月刊》（武昌）第 1 卷第 1 期，1931 年 5 月。

《欧战后政治的趋势》，《新时代半月刊》第 1 卷第 5~6 期，1931 年。

《日本对华侵略政策》，《新时代半月刊》第 2 卷第 1 期，1931 年。

《国联调查委员会与国联大会委员会》，《新时代半月刊》第 3 卷第 1 期，1932 年。

《东省事件之国际形势》，《新时代半月刊》第 3 卷第 4 期，1932 年。

《国立武汉大学之出版消息》，《图书评论》（南京）第 1 卷第 1 期，1932 年。

《武汉大学现用课本调查》，《图书评论》第 1 卷第 1 期，179 页，1932 年。

《介绍一本新出版的国际关系书目》，《图书评论》第 2 卷第 9 期，19 页，1934 年。

《日本的政府及政治》，《图书评论》第 1 卷第 10 期，1933 年。

《对于报告书之态度》，《外交评论》（南京）第 1 卷第 6 期，1932 年 11 月。

《东北事件的前途》，《外交评论》第 2 卷第 2 期，1933 年 2 月。

《对日经济制裁与盟约第十六条》，《外交评论》第 2 卷第 5 期，1933 年 5 月。

《英国外交政策之解剖》，《外交评论》第 2 卷第 6 期，1933 年 6 月。

《对日政策之批判》，《外交评论》第 2 卷第 10 期，1933 年 10 月。

《美俄复交后之远东局势》，《外交评论》第 3 卷第 1 期，1934 年 1 月。

《关于对日政策之讨论》，《外交评论》第 3 卷第 1 期，1934 年。

《国联改组问题之另一观察》，《外交评论》第 3 卷第 3 期，1934 年 3 月。

《意阿争端与英国干涉》，《外交评论》第 5 卷第 3 期，1935 年 10 月。

《中日问题与远东局势》，《外交评论》第 6 卷第 1 期，1936 年 1 月。

《五年来国民政府的外交》，《外交评论》第 9 卷第 1 期，1937 年 7 月。

《国际政治的研究》，《学艺》（上海）第 5 卷第 4 期，1933 年 8 月。

《评国联不承认"满洲国"办法》，《时事月报》（南京）第 9 卷第 3 期，1933 年 9 月。

《一九三四年国际政局之推测》，《时事月报》第 10 卷第 1 期，1934 年 1 月。

《第二次世界大战与中国》，《时事月报》第 10 卷第 3 期，1934 年 3 月。

《意法妥协与欧洲政局》，《时事月报》第 20 卷第 3 期，1935 年 3 月。

《最近国际政局的变迁》，《中兴周刊》（武昌）第 1~2 期，1933 年 6 月。

《关于宪法上的意见数点》，《中兴周刊》第 3 期，1933 年 7 月。

《九一八事变二周年感想》，《中兴周刊》第 13 期，1933 年 9 月。

《国防外交》，《中兴周刊》第 17 期，1933 年 10 月。

《中国的国际地位》,《中兴周刊》第 72 期,1934 年 12 月。

《中国与国际联盟》,《中兴周刊》第 74 期,1934 年 12 月。

《今后施政的方针》,《中兴周刊》第 76 期,1935 年 1 月。

《读书的兴趣》,《中兴周刊》第 77 期,1935 年 1 月。

《远东外交的新局面"讲演"》,《珞珈月刊》(武昌)第 2 卷第 1 期,1934 年。

《欧洲政局与远东和平》,《砥柱周刊》(长沙)第 4 卷第 11 期,1935 年 11 月。

《非常时期之外交》,《中国新论》(南京)第 2 卷第 2 期,1936 年 4 月。

《国际联盟之危机》,《中国国际联盟同志会月刊》第 1 卷第 2 期,1936 年 6 月。

《世界和平问题》,《大陆评论》(乐山)第 1 期,1936 年。

《联合国宪章与国际法》,《大陆评论》第 4~5 期,1936 年。

《现代国际政治概况》,《文摘》(上海)第 1 卷第 2 期,1937 年 2 月。

《刘著〈中日关系条约汇释〉序》,《政问周刊》(南京)第 68 期,1937 年 4 月。

《抗战与国际局势的变动》,《民意周刊》(汉口)第 15 期,1938 年 3 月。

《抗战与外交纲领》,《民意周刊》第 22 期,1938 年 5 月。

《外交上几种错误的看法》,《外交研究》(重庆)第 1 卷第 2 期,1939 年 3 月。

《日本之将来》,《战斗中国》(重庆)第 1 卷第 8~9 期,1945 年 9 月。

《我对于世界政治的看法"讲演"》,《国立暨南大学校刊》(广州)复刊第 2 期,1947 年 11 月。

《历史要重演吗?》,《周论》(北平)第 1 卷第 4 期,1948 年 2 月。

《从制宪到行宪》,《自由与进步》(南京)第 1 卷,1948 年 6 月。

《国际政治与原子能》，《思想与时代》第 49 期，1948 年。

《太平洋不侵犯协约与中国的立场》，《国闻周报》第 14 卷第 22 期，1937 年 6 月。

《沪案之目标与步骤》，《晨报副镌》1925 年 7 月，沪案特刊第 8 号。

《民族主义》，《晨报副镌》1925 年 11 月，23 页。

《列强在华的势力范围》，《晨报副镌》1926 年 11 月，5 页。

《读李石岑君〈教育独立建设〉》，《教育杂志》第 14 卷第 2 期，1922 年。

《中国与集体安全》，《世界政治》（半月刊）（重庆）第 3 卷第 1 期［本馆缺］。

《胡适论学术独立十年计划及其反响》，《读书通讯》第 144 期，1947 年 11 月。

《英国学生生活》，《北京大学日刊》第 13 分册，1926 年 6 月 21 日。

《国际公法的前途》，《中华法学杂志》第 4 卷第 9 期，1945 年 11 月。

《宪法中之外交原则》，《中华法学杂志》第 5 卷第 9~10 期，1947 年。

《关于周鲠生胡适之的论战：历史要重演吗》，《中央周刊》第 1 卷第 9 期，1948 年。

《日本对外政策》，《新生命》（上海）第 1 卷第 7 期，1928 年 7 月。

著作：

1. 《近时国际政治小史》，商务印书馆 1923 年版。

2. 《领事裁判权》，商务印书馆 1923 年版。

3. 《解放运动中之对外问题》，太平洋书店 1927 年版。

4. 《最近国际政治小史》，商务印书馆 1929 年版。

5. 《革命的外交》，太平洋书店 1929 年版。

6. 《现代国际法问题》，商务印书馆 1931 年版。

7. 《近代欧洲外交史》，商务印书馆 1932 年版。

8. 《中俄关系与中东铁路》，商务印书馆 1933 年版。

9. 《法律》，商务印书馆 1933 年版。

10. 《近代欧洲政治史》，商务印书馆 1933 年版。

11. 《国际公法之新发展》，商务印书馆 1934 年版。

12. 《近代各国外交政策》，正中书局 1934 年版。

13. 《非常时期之外交》，中华书局 1937 年版。

14. 《国际法大纲》，商务印书馆 1937 年版。

住过第12栋的古典文学研究专家徐天闵

刘红松

徐天闵（1888—1957），原名徐杰，字汉三，安徽怀宁（今属安庆市）人。著名古典文学研究专家、诗人。

文学院教授徐天闵

一、教育事业

徐天闵生于光绪十四年（1888），父亲早亡，仅依靠母亲一人抚养长大。母亲对他非常慈爱，仅在读书一事稍加监督，其余事情皆不忍斥责，因此在幼小时期就养成了一种自由自主的脾味，不喜欢被旁人干涉。14 岁时徐天闵被送入小学读书，因为天资聪明而颇为先生们赞誉。他在小学住校好几年，每年考试总是拿第一名。品学兼优的他在小学期间就爱好文学，也爱好结交朋友。因此，他常常和朋友一起吟诗作对，对诗词歌赋有着极大的热忱。

徐天闵在 18 岁时考入安徽高等学堂，与程演生、赵纶士（赵朴初叔父）、江韵高、武作栋、夏雷等人成为同窗好友。这一时期的徐天闵在思想上形成了自己的风格。据徐天闵回忆："当时，学校请了很多老师宿儒。我受影响最深的一位是胡渊如先生，一位是徐铁华先生。徐先生教书作诗，胡先生讲说中国哲学方面的东西。胡先生是讲宋学的，但他的思想在当时是很前进的，主张政治改革。他的学术思想把孔孟老庄合而为一，但是他的重点还是孔孟。我是极好老庄自然无为放任自由等一些理论，把孔孟看为次要。胡先生不时与我辩论，我终不能完全接受

193

他的意见。我虽与胡先生意见不同，但胡先生真实虚心的态度使我至今不忘。"由此看来，此时的徐天闵已经深受老庄思想的影响，并将之奉为圭臬。这也对他日后从事文学工作的教学风格产生了偌大的影响。

晚年的徐天闵在谈到自己的教学经历时说："我自 24 岁（1913）开始教学工作，在小学教书三年，私塾教书三年，中学教书七年半，1927 年转入大学教书：中央大学两年，1929 年到武汉大学，直到现在共 23 年。总共教书生活将近 40 年。其间，在五四运动那年秋季，曾任安徽教育厅秘书数月，又大革命那年（1927）任浙江建设厅编辑两个月。"诚然，徐天闵的一生都是与教育事业相关联的。

从安徽高等学堂学成后，徐天闵就进入安庆市育正小学任教，之后也常常奔波于杭州、天津等地进行教学工作。民国初年，徐天闵任教于安徽省立一师，后在省立安徽大学任教。1927 年 5 月至 1929 年 7 月，徐天闵又到南京中央大学担任讲师。1929 年 8 月至 1948 年 6 月，因同乡兼同学的王星拱（筹建国立武汉大学，时任武汉大学化学系首任系主任、校长）之邀，徐天闵受聘于武汉大学中文系，先后被聘为讲师、副教授、教授。1948 年 7 月至 1949 年 7 月，徐天闵又执教于国立安徽大学。1949 年 8 月，徐天闵再度回到武汉大学，在珞珈山下教书育人，从事文学教育事业。

从小时候开始，徐天闵就爱上了文学。他把对文学的热爱带入生活，把爱好变为事业。终其一生，徐天闵都在辛勤耕耘他的文学教育事业。

二、德行逸事

徐天闵德高望重，被武汉大学列为"五老"之一。其德行逸事，也应当被世人所知。

徐天闵就读小学期间，正是列强瓜分中国、人民力图革新的年代。学校里的先生们把爱国和自由平等的道理讲给学生听。在先生的影响下，徐天闵逐渐产生了革命意识。后来，在安徽高等学堂就读期间，徐天闵受到胡先生的熏陶。由于当时胡先生最佩服严又陵（严复）先生，所以胡先生指导徐天闵读严复翻译西学的著作。据徐天闵回忆，他当时受到了新文化的影响颇深，其中他最相信的，就是进化论。

徐天闵不但有新思想，而且在行动上也丝毫不惧怕旧势力，敢于同封建礼教作斗争。当时，徐天闵在学校里住了两年半，还有半年预科就能毕业。但是因为他站出来反对学监和校长压迫同学，竟然被校长勒令开除。当时，与他一同被开除的还有六人。他们都写了悔过书，所以又得以重新回到学校。只有徐天闵坚决不肯写悔过书，因此没有能够复学。此事受到了胡先生的大为称赏。

后来，徐天闵走进了学校，开始了教学生涯。他把对诗歌的热爱融入教学中，形成了独特的教学风格。在武汉大学中文系任教时，徐天闵讲授的课程主要有："古今诗选""诗专家研究""楚辞学"等。在教学中，徐天闵注重启发教育，采用比较等方法分析讲解，深受学生欢迎。

与此同时，徐天闵对中国诗歌也颇有研究。他所作的诗最为时人推崇。其主要著作有《诗歌分期之说明》《涧萍偕游迎江寺长句》《春雨过镜天闲谈长句》《古今诗选》《汉魏晋宋五言诗选集注》等。著名女词人沈祖棻在 1946 年 3 月 24 日致卢兆显的信札中评价道："……尝与千帆论及古今第一流诗人（广义的）无不具有至崇高之人格，至伟大之胸襟，至纯洁之灵魂……前此间徐天闵先生亦尝言及：'文学之事，修养为难，技巧甚易。聪慧之士，用功不出五年可以完成矣'。蕙风亦言当于词外求词，所谓修养与学力是也……"由此可见，徐天闵的诗词创作达到了非常高的水平，得到了同行的一致好评。

徐天闵对待诗词的态度非常特别。他以唱诗的方式诠释他对诗词的理解。中国台湾散文家吴鲁芹回忆当年在武汉大学读书时，最难忘的是上"古今诗选"的徐天闵教授。他与其说是讲古诗，不如说是唱古诗。从进教室他就唱起，一直到下课仍余音绕梁。他讲课分析极少，大半时间是唱掉的。他是一位最不讲究教学法的教授，但这无碍于他的博雅精深，听他的课实属享受型。且说当读到《长恨歌》："在天愿为比翼鸟，在地愿为连理枝"时，他几乎不能自已，本来是要讲的，却对着天花板唱了起来。唐宋诗人好像是他的老朋友。太白、子美、子厚、稼轩，他叫得非常亲切。一讲到"举杯邀明月，对影成三人"，他真是眉飞色舞，边唱边跳起来，以至于影响了隔壁正好教学生如何做账的会计系教授，他前来抗议："徐教授，你再唱下去，我的学生就无法做账了！"这样一位深爱诗词的学者，恐怕现如今已不多见。徐天闵对诗词、对工作的全心投入，也深为后人敬仰。

1957 年春末夏初，徐天闵先生病逝。4 月 14 日中午，武汉大学中文系举行了徐天闵教授追悼大会。斯人已逝，幽思长存。

住过第 12 栋的文学家
历史学家革命家郭沫若

涂上飙

"宏敞的校舍在珞珈山上，全部是西式建筑的白垩宫殿。山上有葱茏的林木，遍地有畅茂的花草，山下更有一个浩渺的东湖。湖水清深，山气凉爽，而邻湖又还有浴场的设备。离城也不远，坐汽车只消 20 分钟左右。太平时分在这里读书，尤其教书的人，是有福了。"这就是郭沫若在抗战时期的回忆录《洪波曲》中所记载的珞珈山世外桃源。

郭沫若

作为我国现代著名的学者和著名社会活动家，郭沫若与武汉大学有着不期而遇的多次结缘。早在建党及大革命时期，武汉大学就曾三次聘请郭沫若来校任教。第一次是 1921 年 9 月，作为全国六大师范学校之一的国立武昌高等师范学校（武汉大学的前身）欲聘郭沫若为国文部教授，郭沫若因筹办"创造社"的文学刊物而耽误了学业，需得回日继续学习，因而不能前往应聘。第二次是 1924 年 8 月，国立武昌高师改为单科师范大学，即国立武昌师范大学（武汉大学的前身）。为补充升格后的文学师资，张继煦校长亲自写信到日本福冈，聘请郭沫若为国文系教授，由于旅费困难，未能如期而至。第三次是 1925 年国立武昌大学的校长石瑛为提高学校名望，大力延聘名师，决定聘郭沫若为国文系主任。由于郭沫若先期已答应中华学艺社的邀请，所以不得不辞聘。

三次不成，第四次终于如愿以偿。1926 年秋，北伐的大军很快攻下武昌城，武汉国民政府决定在武昌建立一所新型学校——国立武昌中山大学。在武汉国民政府的指令下，郭沫若与邓演达、董必武、徐谦、章伯钧、李汉俊等人一起担任国立武昌中山大学（武汉大学的前身）筹备委员会委员，参与武汉国民政府高等教育改革，将国立武昌大学、国立武昌商科大学、湖北省立法科大学、湖北省立医科大学、湖北省立文科大学、私立中华大学等校合并改组为国立武昌中山大学（为纪念孙中山先生也叫第二中山大学）。1927 年 2 月，国立武昌中山大学正式开学，全校设 1 院 6 科 17 系。国立武昌中山大学因大革命的失败于 1927 年冬被国民党勒令解散而停办。郭沫若等人历尽艰辛创办的国立武昌中山大学存在时间虽短，却为 1928 年国立武汉大学的创办奠定了基础。

抗日战争爆发后，郭沫若再次来到武汉，在周恩来直接领导下从事抗战文化宣传工作。1937 年 7 月 7 日，卢沟桥事变爆发，全国性的抗战开始。在中日民族矛盾日益上升为主要矛盾的时候，蒋介石被迫接受了共产党 1937 年 9 月发布的国共合作宣言，国共第二次合作宣告成立。1937 年 11 月 18 日，南京国民政府开始在武汉办公，直到 1938 年 10 月 25 日武汉失守，武汉成为事实上的"临时首都"，成为全国抗战的政治、军事、经济、文化中心。

此时的武汉大学成为共产党开展抗日救亡的重要阵地，成为共产党人联合南京国民政府协同抗日的重要场所。在这里召开过中国国民党临时全国代表大会，确定抗日的重大方针、举办过国民党军官训练团等。许多国共两党要员都住珞珈山，如周恩来、黄琪翔、郭沫若、蒋介石、陈诚等都住在珞珈山的武大教授宿舍里。

1938 年 2 月，国民政府军事委员会政治部成立，陈诚任部长，周恩来、黄琪翔任副部长。政治部下设三个厅，郭沫若任第三厅厅长，负责抗战宣传动员工作。4 月 1 日，政治部第三厅在武昌县华林正式成立。为方便工作，郭沫若通过武大哲学系范寿康教授的关系，住在珞珈山上"十八栋"别墅区张有桐教授的房子。因珞珈山成为国民党军官训练团的团部，戒备森严。4 月 26 日军官训练团的团部特意为郭沫若颁发了"洛字第 218 号特别通行证"，以方便郭沫若出入珞珈山。4 月底，郭沫若和于立群由汉口太和街搬到珞珈山居住。从寓所到武昌县华林办公地点，坐车只需要 20 分钟，免除了江南、江北早出晚归的劳顿，郭沫若感觉十分惬意。不久，周恩来、黄琪翔也先后搬来居住。周恩来和邓颖超夫妇住在珞珈山一区教工宿舍 27 号，郭沫若住在周恩来下面一排 17 号，黄琪翔住在 301 宿舍。

郭沫若利用在珞珈山居住的有利时机，做了大量的革命宣传和统战工作。他先是吸收文化界名人胡愈之、田汉、阳翰生、徐悲鸿、冯乃超、冼星海、洪深等进入第三厅工作，进而开展了大量的宣传、征募和慰劳工作。如他领导的扩大宣传周活动，通过文字宣传、口头宣传、歌咏宣传、美术宣传、戏剧宣传、电影宣传等活动，鼓励前方将士再接再厉，也勉励后方民众同仇敌忾。在宣传活动中，仅出版的报刊就达百余种，有《每周评论》《战时教育》《中国青年》《救国晚报》《前进日报》等。除了宣传活动外，还发起过献金运动。在 1938 年 7 月 7 日到来之际，他经过精心组织，发起了"七七"纪念周献金运动。武汉各界民众 50 余万人参加了献金运动，金额达 100 余万元，有力地支援了前线的抗日运动。

因为同住珞珈山，加上工作的关系，郭沫若与共产党人周恩来和国民党人黄琪翔及其夫人也结下了深厚的友谊。黄琪翔的夫人曾回忆说："琪翔和恩来、沫若两同志不仅是同事，而且是芳邻，更便于彼此往来。颖超和恩来同志经常对抗战的形势和前途进行分析和讨论；琪翔亦力图与恩来同志密切合作，扩大团结抗战的影响。还经常和大革命时期的老友叶剑英、叶挺、郭沫若来往，对时局交换意见。这个时期，我和邓颖超、宋庆龄、李德全、史良几位大姐一起搞妇女的抗日救亡工作和儿童保育工作。组织了战时妇女救国委员会和儿童保育会，并把家属组织起来，搞一些支援前线和慰劳伤兵的活动；另外还开设了一个医务所，为军人和老百姓治病，每月的开支需要几千元，全靠社会募捐来维持。在这些活动中我得到邓颖超等几位大姐的引导和帮助。"（郭秀仪：《革命友情永世难忘》，《纪念黄琪翔》，中国文史出版社 1988 年版，第 52~53 页）

尽管武汉抗战期间，郭沫若的工作十分繁忙，但在珞珈山的 4 个月里，他的生活是甜蜜而令人回忆的。在《洪波曲》中，他这样写道：

当时的生活尽管是异常忙碌，差不多每天清早一早出去，要到晚上，甚至有时是深夜才能够回家，但在夜月下的散步，星期日无须下山，或者有友来访的时候，可留下了不少的甜蜜的回忆。我们在东湖里游过水，划过船，在那岸上的菜馆吃过鲜鱼。浓厚的友情，闲适的休憩，是永远也值得回味的。

1938 年 8 月底，由于局势紧张，郭沫若搬回汉口鄱阳街居住，部署三厅人员的疏散工作。直到 10 月 24 日汉口日军的枪声日益临近，郭沫若、周恩来和董必武才撤离武汉。郭沫若在临行前为《扫荡报》写下了《武汉永远是我们的》社论。

1963 年 11 月 5 日，对于珞珈山来说是一个不寻常的日子。这一天，时任中国科学院院长兼中国科学技术大学校长的郭沫若访问了武汉大学。当他再次来到其抗战时的旧居前时浮想联翩，古香古色而历经磨难的西式别墅依旧在，只是在阳光的照耀下变得更加璀璨夺目。为了纪念这次珞珈之行，郭沫若不仅在旧居前留影，还挥毫泼墨写下了七言绝句，以纪念即将举行的武大校庆。

桃李春风五十年，珞珈山下大江边。
一桥飞架通南北，三镇高歌协管弦。
反帝反修期望勉，劳心劳力贵相联。
攀登决不畏艰险，高举红旗插九天。

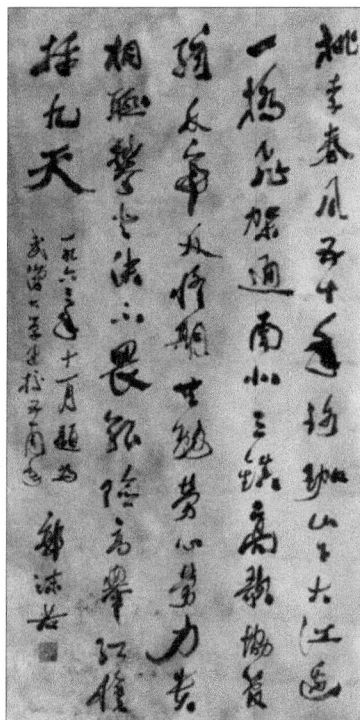

1963 年郭沫若为武汉大学校庆题词

为使武大人永远记住这位革命家、社会活动家和大文豪，武汉大学将郭沫若珞珈山故居上报国家文物局予以保护。2001 年郭沫若珞珈山故居被批准为第五批国家级文物保护单位。

（原载《中国档案报》2012 年 12 月 6 日）

住过第 12 栋的爱国民主人士黄琪翔

涂上飙

黄琪翔

黄琪翔（1898—1970），字御行，广东梅县人。中国民主革命家、政治家、军事家、中国农工民主党创建人和领导人之一。国民革命军陆军上将，北伐、抗战时名将。1931年起为中国国民党临时行动委员会（即第三党）领导人。抗战时先后任集团军总司令、中国远征军副总司令。战后第三党改成为"中国农工民主党"，黄琪翔曾担任秘书长、副主席。中华人民共和国成立后，历任中南军政委员会委员兼司法部长、国防委员会委员、国家体委副主任、第一、二、三届全国政协常委、中国农工民主党副主席等职。1970年12月10日凌晨因心肌梗死病逝于北京，终年七十二岁，骨灰安放在八宝山革命公墓。

1938年，南京国民政府在武汉成立军事委员会政治部，蒋介石以陈诚为政治部长，周恩来和黄琪翔为副部长。黄琪翔努力与周恩来合作，不断壮大抗日阵容。为了工作的方便，黄琪翔也搬到珞珈山十八栋来居住，当时住在第12栋，与郭沫若（政治部第三厅厅长）是邻居。

黄琪翔与周恩来、郭沫若负责和主抓的第三厅工作，不仅吸收了大量的民主人士，如武大教授民主人士范寿康就被任命为第三厅副厅长兼第七处处长，而且开展了大量的宣传、征募和慰劳工作。在工作中，三位革命人士及其夫人也结下了深厚的友谊，黄琪翔的夫人曾回忆说：

琪翔和恩来、沫若两同志不仅是同事，而且是芳邻，更便于彼此往来。颖超和恩来同志经常对抗战的形势和前途进行分析和讨论；琪翔亦力图与恩来同志密切合作，扩大团结抗战的影响。还经常和大革命时期的老友叶剑英、叶挺、郭沫若来往，对时局交换意见。这个时期，我和邓颖超、宋庆龄、李德全、史良几位大姐一起搞妇女的抗日救亡工作和儿童保育工作。组织了战时妇女救国委员会和儿童保育会，并把家属组织起来，搞一些支援前线和慰劳伤兵的活动；另外还开设了一个医务所，为军人和老百姓治病，每月的开支需要几千元，全靠社会募捐来维持。在这些活动中我得到邓颖超等几位大姐的引导和帮助。

七七抗战一周年，黄琪翔与夫人郭秀仪积极参加献金运动，带头捐款，郭秀仪主持一个献金台。武汉地区群众抗日救亡运动在政治部的领导下，搞得轰轰烈烈。

后来，政治部的实权操纵在中统、军统特务手中。中统的张厉生任秘书长，军统的康泽、贺衷寒分任第一、二厅厅长，他们都是反共老手，把政治部作为反共场所。黄琪翔不愿同流合污，1938 年 8 月以后乃请陈诚调其为军训部次长，离开武汉前往桂林。

住过第 12 栋的社会学家张有桐

涂上飙

法学院教授张有桐

张有桐，法学院教授，号百高，江西萍乡人。日本东京帝国大学文学士。来国立武汉大学前担任过江西中山大学秘书长、国立武昌中山大学教授、武汉市政委员会委员。民国 17 年（1928）十月到学校。

张有桐到学校后的第一个身份是大学秘书，与王世杰、王星拱、闻一多、皮宗石、石瑛、梁明致等一起，参与学校的管理工作，直到 1938 年 5 月离职。他担任大学秘书长达十年，为学校初期的发展壮大作出了重要贡献。

起初他没有参加校务会议，1931 年以后随着学系的增加，他以专家的身份参加学校校务会议。专家参加学校校务会议要在全体教授当中进行选举，前 3 人作为校务会议代表。1931 年 10 月 23 日，学校举行第 136 次校务会议，通报了校务会议教授代表选举结果：任凯南 14 票、时昭瀛 10 票、张有桐 8 票。他票数位列第三而当选。校务会议主要负责审议大学的预算，大学学院的设立及废止，大学的课程设置，大学内部各种规则的审定，学生实验事项，学生训育事项，全校纪律事项，校长交议事项，等等。可以说，一般关于学校层面比较重要的事，都会在校务会议上予以讨论决定。

张有桐的第二个身份就是法学院教授。他给政治系的学生讲授过"社会学"课程。其课每周二小时，一年授完。课程参照当时文化学派的理论，注重社会历史的发展、动态的考察以及静态的分析，目的在阐明社会及社会与一切社会现象之间的关系，以探求文化发展及其变迁的因果关系。

就科研成果来看，1928 年出版有《社会学纲要》，1932 年出版有《社会学》，1934 年出版有《社会学原理》。发表的论文有：《日本对华中央机关设立之经过》（《政论》第 1 卷第 29 期，1938 年 11 月）；《日本的一国一党运动》（《政论》第 1 卷第 31 期，1938 年 12 月）；《法国的政情与欧洲局势的将来》（《政论》第 1 卷第 31 期，1938 年 12 月）；《社会与个人》（《国立武汉大学社会科学季刊》1936 年第 6 卷第 1 期）；《晚近社会之主要趋向》（《国立武汉大学社会科学季刊》1937 年第 7 卷第 4 期）；《日本大陆侵略之强化》（《中兴周刊》第 135 期，1936 年 6 月）；《社会之动态的观察》（《学艺》第 6 卷第 3 期，1924 年 7 月）；《社会学的国家论》（《学艺》第 13 卷第 2 期，1934 年 4 月）；《社会进化理论之检讨》（《学艺》第 13 卷第 9 期，1934 年 11 月）；《劳工法之演进及其领域》（《学艺》第 11 卷第 9 期，1932 年 9 月）。

住过第 12 栋的历史学家方壮猷

袁任虹

历史学系教授方壮猷

方壮猷（1902—1970），原名彰修，字欣安，或作欣庵、新安、心安，湖南湘潭人。中国著名历史学家、考古学家。

方壮猷出生于湖南湘潭的贫苦农民家庭，因家境贫寒，父亲方瑞清出外当过店员、炊事员，方壮猷幼年曾随祖母。1916 年，方壮猷得家族资助，考入湘潭县第七区立振铎高等小学堂，因学习成绩优异，受校长方鹤卿（清末秀才、留日学生）赏识，小学毕业后的第二年即 1919 年考入湖南省立第一师范学校，在校期间积极参加学生运动；1923 年考入国立北京师范大学。1925 年，他考入清华大学国学研究院，受业于梁启超、王国维、陈寅恪等国学名师，这期间借钱读书，靠半工半读补贴学习生活费用。1926 年毕业后旋任地质调查所秘书，1927 年任国立暨南大学讲师，兼职复旦大学、交通大学。1929 年留学日本东京大学，师从东京大学文学部东洋史研究室白鸟库吉教授研究东方民族史；次年回国，任教于国立北京大学、国立北京师范大学、燕京大学、辅仁大学；1933 年任国立中央大学历史系讲师；1934 年留学法国巴黎大学，师从伯希和（D. Pelliot）教授研究东方民族史；1936 年回国，任国立武汉大学历史系教授、系主任，代理文学院院长，直至 1949 年。其间，曾在东北大学、兰州大学、西北师范学院和湖南大学兼课。1949 年后，服从革命需要，改行从事文化行政领导工作，先后任中南军政委员会文化部文物处副处长、中南图书馆（今湖北省图书馆）馆长、湖北省文化局局长、湖北省哲学社会科学研究所研究员、湖北省文物管理委员会副主任委员等职，曾被选为省人民代表大会代表和第三届全国人大代表、湖北省政协常委。

1926 年国立清华大学第一届研究班毕业生与导师在清华园合影
左起后排第一个为方壮猷

一、教 学 事 迹

方壮猷学识渊博，精专于中国宋辽金元四朝历史，又旁及其他史学课程，讲授课程范围极广。在武汉大学任教期间，他先后讲授了"中国通史"（从古代到现代）、"隋唐五代史""宋史""宋元史""辽金元史""中国近代史""中国社会史""中国文学史""俄国史""日本史""西洋近代文化史""史学方法""史学研究""史学目录学"等共十余门课程。他授课年代清楚，史实环环相扣，严谨之中又不失风趣；他在讲"宋史"时，准备了两套书发给学生，让学生按不同的专题整理剪贴，剪贴完了，一部"宋史资料分类长编"的雏形也出来了。而学生们则在这个过程中学到了一种治学的方法，受益匪浅。

根据薛国中（原武汉大学历史学院教授）在《怀念方壮猷老师》一文中回忆，方壮猷的授课特点尤为突出：第一，寓爱国主义于历史教学之中；如1936年他来武大任教时正值日本帝国主义侵占我国东北领土，在讲授"辽金元史"时，详细介绍了建立辽金元王朝的契丹族、女真族和蒙古族发源于中国东北地区和蒙古地区的史实，论证日本占领东北是不可容忍的侵略，用以教育和激发青年学生的爱国热情，奋起抗日，收复失地；在讲授"中国近代史"时，更是贯穿反帝反封建的革命思想。第二，注意启发式的教学方法；如在讲授"中国通史"时，着重对史迹的解释、史料的介绍，培养学生对历史科学的兴趣，引导他们进入史学研究之门；讲授"史学研究"和"史学方法"时，着重治史的原则，指导学生如何运用科学方法来阐明历史真相。第三，引导学生对所授课程尽可能有实际的而不是抽象的知识；在讲授"史学目录学"这门课时，不仅在课堂上对课程内容作了详细介绍，而且带领学生到图书馆藏书楼进行实地考察，将各类史书进行比较；使学生对中国历代书籍有切实而具体的认识，为今后在学习和研究中收集和运用史料奠定了初步的基础。

方壮猷所开设的许多课程编有讲义，部分讲义已印刷出版，如《中国史学概要》1947年由中国文化服务社出版，"中国社会史""宋元经济史稿"等讲义也以铅印或油印的方式印刷，作为教材使用。

二、科研成果

方壮猷治学严谨，著述甚丰，长期从事历史教学与研究，对中国民族史、宋辽金元史、文物考古的研究贡献尤为突出，涉及目录学、版本学、方志学、金石学、考古学。他对史料特别重视，治学特别刻苦、勤奋、严谨；而且尤其重视对唯物史观的学习和运用，在编写"中国社会史"讲义时，比较重视土地所有制和农奴制度等问题，试图运用生产力决定生产关系、经济基础决定上层建筑的原理来说明中国社会的发展过程；中华人民共和国成立后更加重视对马克思主义理论的学习，家中马列经典著作很齐全，许多书上有密密麻麻的各种阅读记号和批语。

受恩师王国维的影响，他早年着重研究中国北方少数民族的语言和史地，抗日战争时期主攻宋史，撰有《室韦考》《契丹民族考》《鞑靼起源考》《匈奴王号考》《匈奴语言考》《鲜卑语言考》《三种古西域语之发见及考释》等论著；并整理出《宋史资料分类长编》数十巨册，并写了编纂《宋史类编》和《宋史校注》的计划，后因条件所限未能实现。其学术论文《宋史类编及宋史校注》载入《说文月刊》1943 年第 3 卷第 11 期，《南宋编年史家二李年谱》发表于 1944 年《说文月刊》1944 年第 4 卷合刊本，《辽金元科举年表》载于《武汉大学文哲学报》1944 年第 7 卷第 3 期，《雷波屏山沐川等县土司家谱》载于《边政公论》1945 年第 4 卷第 4~6 期。此外，还翻译了其导师白鸟库吉教授的《东胡民族考》（1934 年由商务印书馆出版）、《龟兹国语及其研究之端绪》和《所谓东伊兰语即于阗国语考》（载于 1930 年《女师大学术季刊》第 1 卷第 4 期）。

研究宋史的同时，他还开展了民族史的研究，并把史籍考证和实际调查研究结合起来。他曾两次参加我国西南地区少数民族的调查研究工作，一次是中英庚款董事会组织的川康科学考察团，另一次是边区建设研究会组织的雷波、马边、屏山、峨边、沐川、犍为、峨眉、乐山八县彝族的调查工作，重点调查研究四川西部彝族的奴隶社会制度，并写成《凉山罗族系谱》《雷波、屏山、沐川等县土司家谱》《蛮夷司文九土司家谱》等调查报告，发表于《边政公论》杂志上。此外，他还发表了《中国第一次奴隶解放运动》《中国古代商业的发展及抑商政策的实施》《中国社会基础的特质》等多篇学术论文。

中华人民共和国成立后，因革命需要改行从事文化行政领导工作。1955 年调任湖北省文化局局长后，他积极采取措施加强全省的文物保护工作，全省第一批重点文物保护单位名单就是在他的亲自领导下，由省文化局提出，经湖北省人民委员会批准于 1956 年 11 月 15 日明令颁布的。1965 年任湖北省文物管理委员会副主任，力图在文献资料和地下发掘资料的结合上来研究楚国史。同年领导了江陵楚墓的发掘工作，就越王勾践剑的厘定问题和郭沫若、夏鼐、苏秉琦、唐兰、陈梦家、顾铁符等专家商讨，提出了关键性的意见，并认定了剑身铭文是"越王

1955 年方壮猷在汉口，时年 53 岁

（图片来源：方克强、方克定、方克立等

编：《高风楚天阔》，湖南编委会，2011 年）

勾践自作用剑"，后编成《楚墓通讯集》一册（原件今存湖北省博物馆）。任行政工作期间，方壮猷主编了《中南图书馆馆藏地方志目录》和《武汉地区各大图书馆馆藏期刊综合目录》；撰写了《宋代百家争鸣初探》和《中国古代学术史上的百家争鸣》；并发表了《从元代农业生产力的发展看忽必烈的重农政策》（收录于 1962 年《纪念成吉思汗诞生八百周年蒙古史科学讨论会集刊》）《初论江陵望山楚墓的年代与墓主》（载于 1980 年《武汉考古》创刊号）等多篇学术论文，都有自己独到的见解，受到学界的好评。

三、德高望重

1. 热爱国家，心系国家

方壮猷是一名积极的爱国知识分子，积极参加反对帝国主义反对封建社会的学生运动，一生心系于祖国。在湖南省立第一师范学校读书时，他曾参加湖南省学生联合会的工作，并参加了毛泽东领导的驱逐北洋军阀张敬尧的运动、反对本省军阀赵恒惕的联省自治运动、反对湖南省议会的自治制宪运动以及抵制日货运动，负责编辑《湖南学联周刊》。在清华大学读书期间，于 1925 年 6 月 3 日参加北京学联组织声援上海人民"五卅"反帝爱国运动的示威游行，并发表宣言，他是"反帝宣言"的执笔起草人之一；1926 年 3 月 18 日，他积极参加反对段祺瑞执政府对日妥协投降的"三一八"学生示威游行运动。留学日本时，因不满日本军国主义日益暴露的侵华野心，愤然弃学回国。九一八事变后，与余逊、徐中舒等合著《东北史纲》，驳斥日本军国主义者所鼓吹的"满蒙在历史上非支那领土"的谬论。"文化大革命"期间，1967年他奉命赴黄冈县回龙山林彪的家乡搞所谓"革命旧址调查"，有人企图把整理搞成第二个"红太阳升起的地方"，他提出异议，说要实事求是。

抗美援朝时期，方壮猷为支持国家积极送子参军。1950 年美帝国主义悍然发动侵朝战争，矛头直指新诞生的中华人民共和国。举国愤慨，青年学生纷纷响应党的号召，弃笔从戎，抗美援朝，保家卫国。方壮猷和夫人张芹芬坚决支持三个儿子同时报名参军，最后亲自把长子方克强送入了中国人民解放军抗美援朝的队伍，为人民树立了光辉榜样。1959 年，印度扩张主义者继承英帝国主义的政策，遣军越过中印边界，侵占我国西南边陲领土。方壮猷对印度扩张主义非常气愤，为揭露其侵略罪行，于 1959 年 9 月和 10 月连续写信给我国外交部陈毅部长，为反击印度扩张主义贡献图册，介绍有关中印边界的地图和资料，受到外交部高度重视和称赞，回信说："颇有参考价值"。

2. 爱生如子，平易近人

方壮猷热爱青年，在学习和生活上积极关心、关爱学生，并奖掖后进。马同勋（原武汉大学历史系教授）在《怀念恩师方壮猷教授》一文中回忆到，孙秉莹、解毓才、邓人撰和他本人都是家在沦陷区流亡四

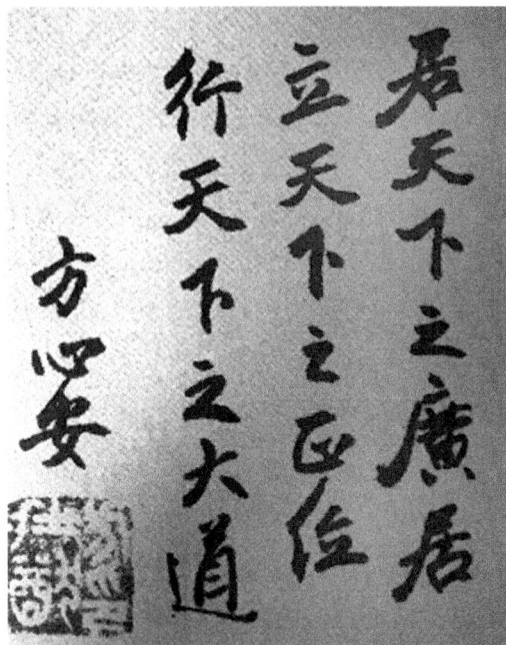

方壮猷手稿

（图片来源：方克强、方克定、方克立等
编：《高风楚天阔》，湖南编委会，2011年）

川乐山的学生，举目无亲，生活相当艰苦。方壮猷和夫人除殷切教导他
们之外，时时关心他们的生活；每逢传统佳节，总要邀他们到家中聚
餐，在与方壮猷儿女克强、克定和克明的相聚中，享受难得的有若天伦
之乐的温馨。在传道授业之余，对学生的工作和前途也非常关心。1940
年，孙秉莹、解毓才、邓人撰毕业，方壮猷想尽办法留他们担任文学院
研究助理，边工作边撰写《宋史类编》；1942年研究助理期满后，介绍
孙秉莹到西安第八战区司令长官部任上校秘书，并向老同学卫聚贤
（清华国学研究院同班同学，时任中央银行秘书）推荐解毓才担任乐山
中央银行秘书。由于局势动荡，在中华人民共和国成立前毕业即失业，
大学毕业后要想找到一个合适的工作是非常困难的，当时不少才学兼优

的青年困于生活，坎坷终生。方壮猷对青年十分同情，能帮的无不热心帮助，学生毕业后积极推荐工作。1949 年学生孙秉莹（现郑州大学教授）在美国华盛顿大学读完硕士学位之时，正值中华人民共和国成立，许多留美学生激于爱国热情，渴望回国为社会主义祖国服务。此时，方壮猷寄给她一张湖南大学教授的聘书，使她下定决心回国效力；此后又推荐学生解毓才任教湖南大学。

虽是高级知识分子和教授，但方壮猷却没有一点架子，平易近人，和学生关系相当好。当时学生运动很多，方壮猷非常支持学生参加当时党领导的政治运动；学生课下与他接触时，他都很热情，对各年级学生都很平易近人，作风很好。在日常生活中，他特别关心学生，鼓励学生学习马列主义，关心学生在政治上和生活上的进步。不仅如此，他和学生关系好还体现在其他方面，大多学生都到方壮猷家中做过客人，学生也常请方壮猷和他们一起游玩；班上的同学有时遇到难以解决的问题，也有个别人去找方壮猷求教或谈心的，方壮猷在学生中享有很高的声望。

3. 无私奉献，作风淳朴

方壮猷大公无私，将自己的一生贡献于科研和社会。1962 年，他以 60 岁高龄前往湖北红安、麻城等老革命根据地搜集史料，同青年工作人员一起集体编撰成《第一次国内革命战争时代湖北革命史稿》《第二次国内革命战争时期鄂豫皖根据地革命大事记》《收回汉口九江英租界史料汇编》等书稿。方壮猷一生酷爱书籍，他的工薪和稿酬收入除还债外，大部分用于购书，他刻意购求善本和珍贵史籍，家中藏书十分丰富。尽管他一生酷爱书籍，但他却将毕生所藏无私奉献给社会，以求知识的传播能更加广泛，造福于更多民众。1951 年前后，方壮猷把珍藏的图书数千册无私地捐赠给武汉大学图书馆和中南图书馆；去世后，其子女遵照方壮猷生前的遗愿，将家藏的全部图书、古籍、碑帖、字画、古器物等捐赠给湖北省博物馆。

1965 年冬，方壮猷在进行工地考古的过程中遭遇极端天气，这给

方壮猷与妻子张芹芬及儿女

（图片来源：方克强、方克定、方克立等编：《高
风楚天阔》，湖南编委会，2011 年）

考古工作带来了极大的不便之处；而且因为当时工地消息闭塞，考古队
看不到当天报纸，也听不到当天的广播。为了使工地的同志们既能听到
有关国家大事的广播，也能听到相关的天气预报，同时也为了使考古发
掘工作进行得更加顺利，方壮猷个人拿出一个月工资 184 元，为考古工
地同志们买了一台"飞乐牌"收音机，极大地便利了考古队的工作进
展。"文化大革命"期间，方壮猷于 1967 年和 1968 年多次向省委写报
告，表示愿将自己工资的一部分交给国家，无私奉献。

　　方壮猷虽然是见过大世面的高级知识分子，且是有相当地位的国家
干部，但他始终保持着出身农家的淳朴作风，孝顺父母，关照弟妹和晚
辈，重视亲情和乡情，在家乡和亲属中一直有很好的口碑。

住过第 13 栋的林学家叶雅各

刘秋华

叶雅各（1894—1967），男，又名雅谷，广东番禺人。国立武汉大学农学院首任院长，林学家。

一、学成归国　甘做人梯

叶雅各早年就读于广州岭南学堂，1916 年入菲律宾大学学习。1917 年赴美深造，1918 年获美国宾夕法尼亚州立大学森林系科学学士学位；1919 年又入美国耶鲁大学森林学院学习，获森林硕士学位。1921 年任南京金陵大学森林系教授兼系主任。1928 年任国立武汉大学新校舍建筑设备委员会委员兼秘书，1929 年开始担任理学院教授。1933 年 7 月奉国民政府教育部令国立武汉大学开始筹备农学院，校长兼主任，叶雅各为副主任。1935 年秋季开办一期农业简易班，招收来自农村的初中毕业生，为国家培训急需的农业人才。1936 年秋季农学院正式宣告成立，并开始招收农艺系本科生，叶雅各为农学院首任院长。1938 年任国立武汉大学迁校委员会副主任。1946 年至 1949 年，继任武汉大学农学院院长、森林系主任。

自 1929 年至 1937 年，作为植物学教授，主要承担讲授的课程有："生物环象学"、"环象学"（植物生理的）、"植物生态学"、"木材解剖学"、"木材解剖学实验"等。并编著有全英文版教材《生物环象学》

叶雅各

215

《生态学》等。

1941 年 2 月，为表彰其在武汉大学坚守教师岗位，连续服务满十年，国民政府教育部授予叶雅各三等服务奖，全校共有 33 人获此殊荣，校长王星拱、周鲠生亦在此列。这在当时国家战乱时期，是极为不易的。

叶雅各的主要论著有：《女子与森林》《田野林的利益》《清明植树节》《植树节》《植树节的感想》《江苏省森林政策之商榷》《森林对风调雨顺的关系》《群众营造杉木林的先进经验的分析和建议》等。

二、教授治校　事必躬亲

根据史料记载，叶雅各在校期间，诸事均亲力亲为。

1938 年 3 月 17 日，叶雅各致王星拱校长信，主要内容有：农艺系助理员余传斌请事假数天未返校复职，也未来函请假，但因农场事务繁忙，亟待人管理，特着前本校农业简易班毕业生汪景晖代理其职。

1936 年 9 月 7 日，校长王星拱亲派叶雅各及事务主任等赴平汉路局与工务、会计两处洽商合作事宜，拟订工作办法和计划。

1939 年 5 月，叶雅各教授受管理中央庚款董事会之委托，担任川康科学考察团农林组组长，并亲赴四川各地实施考察，研究了解川康农林情形，研究改进计划。

1940 年 4 月，校长王星拱致电在澳门的叶雅各，敦促其尽快返校任教，如不能来拟自 5 月起停薪，以免非议。

1946 年 10 月 23 日，叶雅各签呈校长周鲠生，关于武汉大学复员后庭园、林木行道、树、草坪、花卉、杂草、防火等事亟待专人管理，拟请派专人负责并雇佣工人八名，由农学院指挥。周校长旋即应允。

1946 年 11 月 22 日，叶雅各担任农学院院长期间，朱光煌教授加盟武大，指挥管理乳牛场一切事宜，与其商定月薪 480 元。

1947 年 3 月 18 日，叶雅各拟呈，呈请转电武汉行辕严禁武汉驻军上珞珈山折花攀树以保护森林，武汉大学拟请武汉警备司令部及宪兵团出示严禁。周校长批复"照拟"。

1947年4月，农学院院长叶雅各教授受周鲠生校长委托赴上海提运由美国订购的1940年至1946年的期刊。

1947年8月30日，叶雅各、学校庶务组主任端木梦锡呈请校长周鲠生希望成立珞珈山市场管理委员会，以整顿凌乱不堪的校区内市场，并负责制订管理规则，征收地租等事务。学校批复准予备案，图章由该会自备。

1946年至1948年负责完成聘牛奶场办事员、采购发动机及吉普车、添置抽水机及水管、气象学开班并与中央气象台设立测候所等诸多事务。

1947年、1948年、1949年先后拟聘刘后利为教授（1939年获国立中央大学学士学位，1946年获美国伊利诺大学硕士学位，1948年获美国伊利诺大学博士学位）、胡绪濂（毕业于中天大学）为助教、胡圣楚为助教（月薪130元）均获学校批准。

三、深厚情意　寄语学子

在《武汉大学1937年首届农业班毕业同学录》中，叶雅各作为农学院院长深情寄语毕业生：

毕业不过是结束学程中一个阶段的仪式，本来值不得什么庆祝与铺张，又用不着说些甚么吉祥的话，但是诸生以偶然的机会，集合于本班，经两年的刻苦耐劳，虽严寒酷暑不减埋头苦干的精神，视二年如一日；起初我以为23人中，总免不掉有半数会因功课和田间的苦闷，要中途退学的，到现在居然还有20人能美满地结束课程，这是我们预想不到的一件最高兴、最快乐的事情。这真可算值得纪念。我本师友相砥砺及临别赠言的意思，谨以诚恳的情绪，奉献几句共同勉励的话给各位。我们要知道一件事业的成功，因素固然很多，但是有几点必须时时刻刻牢记，而且现在所说的，的确与诸位有密切的关系。

第一点，就是要明理，凡事都有至理，农学也是一样。明是非，判得失，辨时务，适机宜，这些都是以明理为基础。明理的方法是怎样的呢？简单地说，是从两方面得来，一是从师长教诲与指导，但其权操于他人，离开学校就暂告结束了。二是由本人朝夕思索、观察、研究和勤奋读书得来，其权操自我，只要有毅力恒心，无论处任何境遇，身体无论如何疲倦，仍然可以顺序继续进行。切不可受环境的支配而中断，更不可受环境的支配而堕落腐败下去。

第二点，是自信力，我们因为要坚固和鼓励诸君自信力，所以本班有半日田间工作及寒假暑假整日作工的规定，做农人所做的事，过农人所过的生活。这都是故意要苦诸君的心志，劳诸君的筋骨，以求切实的技能与经验。由技能与经验而产生农事上的信心。读书是比较轻易的事，只要看一节半章，就读完一种农作物的施工方法，看起来也好像很容易，但是做起来就得流几个月的汗，费很大的力，做得筋疲力尽，有时还要发生一点疑心和失望。鲁先生告诉我，诸生车了十余天水，插完十余亩稻田后，因为禾秧变态，就大大失望，以为不能成活，后来到了成熟时期，居然有四五十担的收获，方信这是必经的程序，用不着怀疑的。又譬如，初到磨山去测量的时候，大雪纷飞，气候骤寒，起居饮食都是粗鄙简陋，加以辽阔的面积，崎岖的山势，诸君都以为无论如何三星期是难测完的，虽经我屡次申说，还是不大相信，几乎有半途而废的危险，好在后来的诸位，还是按照我的嘱咐做去，结果竟能够如期美满完工。我想以后诸位如果遇到有着同样的事情，诸君绝不会再和从前那样怀疑畏缩不前了。要知道凡是一件事业的成功绝不是偶然的。必然要经历一番奋斗，必定要受过挫折，然而我们还是继续努力苦干到底，定要把那件事弄成功了方才罢手，这种不屈不挠的精神，就是完全由自信力得来的。

第三点，就是要勇敢：学农林的人，都要离开都市去农村服务的。穷乡僻壤，有时难保没有盗贼出来，人迹稀少的深山峻岭，难保没有猛兽毒蛇藏在里面。我们总是畏缩顾虑，一心只想到个人的安全，那还有什么农林事业可做呢？你们在新店、李家塞、黄山坡的经验应永远留存下来做一个好教训，并且希望大家以后都能抱着一种无畏的精神，冲破任何恶劣的环境，保持我们威武不能屈，危难不能移的志气！

第四点，就是要诚实：我们做事，无论负着一种什么责任，我们总要诚诚实实地做下去。若果有人在旁，然后就略卖力气，否则苟且偷安，或敷衍了事，这是最可鄙最下愚人做的事情。英国人说得好——"诚实是最好的方法"，希望诸君能彻底明了这句话的意义。

中国人现在大都明白国家的财源，是靠地利得来。地利所出的，是农产品，一切工作的成就都是依赖它，商务的流通也是因为它，轮船铁路所运输的，也是它。我们要复兴我们的农村，增加我们的生产——第一就得举国一致，勇往直前地干下去，而诸君所负的责任特别大，曾子说："士不可以不弘毅，任重而道远"，望各位互相勉励，自强不息，为国家民族尽一番义务，作一番事业，那是我们作师长的也觉得有很大的光荣。我这几句简单的话，希望各位能够随时记住，并祝各位前途无量。

细细品读开来，其中之深意，即便在当代，也是饱含着值得我们任何一个人去体会的人生之哲理，也足见叶雅各教授博大的心胸、睿智，以及其对学生满满的期许。

四、功在当时　利在千秋

叶雅各教授在武汉大学工作十余载，为国立武汉大学的校址选定、校园绿化、学科建设和农、林业人才培养作出了突出贡献。遥想当年（1928），他与地质学家李四光等人，不辞辛劳多次寻勘校址，最终选定了依山傍水的珞珈山为建校新址，并亲自设计规划武大校园、林场、植物园、果园、苗圃及一切可以绿化的道路网和荒山隙地。经过数年的不懈努力，使整个破败的珞珈山变了大样，绿化面积达到校区总面积的三分之二。如今武汉大学已成为全国风景最美大学之一，这些前辈中人功不可没。

叶雅各也是中国近代林业开拓者之一。他极力宣传森林富民强国之道，倡导广修林政，开展植树造林，发展林业生产，并以森林生态学的观点提出了防治森林虫害的战略思想。他一生对祖国林业立下的功绩，当为后人永远怀念。

叶雅各还曾担任湖北省农林厅副厅长，湖北省林业局局长，湖北省林业厅副厅长，湖北省林学会第一届副理事长，中国林学会第一届、第二届理事，第三届常务理事等职。

住过第 14 栋的矿冶学家邵逸周

吴　骁

邵逸周（1891—1976），安徽休宁人，著名工程师、矿冶学家。

其父为著名徽商邵百万（国基），他本人则自称为"一个来自偏僻地方而不通世故的小孩子"，八九岁时来到武昌，就读于外国教会创办的博文书院，在此"读古经兼读今文，习国学复习洋书"，"把砚研今古，临池习横行"，并且"数学奇好"。1906 年毕业于武昌博文书院，1908 年毕业于安徽高等学堂，并赴英国留学，入伦敦大学皇家科学院学习。

工学院院长邵逸周

1911 年回国参加辛亥革命，次年在石瑛、吴稚晖的介绍下，入南京临时政府秘书处电报科工作。不久后，经临时稽勋局考选，再次赴英国留学，入皇家矿务学校学习，1914 年毕业，获 A. R. S. M 及 D. I. C 等学位。其间，曾任英国坎诺契司煤矿测量科长。同年回国，初任孙中山先生英文秘书，后任大冶铁矿工程师、缅甸矿务公司工程师。

1930 年年底，国立武汉大学工学院首任院长石瑛辞职，同时推荐邵逸周继任院长之职。对于当时的情形，有位武大学生曾如此记述道：

记得是民国十九年的冬天，石先生因事辞了武大工学院长职，将离校时，特荐举邵先生充其遗缺。当时有几位先生以为邵先生回国不久，拟以教授聘请，这就难为石先生了。聪明精干而知时识人的石先生，于是答道："邵先生确是现今中国第一流的工程师……"邵先生来校了，就工学院长职。

另外，王世杰老校长晚年在中国台湾与武大校友谈到当年"珞珈建校"的历史时，曾专门提到过邵逸周当年来武大的经过及其重要贡献：

邵先生本在浙江省建设厅工作，初无一面之雅，但经我慕名而以一通电报相邀，他立即辞去原职，首途来鄂，担任武大工学院院长。从此邵先生一心专任，从未在外兼差。首在珞珈山建立一实习工厂，此工厂后来发挥极大之作用与功效。此后工学院逐步之建设、发展与完成，日新又新，全赖邵先生之力。

1930 年 12 月至 1942 年 7 月，邵逸周任国立武汉大学工学院第二任院长，其间曾先后兼任建筑设备委员会代委员长，土木工程学系、机械工程学系、矿冶工程学系主任以及仪器、体育委员会主任委员，财务、训育、第一外国语、聘任委员会委员等职，1938 年任迁校委员会委员，1939—1940 年兼任总务长，主要讲授"工程材料""冶金学""地质学""工程地质学""构造材料""矿物学"等课程。

在邵逸周的领导下，当时的国立武汉大学工学院，在原有土木工程学系 1 个系的基础上，先后增设了机械工程学系（1933）、电机工程学系（1935）、矿冶工程学系（1938），同时兴建了材料、热力、水力、道路材料、电器、动力、金相、水工、电讯、矿冶等 10 个实验室，以及机工、模工、锻工、铸工 4 个实习工厂和工科研究所，迅速发展成为师资雄厚、学科众多、规模宏大的工科基地。

当时的武大学生，曾非常生动地如此描述邵逸周教授平时的言行举止：

……这就是邵先生，长得几根银色的头发，口里衔着喇叭筒，一缕缕地吞烟向上腾；态度庄严，性情和蔼，言谈间带着微笑……后来住久了，才知道他怒了的时候，说话厉声，板起了面孔，狰狰地，一点也没有"微笑"，"我 cannot believe！"

邵先生好像是两个独立的人。在办公室里，庄严而沉着；若在他家里会见时，客气多了，言谈滔滔不绝，笑容可掬，有时也会亲自点上一支香烟来……

邵先生一举一动，深深地印在我的心里。不论在什么时候，每逢提到他，我就会想起了他穿着一套很整齐的西服，领结打的那末好看。若是他走在街上，一支手杖，横提在手中，十足地显示着，这不是东方病夫，正如他谈话时很自然地用几个英国字眼一样。

邵先生是一位学工程的人，很有工程师的风度；不只是他自己这样地去做，他还希望别人也这样做去。他时常拿"诚"字来向别人劝告，对人以诚，处事以诚。做不了便不做，要做的必须尽力地做。这是诚于事，也就忠于事了。

我听过邵先生一年的教授。他教我们建筑材料学及工程地质学。这两门功课很繁，材料很多。他选定了 A. P. Mills 的 *Materials of Construction* 和 Ries and Watson 的 *Engineering Geology* 为教本。半年一本，甚为吃力。可是泛无头绪这样许多的材料，经他重新整理一次，焕然又是一种面目了。

1937 年全面抗战爆发后，邵逸周首先提议迁校四川乐山，为此，他在汉口德租界租了一层楼将家人安顿下来之后，便"整天为武大前往四川筹款，把一大家人扔在旅馆里"。1938 年年初，邵逸周与法学院院长杨端六前往四川乐山考察，初步为学校勘定了几处校址。1938 年 2 月 26 日，学校正式决定迁校乐山，并成立了迁校委员会。3 月 18 日，国立武汉大学第 326 次校务会议决定推请邵逸周以建筑设备委员会委员长（代）名义加入迁校委员会，为"当然委员"。不久后，他便与其他迁校委员齐集乐山，努力修缮校舍，购置器具，为学校西迁作好准备，而当广大师生陆续抵达乐山后，邵逸周却又回到了武昌珞珈山。后来，当他的家人先行入川之时，他也没有同行，而是继续留守，坚持"人在校在",并最终和王星拱校长等人一起,成为最后一批撤离武昌珞珈山校本部的教职员。

在武汉大学西迁乐山之初,邵逸周还曾一度兼任学校总务长、工程委员会主席等职,在此期间,他主持整修校舍 30 多栋,新建校舍 22 栋,有力地保证了学校西迁后教学、科研工作的正常开展。此外,他还曾"率科学考察团,深入川康僻远区域,翻山涉水,辛勤不懈者多月,盖为国家开发计也"。

1942 年,邵逸周赴甘肃任玉门油矿局协理。1945 年,任经济部东北特派员沈阳办事处处长。1946 年,任资源委员会鞍山钢铁有限公司总经理。1948 年去中国台湾,致力于矿业与金属冶炼技术之开发,对台湾地区经济发展贡献良多。1976 年,邵逸周在美国加利福尼亚州埃尔森特罗病逝。

住过第 15 栋的病毒学家高尚荫

涂上飙

高尚荫（1909—1989），男，出生于浙江省嘉善县的一个书香世家。1916 年，高尚荫进入陶庄学校接受启蒙教育。1926 年中学毕业后考入苏州东吴大学生物学系。1930 年获得东吴大学理学学士学位。同年，获得了美国佛罗里达州劳林斯大学的奖学金赴美国学习，一年后获得文学学士学位。1931 年秋，转到美国耶鲁大学研究生院读研究生。1933 年获洛克菲勒基金会奖学金，师从 L. L. 伍德拉夫（Woodruff）教授，开始攻读博士学位。1935 年年初，他完成毕业论文《草履虫伸缩泡的生理研究》，经过答辩获得耶鲁大学理学博士学位。

1935 年 2 月，在英国伦敦大学研究院从事科学研究。8 月回国，受聘于国立武汉大学，成为学校当时最年轻的教授。1935—1945 年，他先后讲授过普通生物学、原生动物学、无脊髓动物学、微生物学、土壤微生物学等课程，还积极从事科学研究工作。先后在《中国生理学杂志》《武汉大学学报》《新农业科学》等国内刊物以及《德国原生物》杂志、《科学》等国内外刊物上发表了有关原生动物生理学和微生物固氮菌方面的研究论文 20 余篇。1945 年，利用两年学术休假的时间第二次到美国。在美国著名生物化学家、诺贝尔奖获得者斯坦尼（W. M. Stanley）的实验室从事病毒学研究工作。1947 年回国，在武汉大学继续从事教学和科研工作。此时，他创办了我国第一个病毒学研究室，该实验室成为我国最早开展病毒学研究的专门机构之一。

1951 年被评为武汉市劳动模范和模范教工。1952 年，他加入了中国民主同盟。1956 年，他被评为一级教授并加入了中国共产党。这以后，一直致力于微生物学和病毒学教学。先后担任过武汉大学生物学系主任、病毒学系系主任、病毒学研究所所长、教务长、副校长。

他于 1942 年开始招收研究生。1955 年，主持创办了国内大学中第一个微生物学专业，这个专业至今仍然是国内学术水平和实力最强的专业之一。20 世纪 70 年代，国内众多科研机构、大专院校、医疗单位及防疫部门都迫切需要经过系统培养的病毒学专门人才。他经过努力，在学校的大力支持下，率先在全国创办了第一个病毒学专业，1976 年开始招生。这个专业目前具有学士、硕士、博士学位授予权，也是博士后流动站和国家的重点学科点，成为我国培养病毒学专门人才的主要基地。

20 世纪 50 年代，他应用昆虫单层组织培养法研究昆虫病毒。50 年代中期开始对我国重要的经济昆虫——家蚕的核型多角体病毒病进行系统研究，开创了中国昆虫病毒研究的历史。60 年代进行了昆虫病毒形态结构研究，1962 年科学出版社出版了他的《电子显微镜下的病毒》，这是我国最早的系统描述病毒形态结构的专著，1963 年、1965 年两次再版。1963 年，高尚荫领导的研究小组应用电子显微镜对昆虫病毒的形态结构进行了研究，在世界上第一次发现了这类病毒的帽状结构。70 年代进行了昆虫病毒病原分离鉴定和生物防治研究。80 年代进行了昆虫病毒基础理论及分子生物学研究。90 年代进行了昆虫作为载体表达外源基因以及基因工程病毒杀虫剂的构建研究。其研究成果都达到了国际先进水平。

1978 年完成的菜粉蝶颗粒病毒的理论和应用研究是国内外最详尽、最集中的研究，在此基础上研制的菜青虫颗粒体病毒杀虫剂是我国第一个经过国家科委鉴定的病毒杀虫剂。凝聚着他的心血的研究成果《昆虫病毒理论及应用基础研究》1990 年被国家教育委员会评为科技进步一等奖，并获 1991 年国家自然科学二等奖（一等奖空缺）。1978 年

"昆虫病毒单层组织培养的研究"获得全国科学大会重大成果奖和湖北省重大科技成果奖。

同时,他还结合我国国情,指导研究那些与我国国民经济发展密切相关的科研课题。亲自参加和直接指导了烟草花叶病毒研究、流感病毒研究、鸡新城疫病毒研究、家蚕脓病病毒研究、肿瘤病毒病因研究和十几种昆虫病毒的基础理论及应用技术研究。在他的指导下,我国第一个病毒杀虫剂——菜青虫 GV 杀虫剂中试生产已经完成。防治蔬菜害虫的小菜蛾 GV 杀虫剂,防止粮食作物害虫的黏虫 NPV 等进入了大田试验,产生了良好的经济效益、社会效益和环境效益。

他一生在国内外刊物发表学术论文 110 多篇,出版著作 5 部。其著作名称为《电子显微镜下的病毒》《微生物学进展》《中国病毒学研究三十年》《生命科学在前进——病毒研究集刊》《昆虫病毒理论及应用基础研究》。

1980 年,他被选聘为中国科学院学部委员(院士),并先后担任中国科学院武汉微生物研究室主任、武汉微生物研究所和武汉病毒研究所所长、科学院武汉分院副院长、国务院学位委员会生物学科评议组副组长、教育部学位委员会生物学科评议组组长、教育部高等学校生物教材编委委员会主任委员以及中国微生物学会副理事长、病毒专业委员会主任委员。还担任《病毒学杂志》、教育部《自然科学学报》、《生物学报》以及《武汉大学学报》(自然科学版)主编和《病毒学报》顾问,并担任捷克斯洛伐克《病毒学报》编委。

他担任的社会职务有民盟中央参议委员会委员、湖北省政协副主席、湖北省科学技术协会副主席、湖北省对外友好协会副会长。

1981 年,美国劳林斯大学授予高尚荫荣誉科学博士学位。他先后九次应邀参加国际学术会议、出国访问和考察,与美国、瑞典、日本、德国、匈牙利、保加利亚、罗马尼亚、波兰、捷克斯洛伐克等十几个国家的学术界进行了学术交流活动,为促进中国人民和世界各国人民之间的友谊和发展国际科技文化交流做了大量的工作。

高尚荫先生是著名的微生物学家、病毒学家,中国病毒学的奠基人之一，创办了我国最早的病毒学研究机构和我国第一个微生物专业、第一个病毒学专业。1958 年完成的"培养家蚕病病毒的组织培养方法研究"是无脊髓动物组织培养和昆虫病毒研究中的开创性工作，《昆虫病毒理论及应用基础研究》在国内外产生了重要影响，对中国微生物学和病毒学事业的发展产生了重要影响。

1989 年 4 月 23 日高尚荫因心脏病突发，多方抢救无效与世长辞。

住过第16栋的法学家葛扬焕

李亚楠

葛扬焕先生生于 1899 年，1972 年去世，字旌文，江西丰城人，是我国著名刑法学家。1922 年考入北京大学，1926 年毕业后担任河北大学教授，1927 年进入武昌中山大学担任教职，后调入南京法制局工作。1929 年，于武汉大学任职。1939 年起专任武汉大学法学院法律学系教授，教授刑法和犯罪学等学科。1949 年后继续在武汉大学法律学系任教，为武汉大学的建设与发展作出了积极贡献。

法学院教授葛扬焕

一、心系国家　投身学运

葛扬焕先生的家族原籍江西丰城，曾世代于贵州铜仁经商，先生幼时就在贵州长大。1913 年，先生随父亲来到了武汉汉口，1916 年进入武昌的湖北省立第一中学念书。先生在第一中学求学的同时，忧心于当时国内动荡的局势，以挽救国家命运为己任。1919 年五四运动爆发后，广大学生不断以组织学生运动的方式，表达自身对追求民主自由、反对独裁压制的诉求，武昌的湖北第一中学在 1919 年 10 月也爆发了反对当时校长压制学生思想的学生运动。葛扬焕先生就是当时运动的主要领导者之一。

当时的校长因为压制学生思想，引发学生的强烈不满，葛扬焕先生和其他五名学生联名反对校方，要求撤换校长。这原本是学生们用合理方式表达自己的诉求，反映了学生们对民主与自由思想的追求。然而这一要求遭到了校方的拒绝，校方同时对为首的学生进行弹压，将先生等六名学生除名。广大学生在得知事情的变化后，强烈要求让葛先生等六名学生回校并辞退校长，这一事件甚至惊动了当时的教育厅。在葛先生等六名学生的坚韧不屈和广大学生的声援下，校方最终只好同意六名学生复校，校长赴教育厅面请辞职。

第一中学的学生民主运动在葛扬焕先生等人的领导与组织下，取得了很大的成就。这不仅反映了先生青年时的家国抱负，也反映了在新民主主义革命时期，先生对反帝反独裁有着深刻认识，并且积极投入到学生运动的实践中，为国家的民主独立奉献出了自己的力量。

二、钻研刑法　筹备复校

1929 年年初，先生来到武汉大学任职，初任注册部主任及法学教授。1939 年，先生辞去各项职务，专任法学院法律学系教授，教授刑法和犯罪学等学科，声名显著，还曾与著名学者胡适探讨法制建设。先生在校期间，开设了"刑法分则"课程，每周 3 学时，该课程依据当时刑法第二编分则的规定，说明各种犯罪之成立要件及其刑罚，除了将总则抽象的规定著为具体的说明外，还论及犯罪的特别要件。先生在刑法学上的成就，使他成为当时中国为数不多的刑法学家，1944 年还被派往美国华盛顿，考察美国的监狱情况。

抗战爆发后，武汉大学迁往四川乐山，度过了一段十分艰苦的时期。1945 年 8 月 15 日，日本宣布无条件投降，艰苦卓绝的抗日战争以胜利告终。西迁的武大同国民政府各机关一样，纷纷开始准备复员。

当时的武大成立了"国立武汉大学复校委员会"，以当时的教务长杨端六、总务长葛扬焕及其他教授作为委员，筹备复校的相关事宜。当时的复校工作十分繁杂，需要转移的人员与物资总数都很庞大。在先生等人的主持下，复校委员会为复员武昌做了大量的工作，在成都、重

庆、宜宾等地设立办事处，为师生们订购车船票、安排食宿。1946 年 6
月，先生及其他教授留在乐山处理善后事宜，如信函的传递，安排东还
人员的食宿，与乐山各方办理交接手续等。10 月 31 日，先后抵达珞珈
山的师生在珞珈山礼堂举行了开学典礼，复校工作最终完成。

先生在抗战后的武大复校过程中，作为复校委员会的主要组织者，
为武大从乐山复员武昌作出了重要的贡献，保证了复校工作的顺利进
行，使武大得以在珞珈山下继续绽放学术的光彩。

三、复员前夕　保校保产

1949 年四五月，武汉临近解放，当时的武汉大学已有"小解放区"
之称。当时的人民解放军已经占领郑州，南下武汉指日可待。当时的学
校教工和同学十分关心前线战况，还曾请武汉的民主人士李书城来校作
关于人民解放军南下情况的报告。

为了保证人民解放军占领武汉后能够顺利接管武汉大学，葛扬焕先
生和当时的一些教员积极进行准备，一方面要准备迎接解放，另一方面
又必须维持学校的正常运行。当时的民国社会物价飞腾，法币和金圆券
已不值钱，国民政府经费支绌，先生经常代表学校到汉口的银行索要经
费，以保证学校运行。先生还曾和事务组的几个人设法将要到的食品物
资成功运回珞珈山。这些保校保产的举措，都为武汉大学的顺利复员打
下了基础。葛扬焕先生在复员前夕努力保证了武汉大学正常运行及校产
不被破坏，以自己对学校、对武大师生的热爱，为武汉大学迎来新的发
展作出了不可磨灭的贡献。

住过第 17 栋的微生物学家陈华癸

马 菲

陈华癸（1914—2002），我国著名的微生物学家、土壤学家和杰出的农业教育家，我国农业微生物学奠基人之一。陈先生一生致力于我国农业科技和高等农业教育事业，他培养了范云六、陈文新、刘更另、赵其国、邓子新和陈焕春等一批院士，使他们成为农业科教领域的杰出人才。根瘤菌是他终身研究的主要对象，并取得了许多具有开创性的研究成果。1992 年，他的学生陈文新院士将紫云英根瘤菌定名为"华癸根瘤菌"，并得到了国际上的公认。

一、求学报国

1935 年夏，陈华癸毕业于北京大学生物系并留校任教，扎扎实实进行了一年研修与教学实践。1936 年，22 岁的陈华癸怀揣着恩师张景钺教授的推介信，来到伦敦大学细菌及热带病学院学习。次年，到英国洛桑试验站从事博士学位的研究，方向为豆科植物与根瘤菌的共生固氮作用。

氮是作物生长必不可少的元素。空气中不缺乏氮素，但空气中的游离氮无法直接为植物所用，必须固定为氨态氮和硝态氮才能被植物吸收。化肥工业的核心和重点就在于氮的固定上，如果植物能自己将空气中的氮固定下来，就相当于在植物里建立了一座微型的"化肥厂"。陈华癸在博士期间的工作效率极为惊人。短短四年时间，他就在包括《自然》（Nature）在内的国际著名期刊上单独或领衔发表了 4 篇论文。其中 2 篇在《英国皇家学会会刊》上刊登。他对无效（低效）根瘤菌株和有效（高效）根瘤菌株在寄主上结瘤的生长发育比较研究，受到从事共生固氮研究专家的高度重视。同时，他还利用洛桑试验站的有利条件，自学了土壤学和土壤植物营养学，打下了与土壤微生物学有关理论的广泛基础。1939 年 10 月，陈华癸获伦敦大学哲学博士学位，时年25 岁。

1940 年 6 月，陈华癸学成归国，在西南联合大学教授主持的清华大学农业研究所从事糖降解研究。1941 年年初到中央农业实验所教授主持的土壤系工作。在抗日战争的艰苦岁月里，他实地调查了云南、四川、陕西、广西、湖南豆科绿肥的生产应用情况，并着重开展了紫云英共生固氮试验研究。他以广西农科所的接种试验为主要依据，首次提出紫云英根瘤菌是一个具有专一性的独立互接种族，这一研究成果于1944 年 5 月在美国《土壤科学》（Soil Science）杂志上发表，为以后紫云英根瘤菌人工接种的大面积应用奠定了基础。

二、教 书 育 人

1946 年后，陈华癸转入教育岗位，他于北京大学筹建了中国第一个土壤学系；1947 年，他来到武汉创建了国立武汉大学农业化学系且兼任系主任；陈教授在武汉大学先后讲授过"土壤学""肥料学""微生物学"及"微生物遗传学"等课程，讲课语言简练、条理清晰、论述透彻、富含哲理、深入浅出，深受学生欢迎。这期间，陈教授所著的《土壤微生物学》一书，先由正中书局出版发行，1949 年后又由商务印书馆重新出版发行，是我国在这一领域中的第一部专著。

1952 年全国高校院系调整，陈华癸奉命组建华中农学院（今华中农业大学）土壤农化系，并担任系主任、华中农学院院长等。

在高等教育园地耕耘近 70 个春秋，陈华癸培养了 3000 多名本科生，19 名硕士生，6 名博士生。其中 6 名院士，1 名副部级领导干部，1 名世界卫生组织顾问，多名国家级和省部级专家。桃李满天下，为培养高素质农业人才作出了杰出贡献。

陈华癸曾经这样说："高等专业教育不可能提供学生一生需要的猎物，而是提供学生一支猎枪和使用猎枪的方法，而且即使是猎枪及其使用方法也是在不断更新换代的。"他的教学以此为基础，并受到了学生们的广泛好评。

陈华癸在指导学生

上图是曾经用在学校招生宣传页上的照片，陈华癸先生和一群学生正在谈心辅导。若干年后，邓子新院士和郭俊研究员都对这幅照片记忆犹新。

邓子新院士回忆说，这张照片是日常教学中陈先生和学子平等和谐相处的一个缩影，那浓郁的师生情、温馨的师生爱鲜活地跃出照片，"他既是严师又像慈父，我们非常尊敬爱戴他，非常乐意接近他。陈先生的课总是'拖堂'，经常把课间休息变成了课后答疑。""他的教育方法让我们一生受益无穷。他不是'授人之鱼'而是'授人以渔',培养我们的学习方法和学习能力。""他用双语讲授"微生物遗传学",讲课时经常穿插大段的英文描述和专业词汇,我们被他深深地吸引,他的课也成了专业英语课,我们学起来兴趣盎然,觉得很过瘾。"邓子新至今仍对陈华癸的课堂印象深刻。

严谨务实的科学精神在陈先生身上得到了完美体现。陈先生招收博士,不达条件宁缺毋滥;发表文章,坚持按贡献大小署名;研究结果,务须反复和充分地科学验证。他提出,"做事讲目标而不做糊涂事;讲认真而反对敷衍、草率;讲质量而忌低劣"。这种精神,不仅成就了他自己,而且成就了无数的后人。

三、科 学 研 究

陈华癸曾任国务院学位委员会委员,中国科协委员、副会长、副理事长,农业部科学技术委员会委员,中国土壤肥料研究会理事长,中国微生物学会常务理事、副理事长。他长期潜心致力于土壤微生物研究,学术成果斐然,不仅推动了我国土壤科学的发展,而且对我国农业发展起到了至关重要的作用。

陈华癸开创了我国水稻田营养元素生物循环研究的新领域,是研究水稻土壤营养元素循环的开拓者。早在我国土壤分类学家对水稻土形成与分类的意见还不一致的时候,陈华癸就针对我国水稻生产的重要性和水稻土肥力的特殊性,率先开展了夏水冬旱的水稻土中氨态、硝态氮季节性变化的研究,开拓了我国水稻土营养元素生物循环新的领域。1948年,他发表在《国立武汉大学理科季刊》上的论文指出,长江流域水旱两作稻田中,无论旱季和水季都能进行氨化作用,且在蓄水条件下,氨态氮是唯一重要的元素氮的来源。在冬季排水种旱作时,由于通气条件改善,硝化作用显著增强,硝态氮和氨态氮占有同样重要的地位。但到春季,土壤经灌水,由于反硝化作用的发生,硝态氮大量减少,只剩痕迹。随后,他领导了对水稻田耕层土壤中优势微生物种类的系统研究，首次发现在水稻土中有兼厌气性的硝化微生物进行亚硝化作用，纠正和修订了百年以来国外学者的错误结论和经典图式。

陈华癸在共生固氮研究领域取得了杰出成就。他首先发现豆科植物根毛的伸长和弯曲现象与根瘤菌分泌生长激素类物质的作用有关；他深入研究了豆科植物与根瘤菌的共生固氮作用，其中对无效（低效）和有效根瘤菌株在宿主植物上结瘤与有效性的比较研究，阐明了决定共生固氮有效性的一个重要方面，被公认为是共生固氮研究百年来的重要成就之一。陈华癸在理论研究方面不断创新，对根瘤菌在寄主细胞内的分化和存活性研究取得了前人未有的新认识，他与同行一道首先发现紫云英根瘤菌和紫云英的共生固氮是一个独立的"互接种族"。他领导了紫云英根瘤菌与紫云英的共生关系的系统研究，率先分离获得紫云英根瘤菌纯培养菌株，国际上现已将这种根瘤菌定名为"华癸根瘤菌"。陈华癸积极将研究成果应用于农业实践，积极倡议发展根瘤菌剂，指导大面积推广稻田种植紫云英，为我国水稻产量的提高和农业持续发展作出了重要贡献。他首先将中国根瘤菌研究引入分子生物学领域，他与同事们证实了高度分化的根瘤类菌体不能在培养基上繁殖，只有未经分化的根瘤类菌体和小杆菌才能保持繁殖能力，该成果于 1986 年获农业部科技进步一等奖，走在世界前列。

四、俭以养德

陈华癸平时的生活饮食十分简单，1965 年，学生跟他下乡调研，在几个县委招待所，县领导要盛情款待，他都婉言谢绝了，只要了一碗面，县领导还是给他做了一碗榨菜肉丝面，当时也算是款待了，而陈华癸还把"奢侈"的榨菜肉丝面分给学生一半。

据陈先生后人回忆，陈华癸任华农院长期间，单身住在学校，只是周末才回到武汉大学的家里团聚，他住楼上楼下一套房子觉得"太好"，以后就搬到职工宿舍。

陈华癸生活上要求很低，除了抽烟之外，没有其他嗜好。上了饭桌，扒拉一碗饭，就不再动筷子了。他是一个性情中人，喜怒哀乐皆形于色，周恩来总理逝世，他悲伤到哭出声来；中国女排夺冠，他会激动得哽咽；他十分喜爱体育运动，虽然因为个子小、身体弱，不能上场踢球，但是能替主力队员看衣服也挺高兴。

他当选为中科院院士和担任华农院长后，学校规定有小车接送，可他轻易不专门要车，尽量与其他领导拼车，有时等到很晚才回家，他说能替学校省一点是一点。他原本在华农有一套小别墅，他觉得太宽，换了一套小的，后来干脆退了，搬回武大，他说：把房子让给更需要的教师。到他去世，他在华农是上无片瓦，下无寸土。

昔日儒生，启蒙于北大，求索科学规律远渡重洋赴英伦，迎抗战烽火回故土报效国家，共几位先驱微观世界创伟绩。

当代名家，立业在华农，遵循客观真理潜心锤炼于珞狮，顺时代潮流立门庭耕耘园田，育三千弟子辽阔神州建新功。

这是陈华癸的同事兼学生李阜棣在先生逝世时敬献的一副挽联。它很好地总结了陈老精彩的一生。时间悄无声息地走过了一个世纪，而当我们站在今天回头望的时候，我们看到的是一条无比清晰的大师足迹。

住过第 17 栋的金属物理学家周如松

刘春弟

周如松，湖南长沙人，生于 1912 年 4 月 24 日，2005 年 1 月 22 日病逝。她是武汉大学教授，我国金属物理学科的先驱，国际知名的金属物理学专家。父亲周鲠生是我国著名法学家、国立武汉大学的筹建人之一及国立武汉大学第四任校长，母亲黄芳君出身湖南望族。周如松在家排行老大，弟弟妹妹的名字中都带有"松"字，"松"字在中国多为品格和意志的象征，寓意高远，体现了父母对他们的期许和祝福。周如松深受父亲的学识和人格魅力的影响，她踏着父亲的足迹，出国留学，和父亲一样选择献身国家的教育事业。纵观她的一生，正所谓名如其人。她坚定、执着、忠贞、创新，在青年时期就在金属物理学领域作出开创性、奠基性成果，在世界科技史上留下浓墨重彩的一笔，并一生躬耕不辍，在物理学科发展、专业与课程设置、教师队伍培养、教材建设、教书育人等方面呕心沥血，贡献了毕生的精力与才华，引领着学校物理系和金属物理专业不断发展、壮大，为国家和社会培养了大批优秀人才。

一、父亲的优秀榜样成为一生的精神引领

10 岁之前，由于父亲留学，周如松和母亲寄居在外祖父家里，虽寄人篱下，但经济上并没有感受过拮据，不曾挨饿受冻。小时候保姆带

238

的时间多，也很爱护她，经常教她不要学外祖父家的人奢侈腐化，劝她好好念书，等爸爸回来过好日子。保姆的教导给幼年的周如松"印下了一幅以爸爸为中心为偶像的'小天地'"。

父亲回国后，周如松跟随父母到北京，一家人和几位曾留学英国的教授同住，从父亲和这些教授身上，她初次感受到英美式文化。进入大学之后，周如松在武汉大学上学，兼理父亲生活中的杂事，父女接触多了，感情大为增加，她对父亲的感情甚至超过了母亲。周如松对父亲由小时候想象中单纯偶像般的崇拜，到近距离的熟悉和了解，她逐渐为父亲的绅士风范和学问道德所折服。她称父亲严肃而不古板，待人接物诚恳。父亲十分重视语言文字和外语的学习，要求她学好外语，在她高中时就用英文和她写信。大学时期告诉她说学自然科学一定要学好德文，他自己在掌握四门外语的情况下，还在 60 多岁时自学俄语。

父亲的勤奋刻苦、严谨治学，言传身教，对周如松以后从事教学科研、为人师表产生了深远的影响，成为她一生的精神源泉。

父亲的另一方面的影响，就是为她的全面发展提供了一个很好的平台。相较于同龄人，周如松比较早地受到西方文化的影响，因此发展也相对比较全面，小时候学过半年钢琴，一年小提琴，运动也很好，能唱歌，能演戏，几乎样样都能玩一手。在大学里，积极参加学校组织的女子游泳活动，学会了游泳；是学校的排球队队员，代表学校与华中大学、中华大学举办联赛并获得冠军。根据《国立武汉大学民二三级毕业纪念刊》记载，她还是纪念刊摄影编辑成员。由此可见，在大学期间，除学习之外，她也非常活跃，兴趣也比较广泛。

二、奋斗不止且享誉世界的金属物理学家

周如松在北京女子师范大学附中读完了小学和初中，1924 年考入燕京大学附属高中，1928 年转入上海大同大学附中就读。1930 年，国立武汉大学理学院增设物理系，周如松成为该系的首批学生之一。在新录取的 12 名学生中，周如松是唯一的女性。1934 年毕业留校担任助教。

1936 年夏天赴英国伦敦大学留学，和钱临照先生一起师从首先发现金属晶体表面范性形变滑移带的 Andrade 教授。从此她与金属物理学结下了不解之缘，为金属物理科学贡献了自己毕生的精力和智慧。她始终活跃在科研第一线，在国内外刊物上发表了上百篇学术论文，作出了众多开创性的贡献。

在英国留学期间，周如松从事单晶体范性形变研究。她对多种体心立方金属在不同温度下形变时的滑移面与滑移方向进行研究，与其导师共同提出且证实了金属的熔点及其形变时的温度可能影响体心立方滑移面的论断，并首次提出能表征形变温度对体心立方晶体滑移面选择影响的参量公式：$\theta = T/Tm$，描述了滑移面随此参量增加而变化的规律。这一规律成为研究范性形变的重要基础之一，长期为学术界所引用。他们的研究成果《与温度相关的体心立方晶体的滑移元》（*The Glide Elements of Body – Centred Cubic Crystals, with Special Reference to the Effect of Temperature* 发表在《皇家学会学报》上。

1956 年，周如松开始进行位错理论和内耗方面的科学研究，1957 年建立了内耗实验室，设计制造真空扭摆内耗仪，开展含碳、氮的 α 铁的冷加工峰的相关研究；1959 年开专题讲授位错模型及其理论背景；1962 年开设 "范性与强度" 专业课，次年编出教材，同时用浸蚀法开展位错观测的实验研究。20 世纪 80 年代初又将研究内容扩展到向错理论和位错内耗领域，重建了内耗实验室。1983 年指导推导出了平面相界上矩形向错圈和其他向错组态长程应力场的表达式，填补了国内在向错研究方面的空白，也被国外专家称赞为 "极有价值、有意义的结果"；同年，试制成功了当时国内第二台磁降落仪，利用该仪器系统测量了稀释铁-氮合金在 200K~480K 宽温区的磁后效现象，获得了包括四个弛豫过程的完整的磁弛豫谱，并由计算机模拟确定了弛豫参数，进而在国内首次报道了这样完整的弛豫谱。1985 年她以 73 岁的高龄出席了在美国召开的第八届内耗方面的国际学术会议。

《新武大》第 180 期第 1 版（1956 年 2 月 25 日）曾发表了周如松署名的文章《发掘潜在能力 用集体力量达到 12 年规划的科学指标》，

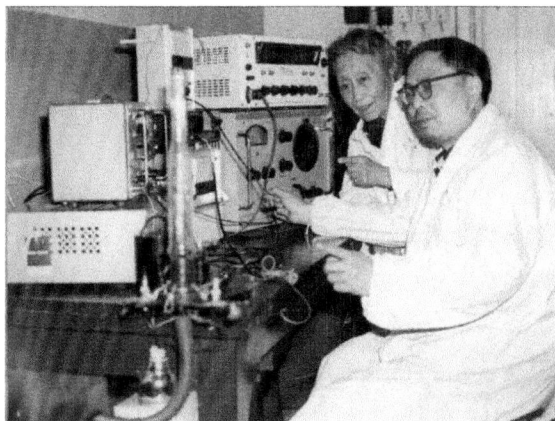

1985 年周如松在指导实验

她在文章中说："我现在不老也不衰，我应该有信心有勇气使出自己的力量为达到周总理报告中所提出的指标而奋斗"。1956 年 6 月 23 日，周如松在《新武大》第 198 期第 2 版发表《略谈"向科学进军"的一些问题》，针对"科学""科学研究"的概念进行了阐述，对当时的错误观念进行了反驳，对院系科学研究小组工作的开展谈了一些看法。1978年 3 月 18 日至 31 日，中共中央在北京召开了全国科学大会。周如松和高尚荫、李国平等 5 位武汉大学的代表参加了大会，66 岁的周如松表示要做到"老夫喜作黄昏颂，满目青山夕照明"，要振奋感想、敢说、敢干的精神，踏踏实实，一步一个脚印，攀登科学技术高峰。这些从不同侧面反映了周如松对待科学的态度，以及她对于国家科学事业的极大热忱。

三、创建并发展了武汉大学金属物理专业

1939 年周如松获哲学博士学位，是我国 1949 年前物理学界仅有的几位女博士之一。1940 年回国，先后在四川华西大学数理系、四川北碚复旦大学数理系任教授，1945 年后一直在武汉大学物理系任

教，多次出任金属物理教研室主任，长期担任武汉大学学术委员会委员。

Chen (Chou) Rjo-Sung

陈（周）如松

m. to Chen Hua-Kuei q.v. physicist, pupil of
Andrade 1946 on staff at Wuhan Ta.

李约瑟博士记录的周如松的卡片（剑桥大学李约瑟研究所李约瑟档案）
［译文：陈（周）如松，与陈华癸结婚，物理学家，安德雷德的学生，1946 年时是武汉大学的教员］

1954 年，经高教部批准，周如松作为指定筹建人，带头组织创建了武汉大学物理系金属物理专门化和内耗实验室，并担任教研室主任。她带领本专业的老师从零开始，一起制定教学大纲，编写讲义和实验大纲，设置专业课程，购买或自制实验设备。1955 年秋招收了第一批金属物理专业的本科新生，1961 年开始招收研究生，1988 年开始招收博士研究生，周如松成为首批导师之一。

在她的带动下，金属物理专业在"文革"之前就已经发展成国内最有影响的专业之一，是当时国内同类专业培养学生人数最多的专业。"文革"后该专业进一步发展成为现代的凝聚态物理专业，并先后被批准成为授予博士学位的学科和武汉大学物理学博士后流动站的组成部分。

周如松多年执教讲坛，先后曾主讲过普通物理、物理实验、热力学、热学、统计物理、金属学、金属物理、范性与强度、专业英语等课程。主持编写了《金属 X 射线》《晶体微观缺陷》《范性与强度》等系列讲义，1992 年主编出版《金属物理》（上中下 3 册）教材，该书1995 年获国家教委优秀教材二等奖。

四、甘作育花泥为国培育栋梁材

1978年周如松在参加全国科学大会后接受采访时说："在本世纪末实现四个现代化，我们国家需要大批优秀人才，高等学校是培养人才的基地，在培养人才方面，我作为一名老教师，富有重大而艰巨的任务。我要做到有一分热发一分光，为早出人材，快出成果，向国家尽快培养和输送大批为实现四个现代化的人材贡献力量。""我没有勋功伟绩，只是一个平凡的教师，在平凡的岗位上，做着平凡的工作，对青年人寄以热望，愿与他们共同前进。"她是这样说的，也是这样做的。

努力改进教学。1953年《新武大》第88期《三千弟子，三千贤人——周如松先生是怎样改进教学的》的文章讲述了周如松在讲授一年级普通物理时改进教学方法、使全班55个同学都达到国家要求的案例。她将全部精力都投入到教学工作中，备课、写讲义、准备实验，春节放假也不休息。她的学生、后来成长为科学院院士、第三世界科学院院士的李方华（曾任该课的课代表）说，"我从武汉大学物理老师周如松先生那里，学到如何对物理现象进行仔细分析"。周如松老师将数学融入其中，对许多物理现象的科学分析和描述更使她兴趣盎然，趣味更浓，谜团一个一个解开，使她发现世界真奇妙！渐渐地，李方华对物理的兴趣不亚于数学，且有过之而无不及。周如松的学生许崇桂同学说："周老师讲课善于引导思想，深入浅出，重点突破，这样很能帮助我们解决问题。"

耐心辅导、培养青年教师。她经常对年轻教师讲："我老了，干不了大事，就是要把您们推到科学前沿去。否则你们就无所建树，学科就难以发展。"她把年轻教师的事情看得比自己的事情还重要，总是热情帮助他们。为了让年轻教师过好教学关，所有新开设的课程都是她开第一遍后才交给青年教师。她还把自己编写的讲义"金属物理""晶体缺陷"等送给他们。1982年冬天，她因肺炎和中度肺气肿住院，住院期间，她不顾自己的病情，帮助将在国际金属物理学术会议上进行交流的几位年轻教师修改外文论文。

手把手指导研究生。她曾经亲自教一位 39 岁的研究生学英语，为他拟订学习计划，挑选教材，给他录音，亲手批改研究生做的习题。1980 年 4 月，她派研究生去南京大学听一位奥地利著名位错理论专家的讲座。该研究生入校才一年多，听课很吃力。周如松就带病帮他翻译 1979 年英国出版的一本专著中的相关内容，并用挂号信的方式寄给这位学生。这部分译稿和该研究生的听课笔记，就成了后来该研究生"晶体缺陷的弹性理论"选修课的部分内容。

周如松是我国著名的女物理学家和杰出的教育家，她一生致力于金属物理科学研究，取得了令世人瞩目的成绩，曾当选为湖北科技精英人物，享受国务院政府特殊津贴。2003 年三八妇女节，周如松名列中国物理学会专文报道的五位尚健在的最有成就的女物理学家之一。她一生淡泊名利，不事张扬，为国育才，一生致力于金属物理科学研究与教学，孜孜不倦探索科学真理，以勤奋、严谨、严于律己宽以待人、诲人不倦而著称。她高尚的道德风范和严谨的治学精神影响了几代科学工作者。她以慈母良师的形象，为我国后辈物理学工作者树立了榜样。

住过第 18 栋的法学家王世杰

涂上飙

民国初期是一个多事之秋，但王世杰却在这个时期做了许多关乎他人生的大事，其中最重要的就是他创办了"一所有崇高理想的大学"——国立武汉大学（以下简称"武大"）。

作为一名教育家，王世杰的一生都与武大有着一种特殊的情感。1928 年，南京国民政府决定在国立武昌中山大学的基础上，组建国立武汉大学。在选拔校长的时候，国民党湖北省教育厅长刘树杞（时任武大代理校长）推荐李四光担任，但是他婉言谢绝了。最后，南京国民政府经过全面慎重的考虑，安排了从法国巴黎大学毕业的王世杰来担任武大的校长。

校长王世杰

一、首任校长　择定珞珈

王世杰（1891—1981），字雪艇，湖北省武昌府崇阳县人，中华民国官员、法学家、教育家。1929 年 5 月，38 岁的王世杰只身乘船从南京来到武昌，任国立武汉大学首任校长。

1929 年 5 月 22 日，王世杰在该校老校区东厂口（现阅马场东边）发表了就职演讲，他说："武汉大学要么不办，要办就办一所有崇高理想，具有一流水准的大学。因为，武汉市地处九省之中央，在武汉这样的大都市里，应当办一所有六个学院——文、法、理、工、农、医，规模宏大的大学，到时候如果条件许可的话，再继续增设其他学院，计划十年以后，学生的人数达到万人。"为了实现这个宏大的理想，他提出了五个必须满足的条件，即"宽广的校园""先进的设备""充足的经费""优秀的教师"和"严明的纪律"。

然而，东厂口面积仅有四十余亩，这显然无法满足创办一所规模可达万人、一流水准大学的条件。经过勘察，王世杰最后决定在珞珈山一带建设新的校区。

为了加快新校区的建设，王世杰亲力亲为。1929 年 6 月，他邀请了国民党湖北省政府有关人员到珞珈山现场考察。考察完后，王世杰又多次请求省政府尽快予以法律确认。1929 年 8 月 15 日，国民党湖北省政府委员兼代理省主席方本仁发布公告，对武大征收的土地明确了范围：东以东湖滨为界，西以茶叶港为界，北以郭郑湖为界，南面自东湖滨至茶叶港桥头上，总面积 3063.9 亩。

二、力排阻挠　筑"大学路"

新规划的武大校区在街口头往北大约两千米的珞珈山，而这两千米的距离是没有马路的。因此，修建一条从街口头通往珞珈山的新马路成了"当务之急"。

为了修建这条马路，王世杰令叶雅各（"国立武汉大学新校舍建筑筹备委员会"委员兼秘书）等人与国民党湖北省民政厅、建设厅和教育厅三方联合进行了考察，确定了从街口头经刘家湾、明家湾、杨家湾、陈家湾到达学校的修路方案。1929 年 10 月 14 日，武昌市工程处通过招标，确定协和公司中标，造价 6010.8 银元。湖北省建设厅承担 1/3 的费用，剩下的 2/3 则由武大承担。然而，事情的进展并非一帆风顺，正当修路如火如荼地进行时，中间却发生了迁坟风波，修路工作因此一度停了下来。

三千余亩的校区内，有不少的坟墓需要迁移，这就触动了各坟主的利益。1929 年 10 月，不少坟主给国民党湖北省政府去函，要求暂缓开发珞珈山。11月，以陈云五为代表的居民再次去信省政府，言辞非常激烈，甚至诬蔑王世杰"虚糜国帑"，明确要求"另择校址"，并列出了王世杰在此建校的八条"罪状"。

面对陈云五等人的阻挠，王世杰据理力争。在给国民党省政府的公函中驳斥了陈云五等人的所谓八条"罪状"。同时，他主持召开了学校大会，讨论解决的办法，最后以全体教职员工的名义，写信给南京国民政府行政院长谭延闿、教育部长蒋梦麟，要求依法严惩豪绅陈云五，以维护教育。收到王世杰的来信，经过磋商，国民政府行政院于11月18日给湖北省政府发布训令：要求湖北省政府"剀切晓谕，勿任阻挠"。至此，迁坟风波平息。之后，修路得以继续进行。1930年1月，修路完工。王世杰命名该路为"大学路"。

三、奔波呼吁　筹款建校

依据学校的建设规划，建筑筹备委员会预算了建设学校需要建筑经费100万银元，设备经费50万银元，共计150万银元。为了筹到这笔经费，王世杰几经周折，奔走忙碌。学校在开办初期，李四光通过与李宗仁的关系，向湖北省财政厅长张难先申请拨付了20万银元，但资金缺口太大。

经过王世杰的努力，1929年10月，终于在国民党中央政治局会议上讨论通过了一个方案，决定拨给学校建设费150万银元。中央与省政府各出一半，即各筹款75万银元。为了尽快地筹到这笔钱，王世杰亲赴上海去见南京国民政府财政部长宋子文，请他照案拨款。好不容易见到宋子文，王世杰却只得到了一句冷漠的回答："目前中央方面，一个钱都没有。"

虽然困难重重，但王世杰没有放弃，他再度奔赴南京，求见南京国民政府行政院长谭延闿（湖南人），向他说明：学校将来对湖南子弟有巨大的影响，而现在筹款却非常困难。谭延闿听后，热忱地对王世杰说："你放心，此事全部交给我办好了。"果然，不久后，宋子文即答应每月筹款 5 万银元,分 15 个月付清。至此,解决了 75 万银元经费的难题。

王世杰返回武昌后,又去国民党湖北省政府筹集另一半的费用。他首先去见何成濬(国民党湖北省政府主席兼武汉行营主任)。见面后,他坚定地对何成濬说:"我是一介书生,本无勇气来创办这所规模宏大的大学。如果一定要我办的话,省政府方面,必须遵案筹款,一文钱都不可少,一天也不可拖延。"何成濬听了,很痛快,立刻找来财政厅长童贯时,吩咐按月支付 5 万银元给学校。何成濬对财政厅长说:"无论省政府经费如何困难,此款必须优先筹措。"此款 75 万银元也是分 15 个月拨付。何成濬对学校建设的热心让王世杰感激不尽。

经费到位后,怎么规划设计校园成为王世杰不得不认真考虑的问题。为此,他派叶雅各代表学校专程赴上海寻找设计人员。经人介绍,叶雅各找到了当时在上海的美国建筑师开尔斯。开尔斯毕业于麻省理工学院建筑专业,对中国建筑颇有研究。经过交谈,开尔斯非常乐意办理此事。由于开尔斯当时已年逾花甲,细心的王世杰特批让叶雅各花费500 元,租用一架飞机将开尔斯接到武汉查看校园新址。经过实地查看,开尔斯对珞珈山地形极为赞赏,并亲自负责建筑设计工作。

整个工程从 1930 年开始建造到 1937 年完工,大体分为两个阶段。王世杰负责 1933 年以前第一个阶段的建设,也称为第一期工程,包括文学院、理学院、男生宿舍、学生餐厅及俱乐部、珞珈山一区 18 栋等。经过两年的努力,一所坐拥珞珈山环绕东湖水的武大终于诞生。

1933 年 5 月 1 日,王世杰离开了武大,赴南京就任国民政府教育部长。王星拱继任武汉大学校长。王世杰在离校的讲话中表达了依依不舍之情:"无论现在或将来……本校今后如果遇有任何艰难困苦,我认为是离校者与在校同仁应当共同承担的责任。祝武汉大学前途无量!"

尽管已经离开了武大,但 1939 年 3 月 2 日,王世杰还建议王星拱校长加强对校纪校风的整顿。5 月 15 日,王世杰又致电王星拱,要他给予各院长及教务长更多的信任,努力改进学校的工作。在岁月更迭中,珞珈山始终萦绕在王世杰的心中,挥之不去。

四、魂牵梦绕　东湖情长

1949 年中华人民共和国成立时，王世杰去了中国台湾。在台湾，王世杰刻有一方名为"东湖长"的图章，这个带着鲜明的武大印记的图章，时常印在他所收藏的珍贵字画上。此外，他生前还明确表示，要将自己珍藏的 77 件名人字画捐赠给武大。

王世杰在临终前留下遗嘱，效仿美国第三任总统杰斐逊墓碑上只刻写"弗吉尼亚大学创办者"的先例，要求在他的墓碑上只刻写"前国立武汉大学校长王雪艇之墓"。王世杰长期身居高位，然而，他最看重的还是出任武大校长的经历。可见，武大在他心中的分量与地位。

1981 年 4 月 21 日，王世杰在台北市逝世，享年 90 岁。

2003 年在樱园顶为王世杰立的塑像

2003 年，在武汉大学 110 周年校庆之际，王世杰的塑像在樱顶揭幕。在那高大的银杏树下，王世杰就这样静静地注视着他魂牵梦绕的武大，倾听着他念念不忘的东湖涛声……

（原载《中国档案报》2016 年 6 月 17 日）

住过第18栋的土木工程学家丁燮和

涂上飙

工学院教授丁燮和

丁燮和教授住过的十八栋321号，按现在的编号是第18栋左边（面朝马路而言）的一户，即三位校长王世杰、王星拱和周鲠生曾经住过的地方。

说起丁燮和先生，可以说知道者寥寥无几。其实他在武汉大学的时间还是很长的。1932年到武大，1946年离开，有14年的时间。

据1933年的《国立武汉大学一览》记载，他是江苏泰兴人，1932年9月到工学院土木工程学系任教授。他是英国格拉斯哥大学工程学士，来武大前是东北大学土木系专任教授。

在武大期间，他为学生讲授过画法几何（4学时）、石工学（3学时）、钢筋混凝土（3学时）等课程。

就科研来看，出版过如下著作：《材料力学》《建筑力学概说》《材料力学浅说》。

《材料力学》一书由商务印书馆1939年出版发行，以后印刷过6次，是《国立武汉大学丛书》之一。他在书的序中写道："近数十年来，国人关于工程科学，已知重视，但于理论方面，著成专书者，尚不多见。材料科学，乃各项工程科学理论之基础，为研究工程者之初步学识。国内各大学工学院，对于此项课程，多采用英文课程，学生每于文字上，发生若干困难。"因此，著此书的目的，为大学工学院作教科书之用。

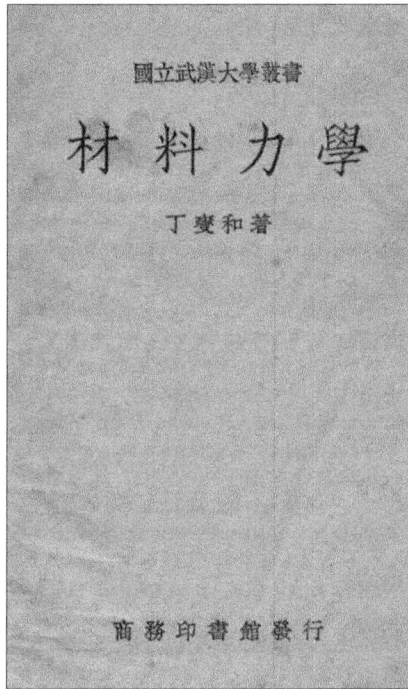

商务印书馆 1939 年出版发行丁燮和的《材料力学》一书

住过第 19 栋的国务院总理周恩来

涂上飙

1937 年 9 月，国共第二次合作形成。12 月中旬，中共中央决定成立中共中央长江中央局。12 月 18 日，王明、周恩来、博古、邓颖超等从延安来到武汉，与先期到达的董必武、叶剑英等汇合，开展统战及抗战宣传工作。从此，周恩来在武汉居住的 10 个多月的时间里，与武汉大学结下了不解之缘。

一、在学校的三次演讲

以演讲的方式充分发动民众，是共产党人宣传抗战的手段之一。在珞珈山上，周恩来通过多次演讲，动员青年同志投身到抗日的革命洪流之中，或宣传党的抗日政策以及毛泽东的抗战思想。

应武大师生的邀请，1937 年 12 月 31 日，周恩来在学校樱园学生饭厅二楼（樱顶大学生俱乐部）以 "现阶段青年运动的性质和任务" 为题进行了演讲。在演讲中，他讲了中国青年运动的性质和任务，要求青年人不仅要在救亡的事业中复兴民族，而且要担负起将来建国的重任。号召青年人到军队里去、到战地服务区去、到被敌人占领了的地方去，从事救亡运动。

在武汉会战处于关键时期，为鼓舞斗志，1938 年夏，周恩来在学校的工学院（现行政大楼）前的大操场上进行了演讲。由于要讲的内容太多，连续讲了两个晚上。周恩来从晚 7 点开始，一直讲到夜里 11 点。据他的随从廖其康回忆：当时天气很热，周恩来上穿白衬衫，头戴灰色鹅蛋形凉帽。讲台设在工学院门前的石砌平台上，桌上铺着白布。

現階段青年運動的性質與任務

周恩來

二十六年十二月三十一日，周先生在武漢大學講演。講錄後後經給周先生看過，如有和原意不符的地方，當由編者負責。

能在全國抗戰中心的武漢與諸位聚少的同學們見面，碰是十年以來難得的機會。這是應用文君策記的講天，我想，什麼事情都是和民族存亡這問題不可分離的，青年問題自然不能例外。因此，我們應該把當前的抗戰根據地，精密地加以分析和估計。

一·今日的抗戰形勢

五個月來的抗戰，使我們得到中華民族有史以來未曾有過的寶貴的經驗與教訓，我們不論在前方或後方，都應該從這寶貴的經驗與教訓裏面去學習，更應該從而把握住抗戰的全部形勢。

先來看看，五個月來的抗戰我們是沒有一點收穫的嗎？我們的回答是「不」：

第一：不說近二十年，就是近百年來，也沒有過像這次這樣的動員全中國的兵力，進行各黨各派各個階層一致對外的抗戰。這個抗戰是非常顯明的，這個抗戰使我們中華民族在世界上矗立起來了！不錯，今

——19——

1938年1月，《战时青年》杂志刊登周恩来在武大发表的演讲——《现阶段青年运动的性质与任务》

听众有即将毕业的学生、学校教师、国民党军官训练团的成员以及中学教师等。这些人都站在操场上。周恩来讲了抗日形势和统战政策两个方面的问题，尤其谈到毛泽东关于抗日游击战争的战略问题。演讲中，学生们不时提问，如希望讲一讲延安的情况。周恩来高兴地说：延安是党中央、毛主席的所在地，是共产党领导抗日的模范根据地。那里没有贪官污吏，没有剥削，没有压迫。他希望广大青年直接奔赴抗日前线，为

抗日服务。在讲演中敌机来了，周恩来毫无惊慌之色。在躲避敌机轰炸的过程中，还坦然地为学生签了名。一个学生带了本《俄语一月通》，周恩来就在书的扉页上签下"周恩来"三字。如今这本小册子，一直珍藏在学校档案馆，成为留给全校师生们的珍贵纪念品。

1938 年夏，周恩来在武大操场作抗战演讲给学生的签名

1938 年秋，周恩来又在樱园学生饭厅二楼进行第三次演讲。随着日军的逼近，许多人员都撤离了。因此，规模比前一次略小，讲解的内容大体相同。但通过他的演讲，要求去抗日的学生越来越多。早在 1937 年，朱九思、刘西尧、李锐等一批学生在董必武等人的指引下就已经前往延安、湖北黄冈等地进行抗日活动。受周恩来这次演讲的影响，又有郭佩珊、谢文耀等一批学生纷纷开往抗日前线，后来都成了抗日的骨干分子。

二、在珞珈山的系列抗战活动

在珞珈山，他除了以演讲的方式充分发动民众、动员青年外，还利用国共合作的有利时机，进行了卓有成效的统战工作，为抗战作出了历史性贡献。

1938 年，武汉成为全国的抗战中心，蒋介石、汪精卫、冯玉祥、孔祥熙、何应钦、陈诚、白崇禧、张群等国民党要人都暂留武汉。1938 年 2 月，国民政府军事委员会政治部成立，陈诚任部长，周恩来、黄琪翔任副部长。政治部下设三个厅，在周恩来的强烈要求下，郭沫若任第三厅厅长，负责抗战宣传动员工作。有很多进步人士参与其中，如范寿康（武大文学院哲学系教授）、田汉、洪深、冯乃超等。

为方便工作，1938 年 5 月，国民政府军事委员会政治部向武汉大学要了三套房子，分给周恩来、黄琪翔、郭沫若居住。周恩来和邓颖超夫妇住在珞珈山一区教工宿舍 27 号，郭沫若住在周恩来下面一排 17 号，黄琪翔住在 301 宿舍。为了工作的方便，蒋介石、李宗仁、张群、陈诚等国民政府高官等都一同住在珞珈山上。

周恩来利用在珞珈山居住的有利时机，做了大量的革命宣传和统战工作。1938 年 6 月，周恩来、邓颖超就在珞珈山寓所，接见了美国记者斯诺。周恩来一再感谢斯诺的《西行漫记》在中外的影响，使广大读者了解了中国共产党和红军的真实情况，希望他继续真实地向全世界介绍中国人民抗日战争的情况。会谈后他们还共进了午餐并合影留念。

在珞珈山，他以主抓的第三厅为依托，策划并开展了大量的宣传、征募和慰劳工作。如 1938 年为纪念"七七"抗战一周年，周恩来领导第三厅发起了"七七献金"活动。献金那天，周恩来带领献金队早早地来到献金地点。在他的鼓舞感召下，献金台前握着布袋、钱包、储蓄罐的人们络绎不绝。大家献金的有纸币、银元、铜板、银元宝等，还有耳环、手镯、珠宝等金银首饰。周恩来把他本月在政治部当副部长的薪金全部捐出。毛泽东得知消息以后，打来电报捐出他的国民参政员月薪。"七七献金"活动持续了五天，献金人数五十多万，献金总额超过百万元。

除此之外，周恩来还多次为在珞珈山的"国民政府军官训练团"授课，会见过不少国民党要员。1938 年 7 月，李宗仁来到武汉，周恩来设宴款待他，畅谈团结抗战问题。

1938 年 10 月 24 日，武汉临近失陷。25 日凌晨 1 点，日军已经迫近市郊。周恩来安排《新华日报》社最后一批人员撤退后，才最后撤离武汉，告别了珞珈山。

（原载《武汉大学报》2018 年 3 月 9 日）

住过第 19 栋的法学家陶天南

涂上飙

陶天南教授住过的十八栋 314 号，按现在的编号是 19 栋左边（面朝马路而言）的一户，恰好是周恩来总理住过的那一户。

说起陶天南先生来，很多武大人都会觉得很陌生。因为他 1932 年来武大，1938 年学校西迁乐山时就离开了。

网上找不到他的详细介绍，只能以现有材料作一概要说明。据考，他是东吴大学法科第十届毕业生，获学士学位，后留学法国波尔多大学。回国后在东吴大学任教。1933

法学院教授陶天南

年的《国立武汉大学一览》记载，他是江苏人，来武汉大学前担任过东吴大学研究院暨本科法学教授，国民党中央政治会议行政法规整理委员会专门委员和监察院法规整理委员会委员。1932—1937 年任武汉大学法学院法律系教授。此时，受战争的影响，大学纷纷内迁，武汉大学迁到四川乐山，而陶天南决定到环境相对安静的云南大学任教。

在武大期间，他为学生讲授过外国法（2 学时）、行政法（3 学时）、国际私法（2 学时）、法律哲学（2 学时）等课程。著有《行政法讲义》《中国行政法总论》《国际私法》等专著，著有《宪法中之行政审判问题》《释行政处分之违法与不当》等论文。1935 年和 1936 年，他出版了《行政法讲义》和《国际私法》，是当时法律系学生使用的教材。1937 年中华书局出版的他的《中国行政法总论》，是当时的大学用书。该书以实证方法和孙中山的五权宪法为基础，研究中国行政法，分基础概念、行政组织、公务之法律地位、行政行为、弹劾及惩戒、诉愿审理及行政审判等6章，书后附中外文参考书目。

1937年中华书局出版的陶天南的《中国行政法总论》

他的学术研究，得到学界很高的评价。现在行政法专家叶必丰说，陶天南与熊范舆、陈崇基、钟庚言、白鹏飞、赵琛、朱采真、潘建卿、管欧、郑必仁、徐仲白、林从可、李用中、陈启钊、张映南、范扬、林纪东和马君硕等行政法学者一道，在20世纪二三十年代，完成了旧行政法学的创建工作。

住过第 19 栋的哲学家胡稼胎

王　环

胡稼胎（1899—1968），原名胡稷咸，字稼胎。安徽芜湖人，无党派人士。其父胡宗璙思想开明，重视教育，在家乡创办了新式学堂（两斋小学），并倾其全力支持孩子们读书，后皆学有所成，乡里传为佳话。

1907 年 1 月—1911 年 12 月，胡稼胎就读于务本高等小学；1912 年 2 月—1916 年 7 月，就读于南京钟英中学；1917 年 9 月—1918 年 7 月，在南京高等师范学校（现东南大学前身，也是中央大学和南京大学前身）英语专

文学院教授胡稼胎先生

科学习；1918 年 9 月，以优异成绩获得国家奖学金，被保送到香港大学教育系学习；1922 年 6 月，从香港大学毕业并获文学学士学位。在此期间，正值五四运动，当时香港的学生纷纷响应，他也加入了学生运动的行列。在一次集会中，他用英语即兴发表演说，博得在场中外师生的好评。1922 年 8 月—1924 年 7 月，他毕业后回到内地，任江苏常州省立五中英文教员；1924 年 8 月—1925 年 7 月，任河南开封省立一中英文教员；1925 年 9 月—1946 年 9 月，任南京省立一中英文教员兼文科主任，后又至南京中央大学担任英文教师。

1930 年 9 月，应国立武汉大学校长王星拱之聘，胡稼胎到武汉大学文学院担任英文讲师。他因工作出色，并经常在校刊上发表文章，1932 年被聘为教授，并转入哲学系教西洋哲学史等课程。1937 年抗日战争爆发，胡稼胎随校迁到四川乐山。当时生活条件非常艰苦，为了维

护教师们的生活权利，武汉大学的一些教师们自发组织了"教授会"，推选胡稼胎为第一任教授会主席。同时，他还组建了"仁义学会"，并被选为会长。该会宗旨是学习孔孟之道，以仁义之心服务于社会。参加者都是学校中品学兼优的学生，还有几位教授也参加了学会。学会的活动主要有以下几项：一是定期开会，由教授主讲孔孟之道；二是不定期出刊；三是发展会员。1946 年 9 月，胡稼胎离开武汉大学，"仁义学会"就自动解散了。

胡稼胎治学严谨，讲解清晰，是讲授"基本英文"的四大名师之一；他还讲授"中国哲学史""哲学教育选读""英国文学论著""小说入门"等课程。同时，他还兼任国立武汉大学第一外国语委员会、学生团体生活指导委员会、一年级国文委员会等组织的委员职务。据学生张培刚回忆，胡稼胎讲英语是一口"伦敦标准音"，十分受学生们欢迎。他备课一丝不苟，讲课严肃认真，不但注重作文，而且注重英文的修辞学；他在课堂上重点讲解语法中的疑难部分，特别是时态和前置词的各种用法；课后严格要求学生大量阅读英文短篇小说、短篇文章或传记文学选读和练习英文写作，使武大学生终身受益，终生难忘。

他发表的论文主要有：《吾人应造之正学风》（《安徽大学校刊》1947 第 1 期），《凯寿龄论中国文化》[《珞珈月刊》（武汉大学）1934 年第 1 卷第 6 期]，《哲学的政治谈》（《珞珈月刊》1934 年第 2 卷第 3 期），《理论与实行》（《珞珈月刊》1933 年第 1 卷第 1 期），《麦克伯斯之考证与欣赏》[《新时代半月刊》（武汉大学）1932 年第 3 卷第 5 期，第 4 卷第 1、2 期]，《我对于读经之意见》[《学荃期刊》（武汉大学），1937 年第 1 卷第 1 期]，《论理想》（《国立武汉大学文哲季刊》1942 年第 7 卷第 2 期），《哲学之基本假设》（《国立武汉大学文哲季刊》1932 年第 2 卷第 4 期），《自我问题》（翻译）（《国立武汉大学文哲季刊》1933 年第 3 卷第 1 期），《事实关系与意义》（《国立武汉大学文哲季刊》1934 年第 4 卷第 1 期），《新近科学的知识与哲学》（《国立武汉大学文哲季刊》1937 年第 6 卷第 2 期），《人生哲学之综合观》[《哲学与教育》（武汉大学）1932 年第 1 卷第 1 期]，《哲学与宗教》（《哲学与教育》1933 年第 1 卷第 2 期），《物质与精神》（《哲学与教育》1933 年第 1 卷第 2 期），《精神哲学：观念论与价值哲学》（《哲学与教育》1935 年第 4 卷第 1 期），《战争的哲学观》（《哲学与教育》1936 年第 4 卷第 2 期），《克洛采及其哲学》（《哲学与教育》1936 年第 5 卷第 1 期）。

胡稼胎信奉传统儒家思想，曾言"我从儒家观点接受马列主义。儒家是讲仁的。所以接受社会主义，我觉得剥削是不合理的。年纪大的人有许多思想不能改掉，而且这些思想与马列主义并不抵触，我接受马列主义是移花接木式的"。他对书法情有独钟，行草隶篆，样样精通，尤其是行书，笔法苍劲有力，自成一体。

1946 年 10 月，在国立安徽大学校长陶因的盛情邀请之下，胡稼胎来到安徽大学任哲学教授，1948 年任安徽大学文学院院长；1950 年 1 月至 1951 年 9 月，他到华北"革大"政治研究院进修学习；1951 年 2 月—1952 年 9 月，任燕京大学外语系教授。1952 年，国家进行院校调整，燕京大学并入北京大学，他也随之转入北京大学，先在西语系教英语，后又转到哲学系教西洋哲学史等课程。

1957 年，"反右派运动"期间，胡稼胎被错划为"右派分子"，1978 年得到了平反。胡稼胎于 1968 年去世，享年 69 岁。

住过第 20 栋的化学家黄叔寅

李　娜

理学院教授黄叔寅

黄叔寅是我国著名的化学家，1902 年出生，江苏宜兴人，入选《无锡名人辞典》。

黄叔寅 1925 年毕业于北京大学化学系。1930 年获法国巴黎大学化学博士学位。曾任中央研究院化学研究所研究员，武汉大学教授、化学系主任，中华人民共和国成立后，历任安徽大学、安徽师范学院、皖南大学教授、化学系主任。从事有机镁化物与 N 四烷基丁二醯胺之反应、氢氰酸与亚烷基一醯醋酸酯之反应等研究。

20 世纪 30 年代，黄叔寅应邀到国立武汉大学任教，担任"有机化学"主讲老师，其时珞珈山上大师云集，群星璀璨，珞珈山"十八栋"是"教授中的教授"所住的，是珞珈山上智慧的渊薮，黄叔寅曾居住在"十八栋"中闻名遐迩的第 19 栋和第 20 栋，周恩来、陶天南等人先后居住于此。

呕心沥血，编写教材
废寝忘食，从事实验

抗战期间，武汉大学内迁到乐山，黄叔寅亦随迁至乐山，当时条件艰苦，理科实验室位于乐山高西门李公祠，是木板房，而教师都分散居住在各处，有的相隔甚远，黄叔寅不顾路途艰辛和疲劳，严谨教学、一丝不苟，尽可能地多开实验项目，保证学生能学到更多的知识和本领。1943 年，他编写国立武汉大学理学院教材《有机分析》，系全英文教材，当时条件简陋，他废寝忘食、呕心沥血，字字句句细细斟酌，教材深受同学欢迎。

武汉大学基础化学教学实验室为国家和地方各级化学专门人才的培养始终发挥着重要作用，老一辈化学家黄叔寅等在实验教学和实验室建设中倾注了大量的心血，作出了突出的贡献，为国家培养了一批杰出人才。

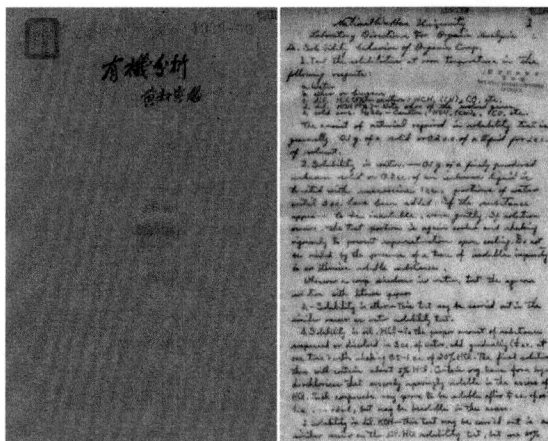

黄叔寅用英文撰写出版的《有机分析》教材

知遇之恩，追随相报

1946 年，适逢国立武汉大学校长王星拱去职，王星拱到安庆指导国立安徽大学复校，追随王星拱的武大皖系教授成为国立安徽大学建设的主力，黄叔寅虽非安徽人，但感念王星拱知遇之恩、相邀之情，亦追随王星拱校长来到国立安徽大学化学系任教，并任化学系主任。

黄先生于 1961 年逝世，终年 59 岁。

住过第 21 栋的物理学家许宗岳

刘秋华

电机工程学系教授许宗岳

许宗岳（1911—1974），男，湖北武昌人，物理学家、声学家。1945—1953 年任武汉大学工学院电机系教授，领导和参与了武汉大学游离层实验室的创建工作。

1934 年毕业于华中大学物理系，1936 年毕业于燕京大学研究院，获理学硕士学位。1943 年毕业于美国布朗大学研究院，获自然科学博士学位。

在武汉大学任教期间讲授过"无线电原理""电磁波与天线""雷达原理"等课程。撰有《超频声波在水内之吸收率》《雷达电波传播》《雷达测距、测向原理》等论文。

一、恩师引荐　赴校任教

许宗岳与武大的渊源起自于其恩师桂质廷。正是在桂教授的引荐下，许宗岳才来到武汉大学任教。

1945 年 11 月 1 日，桂质廷给时任国立武汉大学校长周鲠生先生的信中，记载了聘请许宗岳的相关情形。"鲠生校长吾兄赐鉴敬启者，此次新聘理工学院教授许宗岳先生业已回国，不日来校任教，惟以生活高昂交通艰难，所费过巨，不知薪俸可否以五百元致送，再回国以资亦拟请照章补发，兹特附上许先生简单履历一份。"11 月 4 日，周鲠生校长批复："许宗岳教授月支薪五百元，按照赵师梅先生接洽条件，准自到校之月前三个月起支薪。"11 月 6 日，学校下聘书聘请许宗岳先生为武大理工学院教授。

1946 年 11 月 16 日，国立武汉大学呈文教育部"续呈本校教员许宗岳直系亲属等在沦陷区死亡不能奔丧成服遵令具缴之证件请予转呈俯赐题词以慰哀思仰乞鉴核示遵由"。1947 年 4 月 30 日，教育部下发训令"核发该校教授许宗岳声请题词由"。许宗岳父亲许雨湘，于 1943 年 10 月 24 日病逝于湖北武昌，终年 57 岁。因当时武汉沦陷，许宗岳未能回乡奔丧送父最后一程，留下一生遗憾。

1947 年 4 月 10 日，周鲠生校长聘许宗岳、刘经旺、刘培刚、悟菴、培云、高尚荫、叶雅各为学校体育委员会委员。

1948 年 1 月 17 日，国立武汉大学大事记记载，星期六，华氏 48 度，学术讲演会由许宗岳讲演"雷达"。

1948 年 12 月 24 日，国立武汉大学发往湖北省保安司令部的公函"为承允拨借本校区安全委员会枪弹药兹请许宗岳教授趋前洽领，查本校地处武昌郊外，校区范围辽阔且正值战乱，诚恐宵小潜入，特于本月四日成立校区安全委员会，筹组校区安全互助团，经于本月 14 日以本校武字第一六一一〇号代电，请予拨借步枪二十支，手枪四支及枪弹若干箱，以利进行本案，兹请本校许宗岳教授代表本会亲带办理公函一份趋前洽谈交涉"。

1950 年 4 月 21 日，国立武汉大学校务委员会第 23 次会议议决：成立游离层实验室指导委员会，聘桂质廷、查谦、叶允竟、梁百先、许宗岳等五位先生为委员会委员并以桂质廷先生为召集人。

二、武汉大学游离层实验室创建始末

武汉大学游离层实验室的创建离不开两个人：桂质廷、许宗岳。

1937 年桂质廷在美休假两年后回到华中大学，并带回一套游离层测候仪器，该仪器系美国华盛顿卡耐基学院供给。同年秋，桂质廷开始测候，每天数次，持续一年。得出的结果都以论文形式发表，并送卡耐基学院。桂质廷在美时曾在该院工作，与地磁部主任费立明相熟。1938年夏，华中大学南迁桂林，仪器被埋入校园内（复员后挖出时已全部锈坏）。

1939年桂质廷受聘去乐山武汉大学任教，一年后许宗岳去美国留学。1943年桂质廷出访美国，邀其前往会面，并敦促其毕业后回国。当时许宗岳因苦于找不到交通工具回国，就去了美国通用电气公司工作。1944年8、9月间，桂质廷前往美国通用电气公司参观，两人再次会面。此时桂质廷正计划重搞游离层测候工作，准备在国内做，劝其可借机回国参加。1945年3月，许宗岳最终决定参加游离层工作。

桂质廷在华盛顿期间，常去看望费立明。桂质廷看见新式游离层测候仪时很是欣赏，费立明当即赞扬他在武昌所得记录的准确性，并说到由于东方记录很少，对于军事战时通讯，他的记录有重要价值。几次谈话后，桂质廷表示还想继续做这项工作，但因为原有仪器埋在沦陷区武昌，他需要一部新式仪器，费立明当即表示愿意供给。

1944年12月，为了解决运输和经费问题，费立明把桂质廷介绍给在华盛顿的美海军准将梅乐斯。梅乐斯提出美海军愿提供仪器，运输不成问题，且愿与武大合作。电磁传播小组主任巴罗司知晓后也加入了商谈，这样就成了游离层工作附带低空测候工作。桂质廷向美方提出由许宗岳担任低空、附属于他领导的游离层工作，并由美方安排学习仪器的使用与理论的掌握。

在中国开展测候工作，需要得到国民政府的同意。在驻美大使魏道明和武官肖勃的帮助下，该项目得到国民政府军事委员会的批准。于是中美双方人员商定在中国设立游离层测候站。

1945年2、3月间，在美国纽约，许宗岳在桂质廷的引荐下正式拜会了周鲠生校长。周校长对他表示欢迎，说学校很需要年轻教授，谈到游离层工作时，也表示很好，可以发扬研究，日后还可以与美国研究机关取得联系。

1945年3月，许宗岳应桂质廷的要求单独会见了美方项目负责人海隆。海隆告诉他参加电波传播小组的手续已办好，要求他辞去美国通用电气公司的工作。4 月，许宗岳正式到电波传播小组工作。初到时，还与美方签订了保密协议并要求举手宣誓。另外，要求填写个人履历，并要求熟悉工作规章，大致是小组因工作需要，有时得参观基地及仓库，应遵守保密规章，不得泄密。手续办完后，许宗岳便被带去了哥伦比亚大学一处办公室，以海军特邀参加游离层工作的研究员身份受聘为哥伦比亚大学研究员，月薪 300 美元。

许宗岳在电波传播小组的主要工作是分析各地寄来的记录，作出曲线，推算实验与理论公式。这期间在美国的一处雷达站测试过仪器，进门时要求去的每个人签名，还参加过论文报告会，报告的题目大致是与雷达传播有关的气象雷达。

1945 年 5 月中旬，在桂质廷的安排下，许宗岳结束了电波传播小组的工作到了华盛顿卡耐基学院地磁部工作。工作内容包括两项：一项在办公室读书，主要是查阅自编的游离层无线电传播的书籍，另一项是搞实验，进行过测候的学习，但主要是复制游离层测候仪器。7 月初，在中美双方的协调下，许宗岳与桂质廷以与美海军合作拟在中国进行游离层测候需要技术学习的名义一起去了美国标准局，参观过美国标准局两个实验室，同样被要求签订保密协议。8 月中旬，他们又回到了卡耐基学院，开始商量动身回国的事，并与美方商定计划带回国的设备清单。

1945 年 8 月下旬，临出发前许宗岳与桂质廷一同去了美海军部，敲定仪器供应与运输由美方负责，许宗岳的差旅费也由美方支付，并要求二人与美方签了一份保密协议。美方另出具三封信函，一封给纽约美海军，给他们弄船铺位，一封给美海军加尔基地，让其买飞机票，还有一封给美海军重庆基地，商谈测候进行方法。8 月底，两人上了美海军拨陆军部使用的军官船。坐船期间，许宗岳还给年轻的美军官补习微分方程以及与桂质廷一起给他们介绍东方风俗习惯。船到加尔各答的几天后，美军方通知桂质廷先走。

1945 年 10 月 9 日，许宗岳乘飞机回国到达重庆，桂质廷和两名美海军军官到机场迎接。周鲠生亲自宴请他们，并与美海军驻重庆小组草签了三份合作及保密文件。第一份是临时协议：美海军驻重庆小组与武汉大学协商共建游离层测候实验室，地址暂在乐山武汉大学校址内，由武大供给房屋，并训练技术人员作测候，美海军供给仪器，并负责运到乐山装置，装置时武大应予以材料及科学设备的协助。在武大工作人员技术未熟练前，由美海军自行测候，所得记录自行处理，武大亦可用作技术研究材料。日后武大人员测候时，与美方研究机关订立正式合同，由武大供给记录，美方研究机关则按月给以津贴，作人员薪资及零件与书籍补充之用，不得美方同意，除自作研究材料外，记录不得任意给予他人，由周鲠生代表武大、卡尔代表美海军驻重庆小组签字。第二份是协议书附件，大意是：桂质廷、许宗岳二人参加美海军所领导的游离层测候工作，在美接受该项工作技术训练，并曾做不泄露工作内容之保证，在美官方公布前，该项保证继续有效，现已由美海军供给交通工具连同仪器回中国，日后在武大建立实验室，由桂质廷、许宗岳协助，在美海军自行测候时，组织武大人员接受技术训练。第三份是美海军重庆小组所作承诺：承诺按照第一份协定内容行事，一旦武大迁往其永久校址地武昌，即将仪器及附件负责送往该处，并协助其尽早恢复工作，对武大因工作所用款项及人力作出一定津贴。三份协议签完后他们随即参观了美海军重庆基地。

1945 年 11 月 23 日，许宗岳一行乘坐美国士兵开的三辆卡车到达乐山。美海军人员住在武大教授黄方家里，去乐山的共有三个中美合作所的中国人。实验室地址选在当时工学院所在地三房书院。物理系、电机系的十余名老师参加了相关训练。

1946 年 1 月，美海军正式开始测候，他们固定在乐山的有四人，其中三人负责搞收发报与放气球测风向，一直持续到 3 月，许宗岳每周去两次。同年 3 月，与美方签订了正式合同。

1946 年武大复归武昌珞珈山时，美海军登陆艇负责将测候仪器送达。梁伯先（武大物理系教授）担任实验室领导，许宗岳为副手，都是兼职。许宗岳负责分校实验室记录，并负责仪器的维修及值班表的编排。同时与美方商定，梁伯先负责与美、校方的一切联系。周报表寄汉口美领事馆，由许宗岳负责，月报表由梁伯先负责，直接寄往美国标准局。

实验室与美国标准局的合同每年换一次，都是美国标准局先签好寄来，由周鲠生校长代表武大签字，寄回去一份。1947 年 7 月至 1948 年 6 月津贴是每月 600 多美金，1948 年 7 月至 1949 年 6 月是每月 700 美金；1946 年大半是美国标准局直接寄来学校，后改为汉口美国领事馆送往学校，支票须经周鲠生校长签字，才能兑钱。实验室账目另立户头，与学校分开。

1946 年之后，除美国标准局，经美方批准，实验室先后与重庆广播台、国际无线传播协会、日本某测候站、美国的一家实验室有过交换记录关系。美标准局也经常把其收集的全世界记录寄过来，有百余本。

1948 年冬，武汉战事吃紧，桂质廷提议将实验室迁往华南，因叶允竞反对而作罢。

1949 年后，梁百先和许宗岳一起去见了军管会的秘书长，谈到实验室的前途。秘书长肯定地说，这种科学研究是应该继续的，但与美国研究机关的关系必须断绝。1949 年 6 月之后，中美双方的记录往来业务中断。

三、20 世纪 50 年代的工作

1953 年全国院系大调整，许宗岳所在的武汉大学电机系被全部划出，其中电力组划归至华中工学院，电讯组则划至华南工学院。许宗岳等人留在了华中工学院，他开设了一门与电讯有关的课程"工业电子学"。

　　1955 年，全国开展"肃反"运动。许宗岳受到不小的冲击。1957年 6 月 8 日，全国"反右斗争"开始。许宗岳被划为"右派"，因此离开了讲台。不久，调任中国科学院武汉电子研究所、湖北物理研究所当研究员。

　　1974 年，许宗岳因心脏病突发在北京去世。

住过第 21 栋的数学家汤璪真

袁丽玲

汤璪真是我国最早的现代数学家之一，他是中国数学会 1935 年成立大会上选出的首届评议委员，也是 1936 年第二次年会当选并在第三次年会上连任的理事。他在高等教育园地里辛勤耕耘 32 载，培养了大量人才。1926 年至 1943 年，汤璪真在武汉大学数学系任教时，曾居住于珞珈山"十八栋"别墅群中的第 21 栋。

理学院教授汤璪真

一、天资聪颖，与毛泽东成为同学

汤璪真，字孟林，1898 年 2 月 3 日出生，湖南省湘潭市杨林乡云源村人。他于湖南省湘乡市东山高等小学堂戊班念小学，现在该校称为东山学校，属于全国重点文物保护单位、全国爱国主义教育示范基地，其原因之一就是毛泽东恰是东山高等小学堂戊班学生。也就是说，毛泽东和汤璪真是小学同学。汤璪真天资聪颖，勤奋好学，在东山高等小学堂读书时，曾经特许跳级两次，创下当时该校优秀生跳级的历史纪录。毛泽东比汤璪真年长 5 岁，正是由于汤璪真的跳级，才使得他与同乡毛泽东成为同班（戊班）同学。汤璪真在班上年龄最小，学习非常用功。毛泽东很喜爱这位好学的小同学，汤璪真亦很倚重情同兄长的毛泽东，他们还有一个共同的爱好——游泳，经常相约到池塘里游泳。在东山学校

271

的几年，汤璪真和毛泽东建立了深厚的友谊，两人成为终生好友。

汤璪真在北京女子高等师范学校任教期间，毛泽东曾两次到他的住处西城头发胡同拜访。1949 年 6 月 17 日，毛泽东到达北平后，得知汤璪真在北京师范大学任教，马上打电话到北京师范大学与汤璪真联系。汤璪真对毛泽东说："我去看你吧。"毛泽东却说："还是我去看你吧。"下午 3 点左右，毛泽东带着秘书田家英和几个警卫员，驱车来到北京师范大学教职工宿舍——和平门内东顺城街 48 号内院。汤璪真请毛泽东走进中间客厅，向毛泽东介绍了自己的妻子儿女，并招呼妻子拿茶杯泡茶。毛主席就读湖南第一师范学校的老师、北京师范大学中文系主任黎锦熙教授，毛主席的东山高等小学堂戊班同学、北京师范大学地理系主任黄国璋教授，北京师范大学教务长兼数学系主任傅种孙教授，先后被请到汤家。直到晚上 9 点左右，毛泽东才起身和大家告别。临上汽车时，他笑着对汤璪真说："孟林，今天到你这里来，是我拜望老师、同学时间最长的一回。"之后，汤璪真多次到中南海毛泽东家里做客。1951 年 10 月 9 日清晨，汤璪真教授因病逝世，终年 54 岁。毛主席对汤璪真的英年早逝深感悲痛，称其为"我们国家科学界的一大损失"。

二、感恩父母乡亲，忠心报国

汤璪真出生在一个普通的农民家庭，他是长房嫡孙，自幼聪明好学，深受父母和族中长辈喜爱。依靠家里省吃俭用和族人的接济，他在湘乡东山高等小学堂读完了小学。在 15 岁那年，他考进长沙红光师范学校，从此离开了家。1915 年考入北京高等师范学校（今北京师范大学）。汤璪真生活非常俭朴，读书极为勤奋刻苦。每天黎明即起，当万籁俱静的清晨，同学们还在梦乡里的时候，他总是悄悄地起床跑到室外，独自专心致志地看起书来，这种晨读习惯一直保持到晚年。由于家境不宽裕，他上学时只有很少的几件衣服，勉强够换洗。尽管有件免费的大衣，但是里边穿的棉衣却买不起，北京的冬季漫长而寒冷，没有棉衣御寒是很难熬过去的，同学们发现汤璪真经常到操场上跑步、翻杠子，回到宿舍有时头上还冒着热气，他靠这种办法来取暖和增强抗寒能力。这个来自穷乡僻壤的农家子弟，表面看上去温和沉静、寡言少语，心中却燃烧着一团火。他深深懂得穷苦孩子上学之不易。他心里想，将来总会有那么一天，祖国的大地上鲜花盛开，孩子们带着幸福的微笑，手拉着手走进学校，在宽敞明亮的教室里上课。他暗暗发誓，有朝一日一定要在家乡亲手创办一所学校，实现自己为家乡人民造福的愿望。

汤璪真还喜欢吹箫，离家后，他常借吹箫寄托对家乡的眷恋，有时吹着吹着竟情不自禁地流出眼泪。他对家乡的父老兄弟姐妹感情很深，母亲病故时，他星夜赶回家，在母亲的遗体前哭得晕了过去，几天几夜不吃不睡为母亲守灵。父母养育之恩他从小就铭刻于心，唯恐日后不能报答。

学生时期，汤璪真对民族英雄岳飞、文天祥等人十分崇拜，常以这些人的诗词激励自己，他的爱国主义思想在这一时期即已形成。他积极参加五四运动，在与高师同学一起游行时，他曾遭反动军警殴伤。他结识了许德珩等学生运动的领袖，后来参加了许德珩领导的九三学社，成为九三学社早期社员之一。在抗日战争初期，为了实现"教育救国"的理想，在湖南省宁乡县创办了宗一中学，并任董事长。他虽然身为大学教授，但依旧保持生活俭朴的习惯，经常将节省下来的钱寄回老家（这时已搬到宁乡），或用于办学或用于帮助亲友，家乡人民至今仍怀念着他。

三、执教武大十余载，潜心学术硕果累累

1919年，汤璪真从高师毕业后便执教于北京女子高等师范学校（1931年并入北京师范大学）。该校是培育了众多巾帼英才的国立女子大学，苏雪林、庐隐、沅君、石评梅等在此求学，她们皆是五四新文学初期与冰心、丁玲齐名的"民国才女"。一年后汤璪真升任讲师，1920年至1923年曾在北京大学兼课。1923年年底，汤璪真因出色的工作成绩经选拔被派往德国，先后在柏林大学和哥廷根大学从事数学研究，曾

跟随著名的几何学家布拉希开（W. Blashke）做研究工作。1926年汤璪真谢绝了德国朋友们的挽留，与章伯钧等人同时回到了日夜思念的祖国。回国后，年仅28岁的汤璪真应聘到武昌大学（后改为武昌中山大学），任数学系教授。1928年，南京政府决定改组武昌中山大学，组建国立武汉大学。此时他来到上海，先后在劳动大学、暨南大学和交通大学任教。1930年，受国立武汉大学校长王世杰之聘回到武汉大学，任数学系教授。

在我国早期现代数学家中，汤璪真是研究微分几何的开拓者之一。在武大工作期间，他在这一研究领域做了大量工作。他把科研与教学紧密结合，将自己的研究成果写成专著《扩大几何学》，并以此为讲义开设新课程，1936年由武汉大学作为教学讲义印刷发行。汤璪真讲授的课程较多，有空间解析几何、射影几何学、微分几何学、几何基础以及微积分等。当时大多无课本可用，他就独出心裁，采用其导师布拉希开的名著《微分几何讲义》第一卷，在国内大学首开使用德文教本之先例。他讲课深入浅出，循循善诱，既重视基础理论又鼓励学生敢于创新。汤璪真曾把"拉盖尔几何"的研究成果张贴在教室里，引起同学们很大的兴趣。1937年，中央大学、武汉大学和浙江大学联合招生，数学命题由汤璪真负责，其中一题即是从"拉盖尔几何"里取来的。

汤璪真对数学有极高的禀赋，在大学三年级时，就在北京师范大学学报发表英文论文 On the Consecutive Terms of an Arithmetical Progression，这是他的处女作，在当时高校学生中并不多见。1928年至1930年，他将研究心得写成长篇论文《数理玄形学》，在上海《科学》月刊（1929）连载。从1930年起，他和曾昭安等人在武汉大学创办《国立武汉大学理科季刊》，该刊中数学论文比例最大，他又是其中发表数学论文最多的作者之一，有《天体几何学初步研究》《微分学的几个根本问题》《群之新基本特性》等十余篇。在1936年、1938年的 Bull. of Amer. Math. Soci. 中发表关于模态逻辑的论文3篇。出版著作《绝对微分学及其几何上与物理上之应用》（1934）和《扩大几何学》（1936）。1940年汤璪真担任《国立武汉大学理科季刊》主编，接替调任教务长

1939 年武汉大学出版汤璪真的《扩大几何学》教材

的曾昭安，通过他与同仁的共同努力，《国立武汉大学理科季刊》声誉日盛。即使在战乱年代，条件艰苦卓绝，资料匮乏，汤璪真仍锲而不舍、坚持不懈地研究，其创新精神有增无减。写有《论时空中之最短线及最短零线》（《国立武汉大学理科季刊》，1940），以及《群之新基本特性》（《国立武汉大学理科季刊》，1942）。

1933 年 4 月 1 日摄，1933 年汤璪真参加教育部召开的天文数学物理讨论会留影

20 世纪 30 年代，汤璪真在中国数学界已享有一定声誉，当时武汉大学数学系曾昭安、叶志、肖君绛、汤璪真教授，被尊称为"四巨头"。1933 年，他作为代表参加了教育部组织召开的天文数学物理讨论会。

汤璪真精通英语和德语，还懂法语。他翻译了罗马大学教授、著名数学家莱维·齐维塔（T. Levi-Civita，1873—1941）所著的《绝对微分学》，汤璪真对该书进行认真钻研，并多次与原著者莱维·齐维塔教授就《绝对微分学》中艰深疑难的关键问题进行讨论，他们以英文或德文通信往返十余函，反复进行深入探讨，汤璪真对问题的独到见解令莱维·齐维塔十分赞赏。1935 年 2 月，汤璪真填写《研究专门学术人员调查表》，在"本人工作心得与兴趣趋向或其他感想"一栏中，记述了这样一段经历："曾与数学界名流韦尔（Weyl）、施乌顿（Schouten）、莱维·齐维塔、杜斯切克（Duschek）等屡次讨论绝对微分学，其结果作成《绝对微分学的一个难点》一文，登在武汉大学《理科季刊》上，此可算为本人心得且为比较有兴趣之事"。此外，汤璪真还翻译了《集合理论几何学》等书。

抗日战争时期，汤璪真随武大迁往四川乐山，在贵州榕江遭遇大水，一家数口死里逃生。他最为痛惜的是自己多年积累的藏书和几篇尚未完成的著作都付之东流了。在那战火纷飞的年代，汤璪真与武大的师生员工们在一起同生死、共患难。他始终关心着国家的命运和前途，满腔热忱地参加抗日救亡的活动。1943 年 2 月，教育部授予国立武汉大学教授汤璪真、叶雅各等 4 名教员三等服务奖状。

汤璪真先后任武大教授十余年，培养了很多杰出的人材。中国老一辈数学家曾昭安之子曾宪昌是他的学生，20 世纪 40 年代末留美，获美国哥伦比亚大学硕士学位。1950 年 11 月 25 日，他从洛杉矶写信给汤（这时汤已在北京师范大学任教），念念不忘老师春风化雨之恩。他写道："……生在美已过两年，回思所学，莫不得吾师所界之根基，偶自思有所进步，亦莫不吾师所赐也。"他还表示愿"从吾师教益以尽服务之旨"，决意提早回国献身祖国建设事业。曾宪昌后来也任武汉大学教授，成为国内知名的电脑专家。

汤璪真在武大期间，交往的国内外知名人士很多。历史学家周谷城，那时常来他家。1986 年 6 月 13 日，《人民政协报》载周谷城《怀念章伯钧教授》一文，他深情地回忆起："……我们每有暇时，常到武汉大学汤璪真教授家中聚会。汤是我的同学老友，与章 1926 年同时留德回国。"周谷城、章伯钧二位与汤璪真都有几十年的友谊。

　　1943 年，汤璪真因工作调动离开武汉大学。1948 年 9 月，他应北平师范学院（1949 年改称北京师范大学）袁敦礼院长和数学系主任傅种孙之请，返回母校任教授兼教务长。同年年底，汤璪真任代理校长，并领导北京师范大学迎接了北京解放和中华人民共和国成立，此后在北京师范大学工作直至 1951 年去世。

　　北京师范大学数学科学院李仲来教授经过数年的收集与整理工作，主编了《几何与数理逻辑——汤璪真文集》，在 2007 年由北京师范大学出版社出版。2008 年 1 月 12 日，在北京师范大学英东学术会堂召开了纪念汤璪真教授 120 周年诞辰大会暨汤璪真文集首发式。

国立武大前期三位校长的办学理念

涂上飙

1928 年 7 月，国民政府大学院决定改组国立武昌中山大学（第二中山大学），建立国立武汉大学。从学校筹办到正式建立，刘树杞、王世杰、王星拱三位校长作出了重要贡献。在办学的实践中，他们也提出了自己的一些办学理念。对其进行挖掘探讨，对我们当下的教育实践无疑会有十分重要的借鉴意义。

一、刘树杞代校长的办学理念

刘树杞（1928 年 7 月—1929 年 2 月任武汉大学代校长）短暂的一生，学习、工作经历都十分丰富。他有过海外的学习背景并具有高学历，学习的是自然科学且侧重于应用。学成回国后，在多所著名高校当教授，在高校和教育部门做过管理工作。这些对他办学理念的形成有着重要影响。他认为，一所大学，尤其像武汉大学这样的大学应该成为国家和民族文化传承的中心，同时在大学里应该十分注重科学知识的教育。

1. 文化中心

刘树杞认为大学应该是文化的中心，1929 年 1 月 5 日在国立武汉大学补行开学典礼上，他说，大家知道武汉在过去是中国经济和政治的中心，但在文化建设上则是比较落后的。因此，武汉大学在今后的中国，应该承担起文化中心的责任。①

---

① 刘树杞：《武汉大学应该继起文化中心的责任》，徐正榜、陈协强主编：《名人名师武汉大学演讲录》，武汉大学出版社 2004 年版，第 98 页。

为了实现文化中心之理想，他在筹建武汉大学时就从以下五个方面加以建设：

第一，注重党义教育。他认为孙中山先生确立的党义是指导中国前进的灯。因此，他要求武汉大学应该明了并而努力做到。他说，无论是大学预科或是补习班的每个学生，都要必修党义课程两小时以上。

第二，注重质量发展。他说，一个完整意义上的大学，应该具有工科、医科……但武汉大学现在仅设文学院、理工学院及社会科学院（文学院仅中国文学系、外国文学系；理工学院仅数学系、化学系；社会科学院仅政治经济系）。这不是说医科、工科不需要，而是先缩小范围，集中精力，一科一科地办好；不要挂了某一系的名，而滥竽充数，而应使各科简益求精。这样，才可挽救过去湖北"小学般"的中学程度、"中学般"的大学程度的恶症！①以后，随着条件的具备再在文学院设立哲学系，社会科学院设立法律学系和商学系。将理工学院分为理学院与工学院两院，在理学院设立物理学系。工学院先设土木工程和采矿冶金两学系。

第三，强调学术研究。他说，过去中国学术界的肤浅是无可讳言的事实，这种情况最大的症结，是因为大学课程浅薄的缘故。所以，现在新建立的武汉大学，在学术研究的道路上是要注重向深邃发展的。②

第四，办学建校先行。他说，学校学术的勃兴，大半依赖教授；而教授的聚集，则是看学校的精神。校址，宏大的建筑可以说是学校精神的体现！武大在中央教育部、湖北政治分会和省政府的指导之下，新校址已经测绘，并且将开始建筑。他说，新校址的建筑对武汉大学的产生

---

① 刘树杞：《武汉大学应该继起文化中心的责任》，徐正榜、陈协强主编：《名人名师武汉大学演讲录》，武汉大学出版社 2004 年版，第 98 页。

② 刘树杞：《武汉大学应该继起文化中心的责任》，徐正榜、陈协强主编：《名人名师武汉大学演讲录》，武汉大学出版社 2004 年版，第 98~99 页。

和发展，具有非常重要的意义。①

1932年5月23日，他回国立武汉大学演讲时，看到武汉大学校舍建设取得的成绩，非常高兴。他说，3年以前，记得在黄土坡山下的旧校舍里开会，那个位置是比较简陋的；3年以后的今天，在这里开会，情形大不一样，地方要比以前整齐多了。在中国的教育史上，建筑如此迅速取得如此的成绩，是值得大书特书的事。应该感谢王世杰校长等各位先生们的努力！

同时，他说，在国内从事十几年的教育，有一个感想，起步较晚的国立学校能不能像私立或教会学校一样做出成绩来？因为平常看外国人办的学校，他们的建筑物非常完整，他们的一切设施也很有程序，而国立学校的方方面面都不及。现在看到武汉大学的建设能有序地进行，虽然展示的只是建筑一个方面，但究竟还是一个可喜的现象。他说，这一看法，任鸿隽先生也有同感，夸武汉大学是全国很有希望的一个大学。他说，不仅仅任鸿隽这么认为，外面很多人也都是这样公认。②

第五，培养实用人才。他认为武汉大学的课程设置及培养出来的人才应该是实用的。这是因为，正在建设的中国，人才是异常缺乏的；社会安定的现在，人才的需求非常急切。为此，武汉大学在学术上要培养出适合于中国需要的建设人才。同时，在精神上也要培养出健全而高尚的人格，才能担当领导民众的重任。③

2. 科学教育

刘树杞先生学的是理科，从事的是自然科学的研究，因此对科学教育特别重视。尽管对学校建设的成绩赞不绝口，但他又说，大家不应该

---

① 刘树杞：《武汉大学应该继起文化中心的责任》，徐正榜、陈协强主编：《名人名师武汉大学演讲录》，武汉大学出版社2004年版，第99页。

② 刘树杞：《中国科学教育的几个重要问题》，徐正榜、陈协强主编：《名人名师武汉大学演讲录》，武汉大学出版社2004年版，第102页。

③ 刘树杞：《武汉大学应该继起文化中心的责任》，徐正榜、陈协强主编：《名人名师武汉大学演讲录》，武汉大学出版社2004年版，第99页。

单以物质的满足为满足，还要努力去注重学问的研究才好。① 这里的研究是指对自然科学的研究，为此，他对科学教育提出了应该重视的几个方面：

一要注重设备配置。他说，中国的科学教育，眼前是很幼稚的。因为，"工欲善其事，必先利其器"。学科学的人，与学文、法科的人不同，一切工作的开展需要设备才行。他说，办理科，不仅要有图书，而且要有仪器设备。在仪器方面又分两种：一种是普通的仪器，做普通的一般的实验之用；一种是特殊的仪器，做教授或高年级同学的特殊研究之用。他说，仪器怎么添设都是不够的，世界各国无论哪一个大学都不能将所有的仪器买全。但一个大学，普通应用的仪器却不可缺少，缺少了就不成其为一个大学。至于特殊的仪器，也不可不备，设备的多少，那就只有视经济的能力和需要的程度而定。关于书籍也分两种：一种是图书，一种是杂志。普通人以为学理科的只要在实验室里就够了，其实不然，理科方面所需用的图书，在量的方面虽然比文、法科的要少，但在质的方面却比较高，甚至于超过文、法科图书的价值。此外，理科方面的学术，到了成为一本书的时候，那至少是两三年以前的研究所得，一定是旧的东西了。因此还应该有杂志，从中可以看到人家近期在做一些什么试验的工作。一方面可供参考，另一方面也可避免研究的重复。假使没有这些设备，也就无法进行研究下去。②

二要注重课程设置。他说，国内各大学的理科课程，都有两个毛病：一表面上课程设置得很多，而内容却不是那样切实；二是不注意相关功课的设置，例如化学系就只是专门安排许多关于化学的功课，而其他物理、数学等科则完全不涉及。他认为，宇宙间的各门科学，都是互为关联的，并没有一个天然的界限。这些错误，应该立即改正。他强调在功课方面，要注重基本的训练，不要泛泛求多，不切实际，就像盖房

---

① 刘树杞：《中国科学教育的几个重要问题》，徐正榜、陈协强主编：《名人名师武汉大学演讲录》，武汉大学出版社 2004 年版，第 102 页。

② 刘树杞：《中国科学教育的几个重要问题》，徐正榜、陈协强主编：《名人名师武汉大学演讲录》，武汉大学出版社 2004 年版，第 103 页。

子要打好基础一样。①

三要注重研究问题。他说，中国的科学，向来只跟在人家后头跑，这样下去，始终对于世界没有贡献，而且就是这样也是学不完全的。自己应该起来研究才是。他认为现在大学不注重研究的原因，一是中国的大学教授很少，而另一方面课程却很多，教授没有研究的机会；二是一般的学校也没有研究的经费；三是中国目前也没有研究的环境，不像外国容易引起研究某一种问题的兴趣。因此，他希望大学的理科，课时不要太多，只要稍有机会，教授和同学都应该从事研究的工作。

刘树杞强调大学应该是一个文化中心，其立意是十分高远的。大学有四大功能，第四个功能就是文化传承与创新。大学只有抓住文化建设这一核心要素，才有发展的原动力和创新的活力。同时，他也十分看重大学的科学教育功能。科学教育在近代以后逐步得到发展，源于人们对自然的认识和探索。中国一向是一个重视人文教育的国家，科学教育十分落后。人才培养的单项发展，是不利于社会的良性发展和全面进步的。他看重的科学教育后来也得到国民政府的重视。

二、王世杰的办学理念

作为一名大学校长，在如何办大学、办什么样的大学上，王世杰（1929 年 2 月—1933 年 4 月任武汉大学校长）都提出了自己的想法。他认为，大学的使命是要担起文化中枢的责任，传播高深的知识和提高深邃的学术。大学要履行它的使命，应该有必要的经费、一定的建筑，要实行教授治校并严格选择教授以及有严整的纪律。在民族处于危机之时，大学还应该是延续民族精神生命的工具。

关于大学教育的目的，他认为灌输高深知识把学生造成一种学者和养成健全人格把学生造成一个"上等人"，应该放在同等的地位。对于

---

① 刘树杞：《中国科学教育的几个重要问题》，徐正榜、陈协强主编：《名人名师武汉大学演讲录》，武汉大学出版社 2004 年版，第 103 页。

人格训练，应该设立种种制度，使学生不知不觉之中，养成了许多优良的习惯。

他要求武大把高尚人格的训练和高深知识的灌输当作教育努力的目标。为进一步了解王世杰校长的办学理念，下面对其中一些典型思想作详细说明。

1. "一流水准" "文化中枢"

国立武汉大学在较短的时间内成为当时国内知名的学府，并赢得许多的赞誉，与王世杰的办学理想和胸怀、气魄有很大的关系。

1929年3月5日，国民政府教育部任命王世杰为国立武汉大学校长，5月中旬正式上任。王世杰计划将武汉大学建成一所拥有文、法、理、工、农、医六大学院，学生超过万人的综合性国立大学。王世杰在1929年5月22日欢迎他就任武大校长的集会上讲："我不是来维持武汉大学的，而此行目的是要创造一个新的武汉大学。"①

王世杰的讲话不仅向人们表露了他的打算和气魄，也给武大师生以鼓舞。在王世杰的心目中，这个新的武汉大学"要能履行新的使命，担起文化中枢的责任"②。不仅要能适应现在武汉的需要，并且要能适应将来武汉的需要。这个新的武汉大学是一所有崇高理想、一流水准的大学；同时还是一个规模宏大的、完全的、名副其实的学府。对这样一个新的武汉大学的创造，王世杰认为需要有五个条件：巨大的新校舍；良好的设备；经费的独立；良好的教授；严整的纪律。王世杰许多具体的办学主张及治校方略都是围绕这五个方面展开的。

关于巨大的校舍。王世杰指出：中国的各大学，没有一个大学有系统的建筑。北大是前京师大学堂和其他学校改造的，中央大学、广州中

---

① 王世杰：《我不是来维持武汉大学的，而是要创造一个新的武汉大学》，徐正榜、陈协强主编：《名人名师武汉大学演讲录》，武汉大学出版社2004年版，第109页。

② 王世杰：《履行新的使命，担起中国文化中枢的责任》，徐正榜、陈协强主编：《名人名师武汉大学演讲录》，武汉大学出版社2004年版，第103页。

山大学都是先前高师改成的。所谓京师大学堂、高师等，都不过是中等学堂的形式。一个办中学的校舍如何能办一个真正的大学呢？武大也是高师改成的，所以要想将武大造成一个真正的大学，第一个条件就是完成新校舍的建筑。

关于良好的设备。王世杰认为有良好的设备是建设一所良好的大学的基本条件，但武汉大学的设备太少，不能满足办大学的需要，因此要增加经费，采购图书、仪器设备。为了避免图书、仪器设备购置过程中出现陈腐过时和不系统的状况，王世杰要求添置图书、仪器设备时都要经过专家的考订。对于校舍建成之后内部的设备配置，王世杰提出的原则是：材料求坚固而不求奢华，器具求卫生而不求舒适。

关于经费的独立。王世杰主张大学的经费应该独立，并认为教育经费独立是一种制度，在国外许多大学采用了这种制度，并取得了很好的效果，中国应该采用。教育经费的独立，是办理教育减少建设上阻碍的一种制度，如果大学的教育经费不独立，没有保障，大学就很难进行长远计划，聘请优秀的教员就会落空。但是当时中国的情况，决定大学经费不可能独立，也决定了武大发展过程中，办学经费经常出现紧张的状况。对此，王世杰一方面多方集资筹款，另一方面亲自向国民政府财政部催款。王世杰特别强调，在动荡的环境里，让经费支出保持在预算数目之下，使经费有节余，有利于学校的安全和发展。与此同时，王世杰还向学生报告学校的经费开支情况，如实告诉学生学校在办学过程中遇到的经费困难，希望学生在学校生活中要注意节约，以帮助学校共渡难关。

关于良好的教授。在王世杰的心目中，教授是完成大学使命的关键，因此聘请到有真才实学的教授对于武汉大学的发展意义重大。他讲：大学的使命，一在教授高深学术，一在促进高深学术。有些学者是兼具研究能力与教授能力的，有些学者虽具特殊的研究能力，却不善讲授。大学既有上述两种使命，延聘教授的时候自然不能只聘前一种人才，而置后一种人才于不顾。因此，在选聘教授时，王世杰强调宁缺毋滥，强调严格地选择，同时主张提高教师的待遇。

为了发挥教授的作用，王世杰强调学校要遵循"教授治校"的原则。王世杰讲："教授治校"的原则意识是：教授对内，能自由地、无碍地、敏捷地处理校内一切教务和教育行政上的事宜；对外，要不受政治上的限制（必须受限制者除外）。这样才能把学校治得突飞进展，才能在社会上取得尊严的地位。王世杰任校长时，每周一次的校务会议均有教授参加，1932年学校成立的13个委员会，均由教授任委员长。对于教师，王世杰期望他们明了学校发展的目标，把学校当成自己的家庭，培养对学校的情感，热爱自己拥有的学校。他曾对学校的教职员工讲：盼望教职员把本校当作自己的家庭。过去也因为环境及政治上种种的关系，凡来本校服务的，很少有人打算把本校当作他们永久的工作园地。现在盼望大家能够决心在这个学校永久工作下去，对于本校的感情一天浓厚一天，把本校当作终身不可抛弃的家庭看待。他对自己提出的要求是：留校一天，当努力尽自己的力量，决不敷衍苟且，空占其位置。

关于严整的纪律。王世杰认为纪律是全校学生和全校教职员共同遵守的秩序。守纪律就是遵守秩序，他援引孙中山的话讲，中国人处于一盘散沙的状况，是太注意个人的便利，而不顾及团体的秩序，这在中国读书人身上又表现更为突出。他指出：任何大学，如果没有严整的纪律，学校的发展是不可能的。因此，他将促进全校同事及同学尊重学校秩序当作学校行政的一个基本原则。他说："过去许多中国学校的失败，大半就是因为无稳固的秩序。我们有了尊重秩序的习惯，才能有良好的学风；有了良好学风，才能吸收及维系良好的教员及职员；有良好的学风和教师，才能得到社会的信任，才能使本校毕业生容易得到适当的职业，以为社会服务。"[1]

为实现他的宏大宿愿，他在武昌的珞珈山修建新校舍，分两期完

---

[1] 王世杰：《我不是来维持武汉大学的，而是要创造一个新的武汉大学》，徐正榜、陈协强主编：《名人名师武汉大学演讲录》，武汉大学出版社2004年版，第109~110页。

成。他主持修建的第一批建筑包括文学、法学、理学、工学四座学院教学楼和图书馆、体育馆、学生宿舍、学生饭厅及俱乐部、华中水工试验所、教授住宅等。文学院、法学院两座大楼平行而立，遥相呼应；理学院和工学院则是两大片中西合璧的建筑楼群；学生宿舍、小礼堂典雅古朴，秀外慧中；图书馆高耸山顶，令人肃然起敬。建筑的顺序是先从宿舍造起，接着建院系和图书馆等。经过几年建设，新校区的建筑巍巍壮观。此时的系列建筑共 15 处 26 栋已于 2001 年 6 月 25 日被国务院公布为第 5 批全国重点文物保护单位。

为拥有一批一流的师资，他在珞珈山的东南方修建 18 栋别墅，以筑巢引凤。果然一批优秀的教师，包括王星拱、皮宗石、任凯南、朱世溱、李剑农、周鲠生、邵逸周、俞忽、胡光廷、韦润珊、梁骧、陈源、杨端六、袁昌英、刘秉诚、戴铭巽、萨本炘等著名教授被延揽进来。

在他任内，武汉大学在三千多亩校园里陆续建成文、法、理、工、农（部分）学院大楼以及图书馆、体育馆、水工试验所、教职员宿舍、学生宿舍等各类校舍 7.8 万多平方米；全校教职员 200 多人，各类在校学生 700 余人，图书馆共有藏书 98 832 册，图书仪器设备价值 130 多万元。

经过他短短几年的建设，武汉大学已跻身一流、享誉中外。1932年 4 月，"国联满洲事变调查团"莅临武汉大学参观，调查团对武汉大学如此宏伟的建筑，而以节约的费用建成深为赞许，武大的成就使中国提高了国际声誉。王世杰创办和主持的武汉大学，当时在海内外得到了广泛的赞誉。1932 年 11 月，胡适曾到武汉大学讲学。地质学家丁文江当时曾来到武汉大学参观。

王世杰任武汉大学校长，虽然为时仅 4 年，但始终对武汉大学怀着最深的感情，认为创办国立武汉大学，是他一生中最为自豪和欣慰的一件事。他一生在国民政府担任过很多重要职务，但在临终前留下遗嘱，要求在他的墓碑上只刻写"前国立武汉大学校长王雪艇之墓"。他的字画中也常盖有一个'东湖长'的图章。"以表达对东湖之滨、珞珈山上的武汉大学的深深眷念。

2. "人格训练""知识灌输"

对于大学教育的目的是什么？王世杰认为，大学教育的目的是重在"人格的训练"，或者是"人格的训练"与"知识的灌输"相并重。王世杰对各国大学教育的目的进行考查后指出，世界上的许多大学，如德法的大学、日本的大学，其教育目的主要是灌输高深的知识，是要把学生造成一种学者即 Scholar，因而侧重智育的训练；但也有一些大学，如英美的大学，其教育的目的是养成健全的人格，是要把学生造成一个"上等人"即 Gentlemen。对于这两种倾向，王世杰指出："我个人觉得，在大学教育的计划上，人格的训练纵不能较重于知识的灌输，至少，也应该与知识灌输占同等的地位。"①

王世杰之所以要强调大学应加强"人格"的训练，这与他受教育的环境和经历是分不开的。王世杰 5 岁就进入族人所建的私塾中读书，以后又来到省城湖北省优级师范学校读书，1910 年考入天津北洋大学。国内以《四书》《五经》为主要内容的人文教育，为他高尚人格教育的训练奠定了基础。1913 年又考入英国伦敦大学重读学士学位，毕业后进入法国巴黎大学攻读法学博士学位。国外的学习经历，让他感觉到国外的大学在传播知识的同时，也很注重"人格"的训练。他说，通过设立种种制度，可以使学生在不知不觉中，养成许多优美的习惯。为养成学生的自尊心，美国的大学在图书馆阅览室里废除了管理员，起初没有管理员，发生了图书损坏的现象，但在不知不觉之中，学生们形成了良好的阅览习惯，图书的损坏率就大大减少了。美国还在学生中推行一种考试"宣誓制度"，考前声明参与无人监考的考试，学生们通过大学四年的锻炼，最后就形成了一种良好的"自尊心"和"诚实"的习惯。②

---

① 王世杰：《大学教育的目的》，徐正榜、陈协强主编：《名人名师武汉大学演讲录》，武汉大学出版社 2004 年版，第 111 页。
② 王世杰：《大学教育的目的》，徐正榜、陈协强主编：《名人名师武汉大学演讲录》，武汉大学出版社 2004 年版，第 112 页。

同时，他提出在大学注重"人格"的训练，也是针对当时大学里不太重视这一问题而提出的。他说："中国的大学，对于人格的训练，均不甚注重。所以学校造出的人才，仍然不能肩负社会改造的任务。本校还在一个草创时期，但从今后起，应该把高尚人格的训练和高深知识的灌输一样看作本校教育努力的目标"①。

如何培养高尚的人格，他说："对于诸位同学，我只有7个字奉献，就是——好学、吃苦、守纪律。"② 就这7个字，他进一步解释道："过去的一辈人，对于科学不可信任，或信而不肯努力追求，所以中国弄成今日的局面。我们要使将来的局面不和今日一样，我们这一辈子要好学。再则目前的社会，十分紊乱，天灾人祸，有加无已，假使我们不能吃苦，一点小事不舒服便不能忍受，那么，将来出去做事或继续求学必不能打破许多的难关。守纪律的事，中山先生是有深刻的认识的，他认为中国人只是一盘散沙，太注意个人的便利，而不顾及团体的秩序，这确实是中国人的一般毛病，尤其是读书人的毛病。"③

他认为，大学生具有高尚的人格，不光是自己成长的需要，更重要的是民族精神的延续。1933年，正是日寇步步紧逼、侵略中国的时候，他在总理纪念周演讲的时候说：我们要"永远保持着吃苦不畏难的精神从事于一切工作"，因为"学校是延续民族精神生命的工具"。④

王世杰要办"一流水准"大学的理念，无疑到现在都还闪烁着智慧的光芒。中国要实现教育强国梦，必须建立一批"一流水准"的大学。中华人民共和国成立后，从建立一批国家重点大学，到"211工程"大学、"985工程"大学建设以及现在的"双一流"大学建设，都

① 王世杰：《大学教育的目的》，徐正榜、陈协强主编：《名人名师武汉大学演讲录》，武汉大学出版社2004年版，第112页。

② 王世杰：《把武汉大学造成一个名符其实的学府》，徐正榜、陈协强主编：《名人名师武汉大学演讲录》，武汉大学出版社2004年版，第123页。

③ 王世杰：《把武汉大学造成一个名符其实的学府》，徐正榜、陈协强主编：《名人名师武汉大学演讲录》，武汉大学出版社2004年版，第124页。

④ 王世杰：《学校是延续民族精神生命的工具》，徐正榜、陈协强主编：《名人名师武汉大学演讲录》，武汉大学出版社2004年版，第124页。

是向着"一流"目标前进。王世杰"文化中枢"的理念与刘树杞的"文化中心"理念相同，在此不多赘言。

他的"人格训练"与"知识灌输"同等重要的理念，也是我们一直在追求的人才培养目标。大学是一个传授知识的地方，传授知识的目的是为了造福人类。为了实现其目的，知识的传授就需要道德的干预。没有道德的干预，造福人类就会成为一句空话。因此，大学在进行"知识灌输"的同时，一定要与"人格训练"相统一。

三、王星拱校长的办学理念

王星拱（1933年5月—1945年6月任武汉大学校长）治校思想开明，主张"学术自由、无为而治"。他认为大学的任务有三：在道德方面，大学应当成为国民的表率；在知识方面，大学应当探究高深的理论；在技能方面，大学应当研究推进社会进步的事业。他认为，大学应该注重基础理论研究，同时也不应该忽视知识的应用；在学生的培养上，既要使学生有广而深的专业知识，也要使学生成为良好品行的践行者。下面对其办学理念进行一些具体阐述。

1. 注重"理论"、强调"应用"

办大学，有一个功能定位的问题，即大学的职能是什么？他认为，大学既要注重"理论"的研究，也不应该忽视知识的"应用"。

（1）注重"理论"。

他在关于《大学的任务》的演讲中，明确指出大学应当探研高深的理论："在知识方面，大学应当探研高深的理论。""我们需要一种'为理论而理论'的知识。""希腊学术之所以发展成为古时代的学术之花，是因为它有非功利的精神。欧洲文艺复兴，也是为求正确的知识，不是为求切近的应用。纯粹理论的知识，是和艺术一样，不能用它的功利的价值来批评的。"①

接着他又对要进行探研高深理论的理由进行了说明，强调了理论的必不可少。他举例说，我们为了解决吃饭的问题，就得去种田。但是，为了保障收获的安全，增加收获的产量，我们要研究地质学，去考察土壤是否适宜；我们要研究气象学，去测量天时如何变迁。因为要研究地质学，又要研究化学；因为要研究气象，又要研究天文。而化学又牵涉到物理学，天文学又牵涉到数学。"而且为着以羡补不足，又要研究农村经济；为着贸迁有无，又要研究运输的便利；为着各安其所有，又要研究法律。因为这些研究，又要牵涉到许多其他的地方。我们试看看，为着种田吃饭的问题，绕了这一个大圈子。这个大圈里所包含的东西，是和吃饭直接无关系的，然而又是和吃饭间接有关系的。"②

明确了探研高深的理论的理由，还要讲求探研理论的方法。他认为应将理论和实际有机地结合。他说："在论理学上，有归纳和演绎，归纳注重事实，演绎注重理论。各种学问里边，有事实，也有理论。倘若我们只管庞杂的事实，而不管贯穿的理论，其流弊是千头万绪无所归宿。倘若我们只管抽象的理论，而不管证明原理的事实，其流弊是恍惚玄渺，不可捉摸。"③

重视理论的研究，他并不排斥应用。注重理论研究，不是为理论而理论，而最终目的还是为了应用。他说："理论之最后的目的是应用。"④

① 王星拱：《大学的任务》，徐正榜、陈协强主编：《名人名师武汉大学演讲录》，武汉大学出版社2004年版，第154~155页。
② 王星拱：《大学的任务》，徐正榜、陈协强主编：《名人名师武汉大学演讲录》，武汉大学出版社2004年版，第155页。
③ 王星拱：《求学的方法》，徐正榜、陈协强主编：《名人名师武汉大学演讲录》，武汉大学出版社2004年版，第151~152页。
④ 王星拱：《大学的任务》，徐正榜、陈协强主编：《名人名师武汉大学演讲录》，武汉大学出版社2004年版，第156页。

　　在理论与应用的关系上，他认为它们常常互相促进、互为因果，存在错综复杂的关系。"在科学史上，有许多的研究，先是为应用去做的，但是后来成了理论方面的发明；又有许多的研究，先是完全在理论上进行的，但是以后收了最大的应用效果。波义耳研究气体在圆筒内之膨胀和收缩，原是想增加汽机的能率，然而因此而发明了热力学第二定律——科学中第一级的普遍的定律。德斐耳研究白金的接触作用，原是为工业制造而进行，然而因此而成立了热化学的基础。这是为应用而研究，而在理论方面得结果的。至于为理论而研究，而在应用方面得结果的，那更多不胜举。例如霍夫曼研究有机物质之构造，是理论的问题，而德国人造染料的工业，因此而发生。"①

　　正因为理论与应用存在错综复杂的关系，他认为不能忽视应用，但也不应抛弃理论。"我们固然不能漠视应用，但我们也不能为应用而抛弃理论。这种理论方面的探求，是大学所应当去做的。所以大学不应当只在教学上做工夫，还得要在研究上去努力。"②

　　他的这一理念在他的治校实践中始终一贯地坚持着。为加强学术理论研究，1934年他主持成立了法科、工科研究所。1935年武汉大学正式招收研究生。这一举动紧随北大、清华和中山大学之后，使武汉大学成为在国立大学中较早开展研究生教育的单位。由于法科、工科研究所是属于应用类的研究所，在国难当头的时代背景下显得十分必要。但即使这样，他仍不忘基础理论研究，所以在1942年，他向教育部申请成立了文科、理科研究所，以加强基础学科的理论研究。

　　（2）强调"应用"。

　　他说大学要不忘"应用"，实际上就是重视对学生技能的培养，尤其应当关注对社会发展具有推动作用的技能的培养。"在技能方面，大

----

　　① 王星拱：《大学的任务》，徐正榜、陈协强主编：《名人名师武汉大学演讲录》，武汉大学出版社2004年版，第156页。

　　② 王星拱：《大学的任务》，徐正榜、陈协强主编：《名人名师武汉大学演讲录》，武汉大学出版社2004年版，第156页。

学应当研究推进社会进步的事业。"①

他说，工业革命以来，工业的发展改变了人类的生活状况，但却使人们的社会生活日益复杂化。以至于"近代的各种人类事业，都含有专门化的性质；要从事于这些专门化的事业，都需要特殊的技能"②。社会的发展，需要有专门技能的人才。

时代的发展对有专门技能的人才提出了要求。当时的中国是一个工业落后的国家，洋货充斥，利权外溢。当务之急是要恢复农村经济，因为它是国民经济的基础。如果农村经济不能恢复，必然会影响到工业的发展。工业得不得发展，则国家无法强大。工业的发展就需要有专门技能的人才。当时有人主张，大学应当只研究理论的知识，只设文理两科就可以了。至于具有专门技能的人才的造就，应当由专门学校去负责。他却不同意这样的观点，他说："如果在大学里不能养成专门的技能，在经费较少、规模较小的专门学校里边，更不能养成专门的技能，所以这个责任，还是大学所应当负的。"③

也正因为"应用"在当时具有十分重要的意义，所以他在强调基础理论研究的同时，也不忘学生技能的培养。1934年成立的法科、工科研究所，在某种程度上是侧重于应用，即培养学生技能的。学校迁往乐山以后，虽然办学条件十分艰苦，但他坚持新办了矿冶工程系，设立了机械专修科，培养了大批应用型人才。

在研究上也十分关注社会的需求。如1939年法科研究所经济学部的研究生在所长刘秉麟、经济学部主任杨端六的指导下，开展了对嘉定绸丝业及盐场的情况调查，还对嘉定其他工业经济的情况进行了

---

① 王星拱：《大学的任务》，徐正榜、陈协强主编：《名人名师武汉大学演讲录》，武汉大学出版社2004年版，第156页。

② 王星拱：《大学的任务》，徐正榜、陈协强主编：《名人名师武汉大学演讲录》，武汉大学出版社2004年版，第158页。

③ 王星拱：《大学的任务》，徐正榜、陈协强主编：《名人名师武汉大学演讲录》，武汉大学出版社2004年版，第158页。

调查。生物系教授高尚荫发现四川土壤中缺少氮，决定利用固氮菌增加土壤中的氮，以增进植物之生长，为此对四川土壤情况进行了调查研究，以便将固氮菌用于土壤改良。学校还与外单位合作展开应用研究。1939 年国民政府经济部中央工业试验所在嘉定（乐山）设置盐碱试验室办事处，从事试验与研究工作，武汉大学受邀加入予以协助研究。同年国民政府航空委员会第六修理工厂与学校理、工学院合作开展材料的有关拉力、压力、冲力、硬度及丝棉织品、橡上带等的试验研究。

2. 博深结合、国民表率

（1）博深结合。

大学里应该以一种什么样的模式培养人才，王星拱提出了博深结合的教育理念。

他说，学习不外乎博与深。古今中外的大学问家，都不外乎这两类。古代六朝的学者分为南北两派。北方的学者，渊综浩博，如广处观日；南方的学者，清通简要，如窗中窥月。前者是博，后者是深。从国外来看，德国人喜欢著大部头的书，连篇累牍，无所不包，是趋向于博。英国人往往写小册子，用很漂亮的文字，把自己特殊的见解或发明写出来，是趋向于深的。在博与深的进程上，他认为博应在先，深应在后。"博而不深，无所归属，深而不博，无所取材。"①

在博深思想的指导下，王星拱说，武大的课程有一定的标准，于切近的应用和基础的理论自然都应当顾到。学校课程的重点应该是基础课。这一指导思想对高年级和低年级都是适用的。这样安排课程是因为近代学校的制度和课程，是工业革命后所产生的。工业革命的影响，不但是在工业制造一个方面，其他如交通、商业、军事、政治……甚至于

① 王星拱：《求学的态度》，徐正榜、陈协强主编：《名人名师武汉大学演讲录》，武汉大学出版社 2004 年版，第 162 页。

艺术、宗教一切的社会状况，都相随而有重大的变迁。因此，他说，"学校里所学的东西，不能和社会距离太远，以至于不能适应社会之要求"①。事实上，当时大学学生失业，已经成为一个社会问题。有人认为大学毕业学生人数太多，社会上不能容纳；又有人认为多数大学学生所学的专门知识，不够精深，不足以满足各种事业所需要的条件。针对第二种观点，他愿意接受，而且"愿意努力提高大学之标准，充实大学之内容"②。

他认为学校课程的设置是问题的一个方面，博与深要真正落在实处还有待于学生的学。因此，他也要求大学学生，"应当刻苦用功，充分地学习近代事业所需要的知识，以求建设一个近代国家"③。

他说，在大学，虽是有四年之久，然而在头一年，既要补习高中之不足，后一年，又要补救出校后或者不能继续求学的缺陷，所以觉得功课很拥挤。这也是必然的趋势。在这样的情势之下，就要争取最高的效率。

同时，他还特别提醒学生不要犯眼高手低的毛病；不要忽视本系以外的科目。他说：学校科学的分类不是一成不变的。各个院系的划分，实际上是为了教学的便利。其实各种学科，都有彼此相连的关系。研究任何一门专门的学问，往往都需要其他学科的帮助。因此，不要认为本系以外的科目无关紧要。

为了提高人才培养质量，在他任内，学校一方面注重第一课堂教学管理，改革教学课程，如在招考新生、课程选修、课程考试、成绩评定等环节都有严格的要求。如为了提高本科同学阅览西书能力，校务会议通过了一个决议：本科一年级学生须一律选习一种课目叫做基本英文。

---

① 王星拱：《大学之使命》，徐正榜、陈协强主编：《名人名师武汉大学演讲录》，武汉大学出版社2004年版，第177页。

② 王星拱：《大学之使命》，徐正榜、陈协强主编：《名人名师武汉大学演讲录》，武汉大学出版社2004年版，第177~178页。

③ 王星拱：《大学之使命》，徐正榜、陈协强主编：《名人名师武汉大学演讲录》，武汉大学出版社2004年版，第178页。

修习期限为一年；如果第一学年修习完毕，考试不及格者须在第二学年补习一年。如第二学年仍不及格，则即使其他课目考试及格，仍不准其升级。此案的目的，是想学生经此项课目及校中其他课目之训练，能得到阅览西书的完全自由。

另一方面注重培养学生的综合素质，如积极为学生的学习、体育锻炼、心灵陶冶创造条件。通过学生实习实践、"总理纪念周"演讲、体育运动等第二课堂活动，教育学生如何做人、如何做事；这些活动，使学生的身心得到全面发展，个性与群性得到协调发展，体能、技能、智能得到和谐发展；通过这些活动，进而把学生培养成具有健全的人格，一个身体健壮、心理健康的人，成为一个有知识、有专长、有道德、有高尚情操的人，成为一个有益于集体、他人和社会的人。

（2）国民表率。

学校是培养人才的地方，但人才应该达到什么标准？他认为大学里培养出来的学生从道德方面来讲应该是国民的表率。"我们大学学生，应当做国民的表率。"[1]

在王星拱看来，大学生应当做国民的表率，既是大学生成才的需要，也是时代的需要。他说：我们的至善目标是民族生存、世界公理及人道，而依归至善目标是青年的义务、是青年的责任。他认为，在人类生存条件之中，精神和物质，不可偏废；无物质则无所依附，无精神则无所主持。物质不发展至一定的程度，则必贫而且弱；然而没有精神为之主宰，为之推动，纵有物质，也是无用的。[2] 在这里他强调做国民的表率是大学生的义务和责任。"大学学生是受过高等教育的人，对于道德、经济两方面所应负的责任，必定比别人还要重大。"[3]

---

① 王星拱：《抗战时期应采取的态度和趋赴的方向》，徐正榜、陈协强主编：《名人名师武汉大学演讲录》，武汉大学出版社2004年版，第183页。

② 王星拱：《抗战时期应采取的态度和趋赴的方向》，徐正榜、陈协强主编：《名人名师武汉大学演讲录》，武汉大学出版社2004年版，第181页。

③ 王星拱：《大学之使命》，徐正榜、陈协强主编：《名人名师武汉大学演讲录》，武汉大学出版社2004年版，第178页。

同时，他又认为大学生做国民的表率是当时时代的需要。在抗日战争年代，对日抗战是整个民族意志的表现。在历史上，无论什么战争，都比不上这一次抗战中的精诚团结、一心一德；男女老幼、士农工商，没有不提起日本人就痛恨切骨的。但"因为物质方面有缺乏的地方，所以精神方面，更不能不有艰苦卓绝的毅力、牺牲奋发的热心来补偿它"①。

因此，他要求背负着发展近代科学的青年学生应该从物质和精神两个方向去发展：一是在平常时期，要注重理智之分析，要注重物质之创制和补充；二是在非常时期，要注重情绪之奋发和意志之坚定，要注重精神的锻炼和警惕。他说，士为四民之首，读圣贤书，所学何事，所有最高的道德条件，别人所不能履行的，"士"都应当履行。所谓礼义廉耻，国之四维，四维不张，国乃灭亡，这个四维以复兴民族而使国不至灭亡之责任，大部分在大学学生的肩膀上。因为在顺适的环境之中，不违反道德的规律，是常人可以做到的事情；在困难环境之中，而不违反道德的规律，只能责望于受过高等教育的人。现在我们国弱民贫，是在一种困难环境之中，所以"大学学生的责任特别大"。②

武汉大学西迁乐山后，学校的建筑设备，远不如以前，但学生在这样的环境中"精神"得到锻炼。本来不是用作校舍的房子，东借西凑，稍加改造，大成殿就变成了图书馆，火神庙变成了饭堂，龙神祠、露济寺变成了学生宿舍。小小的寝室放满了高低床，两人对面走路，就无法通过。多数的宿舍，是没有自修室，要读书，白天往教室、往图书馆；到了晚上，有些同学在自己床前点盏小灯，坐在床边读。或者，把饭堂临时又改作自修室，饭桌上铺一张报纸，作为书桌，就这样，大家在一起，整理每天所学的功课。

就是在这样艰苦的条件下，学校以做国民的表率的标准培养人，造

---

① 王星拱：《抗战时期应采取的态度和趋赴的方向》，徐正榜、陈协强主编：《名人名师武汉大学演讲录》，武汉大学出版社2004年版，第181页。

② 王星拱：《大学之使命》，徐正榜、陈协强主编：《名人名师武汉大学演讲录》，武汉大学出版社2004年版，第176页。

就了一大批优秀人才。学部委员彭少逸、陈荣悌、钱保功、张兴钤、欧阳予、张致一、张效祥；著名的机械工程学家赵耀东、张嗣瀛、葛绍岩、马骥、程无柱，著名的物理海洋学家、青岛海洋大学校长文圣常，著名电磁物理学家、西北电讯工程学院院长王一平，著名的经济学家刘涤源、谭崇台、万典武、刘诗白、甘士杰、席克正、胡代光、唐弘仁、彭情源，著名的法学家端木正、姚梅镇、王名扬、陈安旧、陈造福、唐表明，著名的物理学家张承修、张肃文、周炜、龙咸灵、林应茂，著名的生物学家杨希枚、王焕葆，著名的数学家张远达、路见可、王柔怀，著名的矿冶学家杨烈字、石声泰、许顺生，著名的新闻学家卢云、钱提辛，著名的出版家陈元直，著名的哲学家王玖兴、李匡武，著名水利学家张瑞瑾，著名化学家陈时侃、叶钟文、焦庚辛等，均在这个时期就读于乐山的武汉大学。①

王星拱的注重"理论"、强调"应用"的理念，到现在都还是需要注意及待完成的一项任务。中国教育的传统，一向重理论轻应用。民国时期为改变这一观念，教育部在 20 世纪 30 年代以后，强调大学要加强实科的教育，对改变重理轻用的问题多少有一些触动。现在我们在建设教育强国的征程中，重理轻用的问题仍旧是要花大气力解决的。

他的"博深结合"的人才培养理念，到现在都还有非常重要的借鉴意义。近代以来，科学教育得到普及以后，对人才的培养向专业化发展，即在知识的传授上多注重"深"的教育，在"博"的问题是却越来越忽视，以至于培养的人才知识面越来越窄，不能适应社会的需要。大学里正在推行的通识教育，在某种程度上就是为了解决"博"的问题。做"国民表率"应该说与王世杰的"人格培养"理念相同，不多言。

（原载《高等教育评论》2017 年第 2 期，有删减。按该书的主题，三位校长中第一位不在此列，为保存该论文的完整性，未做删减）

---

① 涂上飙主编：《乐山时期的武汉大学》，长江文艺出版社 2009 年版，第 274~275 页。

周鲠生校长的办学理念初探

涂上飙

周鲠生（1889—1971）校长在国立武汉大学初创时就在学校从事教学、科研和领导工作，1945年任国立武汉大学校长，在其治校的十多年的时间里，就大学的职能、大学的发展以及大学的科研等方面都提出了自己的见解：

一、造就人才、提高学术和改造社会的
大学三大使命

（一）关于大学三大使命的内涵

对于大学教育的目的和使命是什么，周鲠生认为，大学应该有三个重要的使命：第一，造就人才；第二，提高学术；第三，改造社会。

所谓造就人才，就是大学生经过学校教育的培养，成为掌握一定技能，并对社会有用的人才，如部分学生可以从事管理，甚至做领袖当官，等等。同时，他又认为，一个真正有用的人才，不但应有完备的学问知识，而且在道德品性上应有充分的修养。要保持中国固有的道德，比如守秩序、恳切、正直等。他说，遵守这些品行，在外国是很普通的现象，但在中国则不然。如果到中国各地一看，没秩序、摆面孔、不正直的现象随处可见。比如在坐火车、过轮渡时，会看到不必要的拥挤；在办事处、在各机关，会见到不必要的摆架子、无礼貌。这些不良习惯都要经过训练戒除掉，因此，"我们要在学校里养成良好的习惯并濡染

到社会"①。

所谓提高学术，指大学教育应该注重培养学生的学术素养。他说，很多学生毕业之后可能专门从事学术研究，大学教育应对他们从事研究工作有所贡献。目前，这类人的需求量虽然不多，但又不能缺少，特别是对一些专门问题的研究，对社会国家的发展意义重大。对于提高学术，周鲠生非常看重，他说，大学最高的使命，就是提高学术。在武汉大学 20 周年校庆演讲中，他说："我们的学术空气还不够浓厚，学术研究上比起国内其他有名的少数大学，还有些逊色。今后还要在学术方面加紧努力！希望 10 年之内，本校毕业的学生中，能产生几个第一流的学者。"②

所谓改造社会，就是大学要通过自己的所作所为影响社会，成为社会改造的动力。他说，法国的巴黎大学社会化程度很高，社会上的各种人都可以到教室里自由听课，巴黎大学几乎成为社会一般交际的场所。改造社会，就是要提高社会文化，要把优美的文化、高深的知识向社会传播，即知识的社会化。什么是知识的社会化呢？即知识要成为社会的宝贝，不是作为个人的工具；知识是为多数人增福利，不是为私人造势力。③

大学产生以后，人们对大学职能的认识是慢慢形成并逐步深化的。在中世纪，人们认为大学的目标是以保存和传递古典专业知识为主，培养统治阶级所需要的官员、牧师、法官和医生，于是培养人才就成为大学的主要职能。18 世纪以后，随着科技革命的不断深入，大学培养人才的传统职能受到严峻挑战，学术研究职能日益成为大学的新职能。德国柏林大学在冯·洪堡的努力下，把学术研究作为大学的一项重要要

---

① 周鲠生：《1929 年 3 月 4 日在总理纪念周上的演讲》，《国立武汉大学周刊》第 12 期，第 1 版。
② 周鲠生：《1948 年 10 月 31 日在国立武汉大学建校 20 周年典礼上的演讲》，《国立武汉大学周刊》第 389 期，第 2 版。
③ 周鲠生：《1929 年 3 月 4 日在总理纪念周上的演讲》，《国立武汉大学周刊》第 12 期，第 1 版。

求，使大学突破了单一的传播知识的职能，从而拓展了大学的第二个职能——发展知识的职能。到了19世纪末，大学的第三个职能——社会服务职能在美国的大学中产生并得到发展，大学通过各种途径和形式，使大学直接或间接地为社会服务。

由此可见，周鲠生所主张的大学教育的目的和使命，正好与大学职能的发展演变相吻合。他之所以对大学的职能认识如此周详，是与他的求学经历和学术活动紧密相关的。他1906年赴日本早稻田大学求学，1913年又赴欧洲留学，先后获得英国爱丁堡大学政治学硕士学位和法国巴黎大学法学博士学位。大学的前两个功能是在欧洲的大学中形成的，他先后在英法两国留学的经历，使他对大学造就人才的职能非常清楚。另外通过在日本的留学，他间接了解到了德国的教育模式，因为日本大学的模式正是移植德国大学的，这使得他也很清楚大学提高学术的功能。大学的第三个功能是从美国的大学里产生出来的，而周鲠生在1939年9月正好赴美国讲学，直到1945年回国。近6年的美国学术生涯，对美国大学的社会服务功能有着十分深切的认识。

（二）为实现大学三大使命的武大实践

为了实现造就人才的使命，周鲠生在任内对武汉大学的基本组成单位——学院进行了恢复和增设。学校1938年西迁乐山时，教育部命令农学院并入中央大学农学院，仅设有文、法、理、工四大学院。1946年5月，他领导恢复了农学院，叶雅各担任筹备主任。1947年，农学院大楼（现工学部办公楼）竣工。1948年，又增设了园艺和农业化学两系。1946年10月，他主持设立了医学院。医学院分解剖学、生理学、生物化学、药理学、细菌免疫学、寄生虫学、病理学、内科、外科、妇产科、小儿科、眼科、耳鼻喉科、精神病学、牙科、放射学、麻醉学、社会医学等19个学科，学习年限为7年，1947年开始招生。至1948年，学校设有文、法、理、工、农、医6个学院20个学系，成为民国武汉大学规模最大、学科最为齐全的时期。最终实现了大学初创时期王世杰校长提出的建立 6 大学院的构想。6 大学院，涉及人文、社会、自然等学科领域，既培养基础理论型人才，也造就实用应用型人才。

为了提高学术，提升学校的科研实力，他调整充实了研究机构及负责人员，文科研究所（负责人刘永济；下面只列名）、法科研究所（刘秉麟）、工科研究所（余炽昌）、文科研究所文史学部（李剑农）、法科研究所政治学部（刘迺诚）、法科研究所经济学部（杨端六）、理科研究所理化学部（邬保良）、工科研究所土木工程学部（俞忽）、工科研究所电机工程学部（文斗）。1947 年 5 月，根据教育部的训令，他又改原有的 4 所 11 部为 8 所，分别为中国文学研究所、历史研究所、政治研究所、经济研究所、物理研究所、化学研究所、土木工程研究所、电机工程研究所。当时全国设有研究所的高等院校达 33 家。国立大学研究所的设置情况是：中央大学 26 个，清华大学 23 个，北京大学 15 个，中山大学 10 个，浙江大学 9 个，台湾大学、武汉大学 8 个，南开、同济、厦门、四川、重庆、东北等大学各 2 个，交通、复旦、湖南、贵州、政治、山东等大学各 1 个。武汉大学与台湾大学处于并列第 6 位。[1] 众多科研机构的设立，既反映了学校的科研实力，也体现了周鲠生重视学术的理念。

为了实现大学改造社会的目的，他在科研中强调应用性。如在医学院开展华中区域流行病症及寄生虫问题的研究；在农学院开展粟米遗传性的研究和水稻优良品种的选育，并与湖北省农垦处合作，共同建设磨山合作农场。大力开展大学文化的服务，组织学术文化演讲委员会，在武汉推广学术文化服务。向社会公开讲授包括社会、自然、应用科学、文艺及时事等知识，由吴于廑、张培刚、高尚荫、查谦、陈华癸等名家为大家作学术演讲。

---

① 《第二次中国教育年鉴》，上海商务印务馆 1948 年版，第 575~576 页。

二、质与量并重、理论与应用并重和
自由发展的大学发展方向

在民国，大学因形势发展的需要，在发展规模、培养模式以及发展方向等方面都进行了诸多探索，周鲠生校长结合自己的办学实践，提出了自己的主张和见解。

（一）大学要向质与量并重的方向发展

20 世纪 40 年代，在抗日救国的形势下，中国的高等教育得到较快发展，1936 年中国的国立大学只有 23 所，到 1947 年国立大学达到 31 所，其他省立、市立以及私立大学也得到不同程度的发展。据刘海峰教授统计，1936 年之前，中国有高等学校 108 所，到 1945 年高等学校达 141 所，比抗战前增加了 30 多所。[1]

在高校不断增长的时候，他主张在高校数量不断增长的同时，应该注重高校发展的质量。他说，高校的发展，数量的扩张和质量的提高是两个重要的方面。1945 年，他在武汉大学开学典礼上演讲说，武汉大学原来的建筑只能容纳 1000 人左右，在将来要办到能容纳 5000 人，甚至于 1 万人。美国许多小的大学或学院都有一两千学生，普通大学学生总数更是在 1 万人以上。在这里，他强调了数量的扩张。但他又说，从站在讲求学术的角度，高等教育不应该平均发展，而应该选择那些设备好、教员好、环境也好的学校来发展。到处开办学校的结果，反倒无助于好学校的发展。就学校内部的发展而言，要讲求数量，也要讲质量，"我们的学校应该注重质、量并重"[2]。

他在任内一边注重学校数量的扩张，一边严把学校发展的质量。他

---

① 刘海峰：《"弦歌不辍"系列图书总序》，涂上飙、刘昕：《抗战烽火中的武汉大学》，河南大学出版社 2015 年版，第 1 页。

② 周鲠生：《1945 年 11 月 5 日在国立武汉大学开学典礼上的演讲》，《国立武汉大学周刊》第 353 期，第 1 版。

建立文、理、法、工、农、医 6 大学院，扩大了学科建设的规模；在校学生近三千，是初创时的 5 倍，扩大了人才培养的规模，实现了学校量的扩张。

但他更注重学校发展的质量。高水平师资是学校发展的一个必备的要素，他在任内曾大力延聘名师。他们有"联合国教育文化组织中国委员会"委员候选人桂质廷、国内外享有盛誉的查谦、中央政府大法官燕树棠、荣获美国哈佛大学"威尔士奖金"的张培刚、桃李满天下的张斑等。此外，还有李剑农、方壮猷、刘永济、刘博平、黄焯、刘秉麟、曾昭安、邬保良、高尚荫、叶雅各、袁昌英等知名教授。

人才培养的质量是大学生存发展的生命线。于是，他狠抓人才培养的各个环节，如严格划分必修课和选修课、注重基础课的设置、增强课程设置的计划性和系统性以及增加课程数量等。

大学的科学研究是大学发展壮大的核心竞争力之一，他特别重视大学的科学研究功能。为此，他恢复了以前因为经费困难已经停办的《国立武汉大学文哲季刊》《国立武汉大学社会科学季刊》《国立武汉大学理科季刊》《国立武汉大学工科丛刊》等刊物，为学术成果的产出提供平台。他还鼓励开展各种专题研究，当时不少教授都出版有学术专著。他一生出版有《国际法》《近代欧洲外交史》《近代欧洲政治史》《不平等条约 10 讲》《现代国际法问题》《国际政治概论》等十余种专著。除他之外，李剑农的《中国经济史稿》、刘迺诚的《比较政治制度》、方壮猷的《中国社会史》等都是当时很有影响的著作。

此时，武大的办学质量是得到国际认可的。1948 年 2 月 20 日，教育部国际文化教育事业处函告学校：英国牛津大学已认可武大本科毕业生在牛津大学之研究生地位。即武大的毕业生凭学习成绩即可申请攻读牛津大学的研究生。享有同等待遇的还有北大、清华、中央（大学）、南开、浙大及私立北平协和医学院等六所院校。

（二）大学要理论与应用并驾齐驱

在高校人才培养的模式上，是注重理论，还是注重应用？这在民国高等教育发展中是时常会引起争议的一个问题。可谓仁者见仁，智者见智。1922 年，因为壬戌学制的推行，美国实用主义的教育模式逐步占据了中国的高等教育市场，加上 1927 年南京国民政府建立后，国内的经济建设以及挽救民族危亡的需要，政府的教育方针多偏向实科的发展，而限制文科等基础理论科学的发展。据 1931 年度统计，文、法、商、教育、艺术等科学生占百分之七十，达二万三千二百三十人，而农、工、医、理等科学生，仅占百分之三十，计九千九百二十八人。《大学规程》第二条明令提倡农工医诸实科教育，并要切实奉行，对于现有文法科经过考察，进行归并，或停止招生，或分年结束。对于停招的文法科生所节余的经费，移作扩充或改进设理、农、工、医药等科之用。①

针对这种注重实科、忽视文法科的情况，周鲠生则不予赞同，他主张理论与应用并重，对于理论还应多加注重。他认为"在政府方面，因为需要技术，走这条路也许是不得已。但是，站在学术教育的立场上，这实在是不妥当的"②。他还举例指出，两年前（1943）有人出国去研究原子理论，当时教育部认为此非抗战之急需而未获允许，等到最近（1945）原子弹打倒了日本，大家才恍然大悟，知道原子理论的重要。因此，他说，"武大今后的政策，对于理论尚要多注重"③。

从上可知，他虽然主张理论与应用并重，但更看重的是理论。看重理论，也是武大的一贯传统，可能与北大的影响有关。武大的学风与北大有着很深的渊源，国立武大初期的几位校长（刘树杞、王世杰、王星拱、周鲠生）均来自北大，强调从学的基本理论。武大在学科的发展中，以文理基础学科为主。文科中的中文、外文、历史、哲学，理科中的数学、物理、化学、生物等学科都有很长的发展历史，学科的积淀

---

① 教育部编：《第一次中国教育年鉴》丙编，开明书店 1934 年版，第 24 页。
② 周鲠生：《1945 年 11 月 5 日在国立武汉大学开学典礼上的演讲》，《国立武汉大学周刊》第 353 期，第 1 版。
③ 周鲠生：《1945 年 11 月 5 日在国立武汉大学开学典礼上的演讲》，《国立武汉大学周刊》第 353 期，第 1 版。

也比较深厚。周鲠生回国以后，最初执教在北大，沿袭了北大注重基础理论的传统。他一生出版著作 15 本，发表文章 290 余篇，其中都有很重的理论成分。

(三) 大学要有特色地自由发展

抗战胜利后，大学不断增加，省立、私立大学纷纷向国立大学转变。大学的增加，大学如何发展是一个有待思考的问题。民国时期的大学，政府通过制定一系列的法令法规，建立起了一套完整的大学教育制度，包括培养目标与学校的机构设置、日常管理、课程设置、教员聘用、研究机构与学位制度等，这对于完善办学体制、提高办学质量都是有益的。但是，这种整齐划一的高等教育，使大学失去了自由发展的机会。周鲠生在大学发展的方向上，主张大学的自由发展。他说："大学教育的整齐划一，推到极端，确实妨害了大学教育的发展。现在的教育法令多如牛毛，而学校课程及组织，处处受到法令的限制，各大学不能就各自特有的设备、人才及环境发挥所长。"①

为此，他主张在大学内部要弱化行政权力，现在（1945）"学校衙门化"了，应该推行蔡元培先生所提出的"行政学术化"。他说："一个大学的学术工作是根本，学校的行政不过是辅助学术工作的进行。我们今后应本着这种精神，使学校一切避免衙门的习气，维持学术的尊严。如果不这样做的话，即使是一等的大学，在学术上也是站不住脚的，地位也会下降的。"②

尽管当时国民政府对学校的管控很严、要求很多，但他在力所能及的范围内进行了有特色的探索，如他特别看重大学的科学研究功能，在协调处理学校事务时都把为科学研究服务放在一定的议事日程上。在教学上，除了教育学生学习知识，还要学习技能，即创造知识的能力；在

---

① 周鲠生：《1945 年 11 月 5 日在国立武汉大学开学典礼上的演讲》，《国立武汉大学周刊》第 353 期，第 1 版。

② 周鲠生：《1945 年 11 月 5 日在国立武汉大学开学典礼上的演讲》，《国立武汉大学周刊》第 353 期，第 1 版。

教与研上，要求教师除了授好课外，还要进行研究；在后勤保障上，强调图书的藏量以及实验设备的供给；在日常管理上，推行行政学术化，要求行政为学术服务。因此，在他任内，不但学术成果丰富，而且学术水准很高。整个民国时期，武大的师生在《自然》和《科学》上共计发表 8 篇学术论文，在他任内的 1947 年、1949 年都发表了论文。1947 年 11 月，梁百先在 Nature 发表 F2 Ionization and Geomagnetic Latitudes 的论文，1949 年 7 月，高尚荫、王焕葆在 Science 发表 Survey of Chinese Drugs for Presence of Antibacterial Substances 的论文。

三、大学科学研究要建立内外协调的体制模式

（一）大学要加强与研究机构之间的相互融通

周鲠生虽然主张大学应有三种职能，但最为推崇的还是大学的学术研究功能。1945 年 11 月，他在国立武汉大学开学典礼上演讲说："在一个大学里面，行政机构应该是较小的一部分，而学术工作才是主要的一部门。"[①] 1947 年 10 月 31 日，在庆祝国立武汉大学建校典礼上又提及，"武汉大学除了为国家社会造就人才外，应当更进一步地变成学术研究的中心，形成文化思想运动的原动力"[②]。

之所以有这样的认识，是因为他一生的大部分时间是在大学里度过的，他在日本、英国、法国留过学，在北京大学、东南大学（中央大学前身）、广东大学（中山大学前身）、武汉大学等学校教过书。他一生几乎与学术研究有着不解之缘，自 1923 年在上海的商务印书馆出版《法律》一书以来，他不断有学术著作问世，如《近代欧洲外交史》《现代国际法问题》《现代英美国际法的思想动向》等都是他不同时期

[①]　周鲠生：《1945 年 11 月 5 日在国立武汉大学开学典礼上的演讲》，《国立武汉大学周刊》第 353 期，第 1 版。

[②]　周鲠生：《1947 年 10 月 31 日在庆祝国立武汉大学建校 19 周年典礼上的演讲》，《国立武汉大学周刊》第 374 期，第 1 版。

的代表作。正因为他学术成就卓著，国民政府教育部在1942年聘任第一批（总计进行了两次）"部聘教授"时，周鲠生被聘为法律方面的教授（当时全国所有学科只有30人入选），每学科全国排名第一者当选。

基于对学术研究的重视及长期思考，周鲠生在1946年2月18日参加的一次演讲中，提出对大学研究工作的一些看法和主张，即要加强大学与研究机构之间的相互融通。

20世纪30年代，民国政府设立了中央研究院，下设各研究所，专门从事研究工作。研究院规定，研究人员除兼职人员外，专职人员不得在大学授课。通过这样的方式，确保研究院以研究为主，大学以教学为主，研究院和各大学之间全无联系。周鲠生认为应打通研究院与大学之间的联系，要让研究所里以研究为主的人员到大学里授课，也要让以教课为主的大学教员，有机会从事研究。①

周鲠生认为，这种研究人员与大学隔绝的格局，使双方都蒙受了损失，因为教授与研究不可分离。英美的大学，教授不从事研究者极少。研究与教学互通，实有许多好处：研究所的研究人员参与教学，有助于整理其思想，并获得与学生讨论的机会。如果所讲的是与研究题目相关的，还可以扩充研究眼光，补充所需要的知识。研究所里虽有研究人员可以切磋，但毕竟人数有限，而大学里青年学生多，给他们讲课，既可以增加刺激，也可以奖掖后学，培育后起之研究人员。对于学校来讲，研究人员来讲课，还可以解决师资的不足，当时正是抗战胜利后，各行各业都需要重建，需要各方面的建设人才，高校中师资更是相对缺乏。另外，研究人员在高校中教课，还可以倡导研究的风尚，提升大学学术研究的氛围。为打通研究所与大学之间的联系，他主张应该让研究员、副研究员在大学里授课。大学教授也可由研究所聘为兼职研究员，聘期1~2年，这一建议如果被采纳，不仅中央研究院各所可以充实力量，而

---

① 周鲠生：《1946年2月18日在总理纪念周上的演讲》，《国立武汉大学周刊》第357期，第1版。

且大学里的研究事业也可以逐步得到提高。①

他的纯学术研究机构与大学互通的思想,到现在都还有借鉴意义。20世纪50年代,学术研究与人才培养的职责是分开的。研究院从事学术研究的任务,大学则承担人才培养的任务。实践证明,这样的职责划分是有局限的。改革开放以后,大学在培养人才的同时,科学研究的功能在大学中开始恢复。随着社会经济的发展,大学与研究院、企业及政府进行合作研究逐步展开,并取得明显的社会经济效益。这就证明,他的关于大学要加强与研究机构之间的相互融通开展研究的思想是正确的,而且是前卫的。

(二) 要建立以题目为组织的大学内部科研新模式

关于大学学术研究,1929年教育部专门出台文件,在大学设立研究机关,分为研究学部、研究所和研究院。并规定有3个以上研究所时称研究院。研究院的设立,旨在为本科毕业生研究高深学术和大学教员从事研究活动提供方便。研究院为培养研究生和专门从事研究之独立部门。1946年,研究院进行组织机构改革,原有的研究院、部、所,一律改称为研究所,并与教学的学系合并,系内的教师均为研究人员,不另支薪水,也不因此而减少教学时数。周鲠生认为上述大学里的研究组织形式,最不适合研究工作的开展。现在学校的研究机构主要是培养研究生,而不是在做研究。因此,他说,"大学的研究所,如果要名副其实,必须要有研究的成绩,必须要有有价值的出品"②。

要想有有价值的"出品",他认为必须改革现行的研究制度,一方面可以保留按学院、系所、部的研究组织,其作用在于"造人",即培养研究生。同时,在现行的研究所组织内,设立以研究题目为中心的特殊单位,专门从事"出品",即出研究成果,这个单位可以称为"研究

---

① 周鲠生:《1946年2月18日在总理纪念周上的演讲》,《国立武汉大学周刊》第357期,第1版。

② 周鲠生:《1946年2月18日在总理纪念周上的演讲》,《国立武汉大学周刊》第357期,第1版。

室"。这个研究室纯粹为从事某项特殊研究的教授及其相关人员工作的地方，在行政上可隶属于某个研究所，在工作上要打破学系之间的界限，而且学院与学院要进行沟通。因为，某一项重要的研究，是很难以学科划分界限的，它主要靠有组织的集体工作。他说，如果要开展某一项研究，有时需要工学院和理学院共同努力，有时也需要理学院和农学院的教授在一起工作。在社会科学方面，许多问题如政治和经济不能分开，法学院和文学院，尤其是史学方面的教员，有时需要在一起共同工作。现世许多重要的研究事业或有永久价值的著作，都是集体研究的结果，而我国学术界、著作界最缺乏的就是这种集体研究工作。①

他的建立以题目为组织的大学内部科研新模式的思想，正是现在科研所要鼓励和推崇的。目前所处的知识经济和信息化时代，单靠一个人或一家单位来完成一项重大的科学研究任务是十分困难的，必须依靠多家单位、多门学科和多人的努力才能完成。

（原载于《学习与实践》2016年第2期，有删减。）

---

① 周鲠生：《1946年2月18日在总理纪念周上的演讲》，《国立武汉大学周刊》第357期，第1版。

十八栋的学者们在抗战中的爱国行动

涂上飙

在民族危亡不断加深时，十八栋的学者们也与国人一道为挽救民族危亡鼓与呼。他们通过演讲宣传，让国人知晓日本民族的侵略本性；通过捐钱捐物，为抗战作出自己的贡献。

一、演讲宣传，催醒国人

（一）1931 年的演讲宣传

1931 年，九一八事变以后，教师们利用星期一总理纪念周的演讲，对日本的侵略行径进行大肆揭露，以警醒国人。每当星期一总理纪念周，教师们都要进行演讲，基本上都与抗日有关。

1931 年 11 月 9 日的周刊，刊登了陈通伯（陈源）院长《实力的准备》的报告，呼吁国人振奋精神，要求政府充实实力。11 月 23 日的周刊，刊登了周鲠生教授的《对日问题剖析》的报告。他说，日本侵入中国，可能出现四种结果：日本屈服、中国屈服、中日开战和调停妥协。他希望通过国际法及国际组织来阻止日本的侵略，但又认为日本决不会放弃东三省。因此，他要求青年要有抗战的决心，要做抗战的多方面准备。①

---

① 《国立武汉大学周刊》1931 年 11 月 23 日。

1931 年 11 月 9 日陈源在学校周刊上发表《实力的准备》一文宣传抗日

（二）1932 年的演讲宣传

1932 年 3 月 4 日的周刊，刊登了学校东省事件委员会的《国难与银行存款》的报告。报告号召大家要正确认识战争状态下中国的经济形势，要努力筑起中国金融上的壁垒。3 月 22 日的周刊，刊登了王星拱教务长的《国人今后应当努力的方向》的报告。报告通过分析当前的中日状况，提出了要与日本作长期的经济绝交，同时全国要通力合作拼命抵抗。3 月 30 日的周刊，刊登了邵逸周院长的《国防军需的准备》的报告。报告认为中国与日本打仗，不仅应在血肉上与之战斗，而且要在智力、财力、工力等方面都有发展，才能获得最后的胜利。4 月 19 日的周刊，刊登了周鲠生教授的《国联调查委员团与国联大会委员会》的报告。针对国联调查团的来校参观，周教授对国联面对的形势及作用进行了说明，强调中国一方面要作长期的抗战，同时也要注意国联的行动。他认为，国际宣传与外交活动对战争会有重要影响。4 月 26 日的周刊，刊登了皮宗石教授的《关于国难会议的报告》。报告对为解决目前时艰如何推进民主政治作了介绍。5月10日的周刊,刊登了周鲠生教授的《国际裁军会议》的报告。报告说明,世界各国都在高喊裁军,但都在增加军备投入。国联对中日关系的处置态度,将关系到国际安全。10月10日的周刊,刊登了周鲠生教授的《东省事件之国际形势》的报告。报告通过各国对日态度的分析,认为应该靠自己来长期抵抗日本,但借助国际的干涉也是不应忽略的。

(三) 1933 年的演讲宣传

1933年1月16日的周刊,刊登了王世杰校长的演讲。演讲通报了山海关热河的战争形势,分析了日本侵略中国得不到国际有效援助的原因。一是世界经济凋敝;二是战债问题的纠纷;三是欧洲与远东问题有关系国家右派的得势。针对这一形势,他讲了全校教职员对国难及学校工作的态度。他说,对于救国的一般方针,要做长期的抵抗工作,大家一定要努力使中国整个社会的秩序不紊乱;学校是延续民族精神生命的工具,国难时期应该增加其效率;全校同学救国的见解是难得一致的,但无论哪种都不阻止。2月27日的周刊,刊登了周鲠生教授的《东省事件的新形势》的报告。他说,通过国联和19国委员会的调查,出台了一个调查报告,认为东三省是中国领土;九一八事变不是日本合法自卫的行动;"满洲国"不是独立的组织;提出了解决东三省问题的建议。他又说,日本拒绝接受建议书的可能性很大,中国不能不有牺牲的准备,不能不抵抗。现在的形势,真是到了很严重的关头。①

5月22日的周刊,刊登了查啸仙(查谦)教授的《国耻与我们的责任》的报告。报告说,近百年我们有许多国耻,究其原因,一是我国民族意识不发达;二是我国学术,尤其自然科学不发达。我们必须认定国耻就是我们自身的耻辱,然后会有无上的勇气去做雪耻的工作。要做到雪耻,一要唤起民族意识,使全国人对于国耻均有十分深切的认识;二要推进学术,尤其自然科学,使之尽量发达。迈步前进,百折不

①《国立武汉大学周刊》1933年2月27日。

回，这是全国中人人的责任，尤其是我们大学师生的责任。10 月 9 日的周刊，刊登了周鲠生教授的《外交与国防》的报告。报告说，国联调查团的报告出来后，中国获得了精神上的支持，但日本退出国联，并与中国签订《塘沽协定》，于是，出现了排日和亲日两种观点。目前，中国的外交，仍要持多做少说主义。对于国防要有整个的国防政策，要有永久的国防计划。11 月 20 日的周刊，刊登了查谦教授的《国防与科学》的报告。报告说，近代的战争，已变为科学的战争，要重视国防的巩固，也不能不注重科学。

（四）1934 年的演讲宣传

1934 年 6 月 11 日的周刊，刊登了周鲠生教授的《对日外交》的报告。报告说，如何解决中日争端，有通过国际缔结和约说、有联俄对日说、有消极不承认说、有直接交涉说、有局部交涉说等。但这每一说都是有局限的，应该研究更为适当的办法。12 月 3 日的周刊，刊登了周鲠生教授的《中国与国际联盟》的报告。报告说，国际联盟有四件事情使中国最失望。一是不平等条约修改问题；二是中日事件问题；三是非常任理事落选问题；四是经费问题。四个问题最令人失望的是中日事件问题。

（五）1935 年的演讲宣传

1935 年 3 月 18 日的周刊，刊登了周鲠生教授的《欧洲政局与远东和平》的报告。报告说，对于远东事件，有两种看法：一种认为远东有其特殊情形，应该特殊解决；另一种认为，远东与世界及欧洲是连为一体的，应该考虑远东以外的情形。周教授坚决主张远东问题一体解决。

（六）1936 年的演讲宣传

1936 年 4 月 27 日的周刊，刊登了杨端六教授的《战时经济的特征》的报告。报告说，战时经济的特征有三个：一是国民经济的权利和义务极不公允；二是子孙的负担加重；三是个人完全失去经济自由权。这就是欧洲战争时的特征，我们现在也应努力适应这一特征，否则战争是打不赢的。5月25日的周刊，刊登了余炽昌教授的《为适应战时的运输——铁路上应有的准备》的报告。报告说，战时铁路运输的特点表现在：铁路运输要做到物尽其用，人尽其才；要增大其效能，保证其速度；要有防御、修复功能；要保证机车的数量。因此，要保证机车的畅行无阻；要增加机车速度；要减少机车的停顿；要有效的组织保证。

6月1日的周刊，刊登了胡稼胎教授的《战争之哲学观》的报告。对于战争，报告说，弱小的民族应该极力准备战争，造成势均力敌的局面，使任何国家对于战争，没有必胜的把握，于是人类才想设法抑制欲望，而把全部的精力用到真善美三大理想上面去。这样一来，现在抵抗的战争应该有，将来侵略的战争或可无。6月29日的周刊，刊登了陶延桥教授的《活性炭》的报告。报告对活性炭的意义、必要性质、原料构成、活性原理、活性方法、活性成分及检验活性炭的标准情形等做了介绍。

12月21日的周刊，刊登了周鲠生教授的《中日问题外交史之一页》的报告。报告说，美国的远东政策是失败的，就其原因：一是英国的消极态度；二是中国外交缺乏多方面的活动。因此，今后美英两国在远东的政策应采取一致行动，彼此合作，否则徒予日本以侵略的机会而丧失其本国在华的利益；中国外交应多方面地活动，尤其是侧面交涉，不能完全依靠国联或其他一国的政府；中国应随时随地实行抵抗外力的侵略。

（七）1937年的演讲宣传

1937年3月22日的周刊，刊登了周鲠生教授的《外交之检论》的报告。报告说，对日外交有两个目的，一是避免战争而保全国权；二是为准备第一目的不能达到，广求与国，以补助军事上的缺陷。鉴于前期外交的失败，现在应谨慎处理，努力改进：调整策略，即外交由中央直接负责，与日本进行直接交涉，由退让改为积极对抗；调整人事，将外交专家、政治家及有声望者派往外交战场；调整结构，要改良情报和裁撤小国使馆。10月11日的周刊，刊登了周鲠生教授的《对日抗战中之外交》的报告。报告说，政府对于抗战最近是在积极地准备，卢沟桥事件就是政府积极准备的结果。抗战如果坚持半年以上，将会出现有利战局。因为，日本军部并不能代表日本全国甚或资本家；中国现在举国一致，不怕内乱，不怕外患。

10月25日的周刊，刊登了范寿康教授的《关于这一次的抗战》的报告。报告说，这一次抗战的目的是求中国的自由平等和维护世界的正义；抗战的前途是乐观的，经过持久作战是会胜利的；对于同学来讲应力持镇定，但也应利用各种机会来尽应尽的责任。11月15日的周刊，刊登了王星拱校长的《抗战与教育》的报告。报告说，即使在战争的环境下，也应该围绕大学的主要任务，为近代化的事业，努力学习专门的知识，即教育不可中断；但在课程之中贯注抗战精神是应当的。

二、捐钱献物　抵制日货

（一）捐钱献物

1. 捐钱

1932年1月，为了支持马占山在东北的抗战，学校发起了募捐活动，师生共捐款国币2663.35元。① 其中十八栋的教师捐款细目如下：

① 《国立武汉大学周刊》1932年1月13日。

王世杰、杨端六、袁昌英 100 元；王星拱 80 元；陈源、皮宗石、周鲠生、邵逸周 60 元；汤璪真、吴维清、葛扬焕、张有桐、李儒勉、陈鼎铭 30 元；蒋思道、胡稼胎、郭霖、陶因、黄叔寅、徐天闵 20 元；高翰、方重、叶雅各、钟心煊 10 元。

1936 年 11 月，为了慰劳绥远将士的抗战，学校教职工及学生救国会，发起了捐款活动。全体教职员工起薪一元，共集国币 2000 元，通过汇寄交傅主席收转。学校还推派叶雅各、董审宜二先生于 23 日启程到达北平，于 24 日由北平前往绥远慰问。

1937 年 11 月，据国立武汉大学战将服务干事会的统计，当时的捐赠情况如下：

1937 年 7 月，教职员 7 月薪俸捐赠 2%，计 855.91 元。

1937 年 8 月，因造飞机，教职员 8 月薪俸捐赠，计 2016.36 元。

1937 年 9 月，因造飞机，教职员 9 月薪俸捐赠，计 993.34 元。

同时，袁昌英先生捐款 500 元，张有桐先生捐胡芹生先生太夫人寿礼剩余款 11.1 元。

2. 献物

在献物的活动中，苏雪林、袁昌英两位珞珈山女杰最为典型。抗战一开始，苏雪林便将自己的薪金、版税和稿费拿了出来，购买了五十两黄金，全部捐献了出来。以至于她在乐山时期生活十分艰辛，不得不靠种菜、栽瓜来补贴生计。袁昌英十分惦记东北义勇军将士们，曾缝制棉衣千套送给东北抗日义勇军。

（1）1932 年的捐赠。

1932 年 3 月 3 日，袁昌英给胡适先生写信，请求把棉衣转送到。她说：

现在我们有一件事要请求你帮助。我们住在武汉方面的人，虽然尚未直接感受日本鬼子的威胁，可是精神上也够痛苦了，每一想到北方义勇军在冰天雪地中，与敌人奋斗的艰苦，就不免流着同情泪。武大东省事件委员会虽然几次募集捐款汇寄北方，我们做女子的总觉得未尽天职，所以最近又发起了一个小小运动，赶做棉背心一千件，接济我们的义勇军。这事正在进行，不日就可完工。数虽很少，却是出自我们几十个人亲手裁缝，无非表达我们一点热忱而已。现在请求你的是：亲自替我们在北平打听一个寄交的处所。我希望这一点儿棉衣，不至随便落在不相干的人手里。你在北平当然知道有确实可靠的机关和经手人，可以使我们直接寄出。①

(2) 1933 年的捐赠。

1933 年 3 月 27 日，学校东省事件委员会发布通告，公布了学校女教职工和教职工女家属亲手缝制的衣服的情况。缝制棉背心 1016 件，学校东省事件委员购买毛巾 1200 条，一并交给平汉铁路免费运寄北平朱子桥将军收转前方将士。② 具体捐赠如下：

王抚五（王星拱）夫人 15 件；王雪艇（王世杰）夫人 20 件；袁昌英女士 22 件；周鲠生夫人 12 件；

郭泽五（郭霖）夫人、刘正经夫人、汤璪真夫人、丁燮和夫人、皮皓白（皮宗石）夫人 11 件；吴维清夫人、查啸仙夫人、蒋思道夫人、李儒勉夫人、陈伯通夫人、刘南陔夫人、叶雅各夫人、葛旌文夫人、钟心煊夫人、邵逸周夫人、高公翰夫人、缪恩钊夫人、陶环中夫人、刘宏度夫人、徐天闵夫人 5 件；胡稼胎夫人、陈鼎铭夫人各 10 件；周如松 12 件。

收到学校寄来的棉衣、毛巾后，前方的将士十分感激。1933 年 4 月 8 日，宋哲元将军给学校来电，表示感谢！

武汉大学公鉴：敬启者，暴日自陷我东北愈肆猖獗，固为全国所痛愤，实亦军人之大耻，此次喜峰口罗文塔各战役，赖各方之指导，民众

① 黄绍纯：《醴陵的孔雀袁昌英》，湖南人民出版社 2014 年版，第 109~110页。
② 《国立武汉大学周刊》1933 年 3 月 27 日。

之援助，官兵奋不顾身得以小挫敌锋，遒承远劳慰问厚惠宠颁，拜领之余，愈滋感怀，顽寇未除，枕戈时惕，惟有矢志歼敌，用副期许，专此鸣谢！敬送台祺。

4月12日，孙魁元将军也来电，表示感谢。

武昌武汉大学东省事件委员会公鉴：刻由后援会转来贵会，惠赠棉背心300件，毛巾400条。敬领之下，感愤交集。魁元忝膺师干，志在党国，虽喋雪冰天、横刀荒漠，誓死奋斗，迭挫强锋。然未捣黄龙，寝馈难安，努力杀敌，以副雅意，除将收据擎经后援会转交外，谨电鸣谢，仍吩箴言。41军军长孙魁元，叩文。

(3) 1937 年的捐赠。

1937年10月，学校教职员家属因眷念前方负伤的将士，将手工制作的卫生包4600个，通过武汉抗敌后援会转往前方。随着天气越加寒冷，又赶制棉被520条，送交后方医院应用。对于救伤物品，将源源不断地供给。

1937年11月，国立武汉大学战将服务干事会捐助各军事机关一批物品：棉被、卫生包、饼干、罐头食品、茶叶、药棉、毛巾、草席等。

与此同时，学校教职员全体同人，除按月造飞机捐款额数，扣缴捐款，赶制棉被550床，布鞋2000双外，在9、10月份由私人自动捐款，订购草席2000床，及其他毛巾袜子等，先后送各伤兵医院应用，十八栋的教师及家属参加的有：王抚五夫人、袁昌英先生、周鲠生夫人、张有桐先生、缪恩钊夫人、蒋思道夫人、邵逸周夫人、叶雅各夫人、查谦夫人、陈通伯先生、方重夫人、汤璪真夫人、李儒勉夫人、陶延桥先生、高翰先生、刘秉麟先生、周鲠生夫人、葛旌文夫人、张有桐先生、缪恩钊先生、范寿康先生、邵逸周先生、汤佩松先生、杨端六先生等。

1937 年住在十八栋的教授夫人们的捐赠记载

（二）抵制日货

1932 年 9 月 17 日，学校东省事件委员会发出启示，号召大家起来抵制日货。启示说："自从 1931 年九一八事变，日本帝国主义开始武力侵占东三省以来，已及一年之久，现在东三省虽在义勇军抵死奋斗之下，日本军阀不能安枕而卧，然彼等不独自今毫无悔过之心且将变本加厉，进扰热河。回顾内地人民，大多数尤复恒舞酣歌隔岸观火渡其殖民地之生活。今年上海人民激于义愤，实行抗日工作，致引起一·二八横暴事件，牺牲甚大；然卒赖我忠勇无比之十九路军将士捐躯杀贼，淞沪土地得以收回。吾辈身未参加战事之教育界同仁，清夜自思，前敌战士及义勇军艰难卓绝之情形及中华民国将来之危殆，能不自图振作，誓雪国耻？此时虽不能持枪杀敌，宁不能实行抵货运动？际此空前国难之会，我教育界同人尤宜首先提倡，为国人表率。兹谨以至诚约请吾校教职员同学以及教职员家属于9月18日上午9时至11时各亲至本校文学院第一教室竭诚签署抵制仇货之誓词，以示吾人长期抵抗之决心。"

9月18日上午，学校教职员同学以及教职员家属陆续到文学院第一教室，签署抵制日货誓言："在东北失地未收复以前，予决不购买日货，倘违此言，即为民族之罪人，为其他一切宣誓者之公敌，立誓以后，愿受其他一切誓者之监察。"

在众多的抵制日货的教职员中，袁昌英教授是自觉抵制日货的"强硬派"，不管日本货物多么便宜多么美好，她都一概不买，也不准家里任何人买。①

三、时时监督 不断加压

1931年9月，学校全体校务会的成员电告中央政府，请求联盟国家一致对日经济绝交。同时，以王世杰校长名义，请求中央大学、北京大学、同济大学等大学联合商议组织国际宣传机关抗日救国。

1933年5月28日，日本不断向平津进军，学校东省事件委员会立即向南京国民政府发去电文，反对签订协议。

南京中央党部国民政府钧鉴：

日军进逼平津，而屈服妥协之传说，忽喧腾中外，务望仍抱定誓死抵抗宗旨，不签城下之盟；否则强敌乘于外，内乱炽于中，宋明亡国之祸，即在目前，不然诸公何以善后，心所谓危，不敢不告。

武汉大学东省事件委员会

① 黄绍纯著《醴陵的孔雀袁昌英》，湖南人民出版社2014年版，第109页。

1931 年 9 月，学校校务会成员电告中央政府要求对日经济绝交

学校东省事件委员会通过周刊发出倡议抗日

　　1935 年 12 月，在华北危机日益严重的时刻，学校教职工于 24 日发起倡议，决定成立学校教职员救国会。27 日在文学院会议厅召开会议，在学校东省事件委员会的基础上成立了“武汉大学教职员救国会”。通过了武汉大学教职员救国会章程，选举周鲠生、范寿康等九人为执行委员。救国会成立后立即给南京中央政府发电，表达对时局的意见：

　　南京中央党部执行委员会常务委员会、国民政府林主席、行政院蒋

院长钧鉴：

自东北沦陷国难日深，中央隐忍图存，退让已达极境，乃日本犹复任令在华军人，节节进逼；少数汉奸，公然依附外人，借口自治，不惜更举我关内数省土地，拱手送人。凡有血气，莫不深讨。青年学生，激于义愤，进行请愿，风起全国。咎由外交失策，不在学子之多事，政府诚宜因势利导，严令各地军警当局，不得摧残爱国运动，自伤元气。根本要图，尤在重整外交阵容，放弃退让政策。在临邦未将东北四省交还以前，绝对不与谈经济文化军事之合作；并请政府于最短期内，采适宜有效之方法，以收复失地。至于外交情势，并应公开与国人，俾人各有发抒所见，并为国事准备牺牲之机会。现今外寇深入，谁无同仇敌忾之心，中央如有抵抗到底之决心，全国人心未死，必能分工合作，一致为政府后盾，以救危亡。否则中央政策必不见谅于国民，岂惟青年铤而走险，恐国事更不堪问矣。迫切陈词，诸维鉴纳。

国立武汉大学教职员救国会，同叩

以后，于 1935 年 12 月 30 日，1936 年 1 月 4 日、9 日，在文学院会议厅召开教职员救国会第二、三、四次会议。

1936 年 1 月，面对日益严峻的中日形势，国立武汉大学教职员救国会再次向国民政府去电，提出对时局的意见书。国立武汉大学教职员救国会意见书：

行政院蒋院长钧鉴：

同人等痛感国事之日蹙，国难之日深，激于"天下兴亡，匹夫有责"之大义，凛于"栋折榱崩"，侪将压焉之危惧，谨本赤城，献其鄙见，如有可采，乞予实施，国家幸甚。

（一）关于外交者，约分三点意见：其一，请我政府根本放弃"退让政策"，及"中日亲善政策"。窃思年来政府所以采取"退让政策"者，实因积弱已久，武备不修，势力不足以抗衡强暴，收复失地，故欲借退让政策，以为缓衡，而得卧薪尝胆，埋头准备，以为"廿廿沼吴"

之计，此委曲求全之苦心，自为国民所共亮。但事至今日，敌方已窥破我计，不容我有卧薪尝胆、准备复仇之机会，故至目前，"退让政策"已由"复仇"变为"自杀"的意义矣。至于"中日亲善"，在九一八以前，原不失为一策，至九一八以后，则绝无并等亲善之可言。对于此两点，恐全国国民，无一人不誓死反对，应请我政府重行考虑，改弦更张。其二，在东北四省邻邦尚未交还以前，绝对不应与谈经济、文化、军事之合作。未侵略我领土之邻邦不与之谈合作，而独与割我四省领土者谈合作，在九一八以前不谈中日合作，而独于九一八以后谈合作，是则明明奖励我邻邦来劫夺土地也。事之痛心，宁过于此，且谈经济合作，是不啻奉送华北之煤、铁、棉花，供邻邦造炸弹以轰炸我全国也。谈文化合作，并学校教科书而亦须修改，是不啻代彼邦预先制造"顺民"、"奴妾"、"鹰狗"也。谈军事防共之合作，是不啻合晋陕甘宁青新疆蒙古而一并奉送也。其三，此后外交应随时公开。关于此点，时贤论之已详，外交绝对公开，则为国民者，随时可以替政府分忧，可以为国家效劳，上下之情相通，自无怨讟可兴，无误会可起。国交情形明了，自免无谓恐慌，自弭无端纷扰……凡此种种，愿我政府熟思之。

（二）关于国防者，窃维我国军备种种，既与敌人相差太远，无法可作正式交绥，则亦惟有采取阿比西尼亚抵抗意大义之方法，化整为零，用"散兵战"、"游击战"、"惊扰战"以困之，务求避免主力之接触，而诱其深入，分其部队，各个包围解决之。好在地势可得天助，以中国幅员之大，民庶之众，敌方兵力，断断不够分配，如我能此仆彼兴，人自为战，彼之兵力，将有疲于奔命、无所措手之苦。如是能支持一两年之久，则彼之经济，行将解体，此即元末汉族亡元之法也。如采取此种战术，所牺牲者惟有一二都市耳，中国本无重工业都市，即被损毁，恢复亦易，此层无可顾虑。但今后宜即日停止一切都市建设，移其费以建设内地军事基础，及组织训练一般民兵，此则须及早预备，刻不容缓耳。

（三）关于处置爱国运动，及训练青年问题者。窃思学生爱国运动，方法虽或未能尽善，而动机则绝对纯洁，此真国家民族赖以生发之种子，诚宜因势利导，使纳于正规，而为国家增加力量。今中央有鉴及此，召集全国学生代表晋京听训，意至善也。同人等甚愿于此机会，略献切实有效意见：在青年热血正沸之时，如徒以空言相责，彼将愈感苦闷，风潮将更延长，一二野心不逞之徒，反得乘间借口，从而利用鼓动，似非万全之策。今宜乘其爱国情绪激昂之时，指导其作实际报国工作，即使志愿参加军事工作之学生，得就近加入当地军营，受实际军事战斗之训练，或加入兵工厂，为军火制造之实习。如是则爱国之青年，得报国之路而心安，别有用意者，将无所施其伎俩。不特釜底抽薪，学潮可以无形消弭；即国家储才备用，亦为当务之急。此则于国家及青年，两有裨补呢。

同人等管窥之见，略如上陈。所言虽属粗枝大叶，而自问尚能代大多数国民意见，谨请。

政府鉴其之诚，采其原则。是否有当，伏候钧裁。

国立武汉大学教职员救国会同人恭具

[选自涂上飙编著：《国立武汉大学初创十年（1928—1938）》，长江出版社 2015 年版]

十八栋里的名家名人后代琐记

涂上飚

　　曾经辉煌一时住在十八栋里的名家名人们，其后代如何？也许是不少人想知道的，这里仅就所知道的一些情况，给大家说一说，不全不准在所难免，敬请原谅。

　　当年十八栋修建起来以后，确实引进了不少人才。为了免除他们的后顾之忧，学校在十八栋山下面的水田旁边修建了一所小学。当时学生不多，一个班最多就十来个人，有的班就只有几个人。著名国画家端木梦锡曾经在附小担任过美术教师，前后工作 16 年之久。为保证孩子们能够受到良好的教育，教师一般都是从全国各地招聘，招聘条件也十分明确：要有大专以上的文化水平，会说普通话。工资待遇相当于大学助教以上的水平，月薪大洋 100 元。

　　1933 年元旦，珞珈山教职员第一住宅区（即十八栋）的教师在附小举行了一个新年恳亲会，学校的一些主要负责人及部分教授参加了会议。如校长王世杰、教务长王星拱、文学院院长陈源、理学院院长查谦、工学院院长邵逸周，教授周鲠生、叶雅各、刘永济、郭霖、李儒勉、汤澡真、吴维清、刘秉麟、袁昌英、陶因、缪恩钊、张有桐等以及他们的家属（照片中的小孩大多是附小的学生，后排山上的房子就是十八栋）。

　　老校长王世杰有儿有女，其中次女王秋华（现年逾九十）与学校来往最多。在学校 110 周年校庆并为王世杰校长举行雕像揭牌典礼、120 周年校庆暨校史馆开展典礼时都参加了活动。她多年前筹集经费在王世杰（字雪艇）的故乡——湖北咸宁崇阳县建立一栋"雪艇图书馆"。学校的师生到中国台湾都会去拜见她。她与当年的教务长皮宗石

1933 年居住在"十八栋"的教授们及其家属在附小举行"新年恳亲会"

之子皮公亮(《长江日报》资深记者)是附小的同班同学,两人见面时总有讲不完的话。

化学家王星拱校长是目前在学校任职时长排列第二的校长。20 世纪三四十年代,他为武大成为"民国五大名校"和"抗战四大名校"作出了卓越贡献。他的二女儿王焕葆,1923 年 1 月生,安徽怀宁人。1943 年毕业于武汉大学生物系,出国前在成都县女中、广州中山医学院任教。1947—1949 年在美国麻省霍利山女子大学获硕士学位。后在美国波士顿底菏尼斯医院任教,1956 年回国,是中国科学院动物研究所研究员、博士生导师。我国首批老年生物学工作者之一。其丈夫是中国科学院院士、中国工程院院士、国际宇航科学院院士陆元九先生。

教务长皮宗石是湖南长沙人,与蔡元培、周鲠生、杨端六等都在留欧时相识。回国后在北京大学任教,后被蔡元培带到南京政府任职,国立武汉大学创建时来武大。其子皮公亮,早年娶文学院一级教授刘永济的女儿刘茂舒为妻。皮宗石对学校有着非常深的感情,每当学校有需求时,总是有求必应。

杨端六(经济学家)是民国国家评选的 45 名"部聘教授"之一,

学校享受此殊荣的还有法学家周鲠生校长和经济学家刘秉麟（武大校友、曾担任过教育部长的刘西尧的伯父）教授。当时是每个学科评选一人，排在第一名的当选。杨端六的夫人袁昌英是民国有名的才女、文学院外文系教授，与苏雪林、凌叔华并称"珞珈三女杰"。杨端六、袁昌英夫妇在武大任教，是学校慧眼识珠的结果，但也破了学校的规则。因为当时学校规定，夫妻双方是不能同时在校任教的。当时也仅此一例。文学院院长陈源的夫人凌叔华也是著名的才女，但她来武大就是作为配偶进来的，学校不安排工作。杨端六先生有儿有女，而且都很有成就。其女杨静远生前是中国社会科学院外国文学研究所编审、著名翻译家。她20世纪40年代在乐山的武汉大学读书，出版的《让庐日记》一书，记录了大量她读书时学校的一些情况，具有很高的史料价值。杨端六先生的儿子杨弘远，生前是武汉大学生命科学学院教授、中国科学院院士。

法学家周鲠生校长是学校历史上十分显赫的人物，不光是有名的"部聘教授"，还是武大的首位院士。中华人民共和国成立后，他是中国第一部宪法（五四宪法）的两个法律顾问之一（另一位是钱端升）。在东西冷战期间，为打通与西方国家的联系作出了重要贡献。他的女儿周如松（也住在十八栋）是物理系有名的教授。他的女婿陈华癸（周如松先生）是当时学校农学院教授，武汉大学农学院与湖北农学院合并时任华中农学院教授，1979年至1983年任华中农学院院长，是中国科学院资深院士。陈华癸的大儿子陈一周是武汉大学的教授，已经退休。陈一周先生对学校以前的情况知道甚多，时常向大家讲起他外公及父母的很多经历，史料都十分珍贵。

文学院院长陈源在民国是十分有影响的人物，单就20世纪20年代与鲁迅的笔战就振聋发聩。1924年在胡适的支持下，他与徐志摩、王世杰等共同创办《现代评论》杂志，主编该刊《闲话》专栏，发表了许多杂文，与鲁迅进行过激烈的笔战。其夫人凌叔华是有名的大才女，著名作家、画家。1943年陈源到伦敦中英文化协会工作，其女儿陈小滢也定居在英国，近年已长居北京。出版有回忆录《乐山纪念册》《散落的珍珠——小滢的纪念册》。

美国明尼苏达大学物理学博士毕业的查谦，在武汉大学历史上是一位举足轻重的人物，任理学院院长后为学校早期理学的发展作出了重要贡献。1952年院系调整，他到华中工学院任教授、首任院长。他的大儿子查全性（据皮公亮先生说，查全性先生还有两个弟弟，不过都已去世）是大家非常熟悉的人物，生前是学校化学与分子科学学院的教授、中国科学院院士，主要从事电极过程动力学研究，研究领域涉及电极溶液界面的吸附、电化学催化、半导体电化学、高比能化学电源、燃料电池、生物电化学等。除此之外，查全性先生还有一事闻名全国，就是1977年8月在全国科教工作会议上首提恢复高考。当年恢复高考改变了许多人的命运。

桂质廷先生创办了亚洲第一个游离层观测点，是我国地磁与电离层研究领域的奠基人之一。他是耶鲁大学物理学博士，长期任武汉大学教授，曾任理学院院长、物理系主任等职。他的夫人许海兰是学校外文系教授。他的儿子桂希恩是学校医学部传染病学教授、武汉大学中南医院感染科医生，中国艾滋病防治专家指导组成员，中国艾滋病高发区的最早发现者。因其在艾滋病教育、预防、关怀等方面的卓越成就，成为贝利马丁基金会颁发的2003年度贝利马丁奖唯一得主，是2004年度中国中央电视台十位"感动中国"人物之一。桂质廷先生的大女儿桂嘉年及丈夫王仁卉都是学校物理系教授。其二女儿桂乐英是学校附中的物理教师。

从陈小滢提供的信息中，还了解到如下一些名人后人的情况：机械系主任郭霖教授的女儿郭玉瑛，毕业于长沙的湘雅医学院，1950年参加中国人民解放军并参加抗美援朝战争，现居武汉。历史系方壮猷教授的第一个孩子叫方克强，是空军离休干部，现居广州；第二个孩子叫方克定，在国家教育行政学院退休。第三个孩子曾经担任过中国科学院研究生院的院长。土木工程系的余炽昌教授，目前知道他有三个孩子。第一个叫余枢，现居武汉，是有名的治疗心脏病的专家；第二个孩子叫余桢，抗美援朝时参军，是空军指挥学院教授，现退休居北京；第三个孩

前排从左至右：皮公亮父子、查全性和夫人、桂嘉年
后排从左至右：陈一周和夫人、桂庐音、皮公亮夫人、叶禧宁

子叫余彬，也是大学教授。外文系方重教授有一个孩子叫方如玲。林学家叶雅各教授的长子叫叶绍智、次子叫叶绍俞，女儿有叶宝宁、叶康宁、叶禧宁（据说在武汉一所中学教书）。周鲠生校长的儿子周幼松曾居中国台湾。数学系刘正经教授的儿子叫刘辰生。

修建十八栋的宁波商人沈祝三

涂上飙

沈祝三

武大 20 世纪 30 年代的建筑，现在都是让人赞不绝口的。说武大是最美丽的大学，离不开那时奠定的基础。因此，当人们流连忘返，赞叹武大中西合璧的优美建筑时，沈祝三是不应该忘记的一名功臣。

沈祝三（1877—1941），浙江宁波鄞县人。私塾读完后，开始闯荡商场，先后在上海杨瑞泰营造厂、上海协盛营造厂两个建筑企业担任小工。1904 年，上海协盛营造厂为了扩大业务，在汉口承建太古洋行一号仓库，沈祝三被派往主持工作，开始了他在武汉的建筑事业。不久，他又负责汉口平和打包厂的建设工作。完成两项工程后，他开始筹建自己的营造厂。1908 年属于自己的营造厂——汉协盛营造厂成立，开启了他在武汉建筑事业的辉煌历程。他先后承建了武昌第一纱厂、汇丰银行、汉口总商会、汉口电报局、协和医院、四明银行大楼、武汉大学早期建筑等 50 余项。武汉大学早期建筑是他建筑中最耀眼的一批。

1929 年，学校建筑设备委员会经过准备，开始了学校建筑工程的招标工作。鉴于当时时间紧、任务重，没有进行公开招标。参加投标的企业都是经过介绍推荐，再经过建委会审议合格而确定的。

当时来参加投标的厂商有：汉口汉协盛营造厂；汉口康生记营造厂；汉口袁瑞泰营造厂；上海六合公司；上海方瑞记营造厂。以上五家厂商，都有甲等资格，可以参加主要建筑工程的投标。蔡广记、胡道生合记、永茂隆和协昌华记四家营造厂只有乙等资格，只能参加生活用房及一般教学辅助用房的投标。

沈祝三的汉协盛营造厂，由建筑委员会委员兼秘书叶雅各先生推荐。他的夫人和沈祝三的夫人，因为信教而关系熟悉。上海六合公司、康生记营造厂、胡道生合记，是监造工程师缪恩钊先生介绍的。袁瑞泰营造厂、协昌华记营造厂、永茂隆营造厂和蔡广记营造厂是学校事务部主任熊国藻先生介绍的。上海方瑞记营造厂，是建筑师凯尔斯介绍的。

由于建筑设备委员会委员长李四光是中央研究院地质研究所的所长，经常不在武汉，所以开标活动一般都由工学院院长邵逸周先生主持。每一项工程招标，建委会先设计好图纸，然后通知有关厂商前来领取图纸并交纳招标押金。待厂商交来应标材料后，建委会召开会议，确定中标厂商。经过招标，第一期建设项目，主要由汉口的沈祝三汉协盛营造厂中标承建。

选取沈祝三的汉协盛营造厂是因为它当时在汉口很有名气、很有影响。同时，它还开设有阜成砖瓦厂，供应材料方便。

沈祝三主持建设的第一期工程主要有文学院、理学院、男生寄宿舍、学生饭厅及俱乐部、珞珈山一区 18 栋及实习工厂等。

文学院 位于狮子山顶，西临图书馆，东面靠近理学院，南向珞珈山。1930 年 4 月开工，1931 年 9 月竣工。由汉协盛营造厂承建。建筑面积 3928 平方米，总造价 17.68 万元。文学院的屋顶采用翘角，寓意文采飞扬。它与法学院大楼相对矗立，是一对姊妹楼，是中国传统文化中"左文右武"的体现。

文学院占地呈正方形，四合院回廊式建筑。它除了做文学院办公楼外，还是学校办公的行政楼。20 世纪 30 年代，西迁返校后，直到中华人民共和国成立初期，校领导都在此办公。

因此，在这里不少名人都留下了足迹。王星拱、周鲠生、皮宗石等曾经在此运筹帷幄，确定治校方略；刘永济、刘博平、谭戒甫、李剑农等在这里潜心为学；吴宓曾在此为学生上课；爱国学生李锐曾在此号召大家团结抗日。

理学院　坐落于狮子山东部，正面与工学院相望。主楼和前排附楼为第一期工程，由汉协盛营造厂承建。1930 年 6 月开工，1931 年 11 月竣工。理学院整体建筑依山就势，左右两边的附楼护拥着拜占庭风格的主楼。主楼穹窿圆顶与工学院的四角重檐攒尖顶遥相呼应，体现出"天圆地方"的传统建筑理念。内部构造精美适用，依势而建的两个阶梯教室，讲课时不用音响设备，声音十分清晰。教室内的圆立柱更体现了"中西合璧"的特色。

理学院曾经做过国民党临时全国代表大会的会场；全面抗战爆发前夕学生们曾在这里举行过宣传演绎活动；李国平、汤佩松、查谦、邵逸周、高尚荫、桂质廷等科学家在这里潜心研究。

男生寄宿舍（俗称老斋舍）　位于图书馆前的狮子山南坡。1930 年 3 月开工，1931 年 9 月竣工。建筑面积 13773 平方米，工程造价 55.09 万元，由汉协盛营造厂承建。男生寄宿舍由三座罗马券拱门联为一体，采用"地不平天平"的设计方法，依山而建。每栋宿舍门以《千字文》命名，形成天、地、玄、黄、宇、宙、洪、荒、日、月、盈、昃、辰、宿、列、张十六个斋舍。

男生寄宿舍共四栋宿舍，设有三座罗马式拱门，利用"地不平天平"的设计理念，拾级而上是一片开阔的空间，有效地拓展了狮子山顶上图书馆的空间。

男生寄宿舍是学子们实现人生理想的地方，陈如丰、王志德、黄鸣岗三位学生在这里为民主而献身，《女大学生宿舍》作品在此诞生。

学生饭厅及俱乐部　位于狮子山顶的西部。1930 年 8 月开工，1931 年 9 月竣工。建筑面积 2727 平方米，工程造价 12.27 万元，由汉协盛营造厂承建。该建筑下层是学生饭厅，上层为学生俱乐部。学生俱乐部实际上是当时学校的礼堂，举行过许多重大聚会和学术报告会。1937—1938 年，董必武、周恩来、陈独秀等在此进行过抗日宣传演讲。蔡元培、李四光、胡适、蒋介石、李宗仁等中外名人曾在此演讲、作学术报告。

珞珈山一区十八栋　即第一教职员住宅区，1930 年 11 月开工建设，由汉协盛营造厂承建。1931 年 9 月竣工，一共修建了十八栋错落有序的小洋楼。

第一期工程计建筑面积 35429 平方米，建筑安装工程均于 1931 年 10 月全部完成，11 月大学事务部会同建筑设备委员会验收。12 月学校开始搬迁校具图书仪器，1932 年 2 月学校师生员工全部迁往珞珈山新校舍。3 月在新校舍开始授课。

文学院二楼为校长室、校长办公室、会客室、秘书处、事务部、注册部、出版部、体育部、教务长办公室等；一、三、四楼为文法二学院的教室。

理学院主楼一楼三个阶梯教室及二楼为理工二学院的教室，三栋为生物系标本室及数学系模型室。男生宿舍共九栋，房间 502 个。行政办公用房借用房间 42 个；单身教师每人住一间，借用房间 76 个；单身职员二人住一间，借用房间 37 个，共计借用学生宿舍房间 155 个。学生二人住一间，需要房间 307 间，以上分配房间共计 462 个，满足需要外尚余房间 40 个。行政用房包括：庶务组、保管组、财务组、体育组、出版组、打字室、缮印室、讲义室、收发室、基建设计室、上海银行等。一区教授住宅 18 栋，计 28 户，基本满足了当时有眷教授的需要。

为了与上海有实力的六合公司等厂商竞标，沈祝三以 130 余万元的低价中标。当时他因患青光眼病，已经双目失明。但为了按期完成任务，他每天自早至晚，都坐在他的小办公室的桌边接应电话，指挥珞珈山工地上的工人施工。当时没有通电，不能使用机械，他就要人工用肩挑、用脚手架、绞车、葫芦等手工设备解决施工中的问题。没有水，他就让人从山下的水塘里挑水上山，存入工程的木桶中。虽然做得辛苦，但是他无怨无悔，保质保量地完成了每一项任务。1931 年 11 月所有工程交付使用。

因漏估开山筑路费用，加之施工过程中建筑材料价格上涨以及世界金融危机，在工程完竣交工时，他亏本 24 万多元。为了支持学校，他没有要求学校补偿亏损，还奉送了事先承诺的水塔、水池建设两项工程。因此，沈祝三作为一位有气节的商人，是一名武大功臣，是珞珈人不应忘记的。

（选自涂上飙编著：《武汉大学故事》，长江出版社 2017 年版）